高地温隧道工程

王明年 童建军 刘大刚 胡云鹏 于 丽 著

科学出版社
北京

内 容 简 介

我国幅员辽阔，地热和地下热水资源丰富，主要分布在西藏、云南、新疆、四川、福建沿海等地。随着西部大开发和"一带一路"战略的推进，高地热高地下热水地区陆续出现了多座高地温隧道，遇到了诸多设计、施工难题。本书系作者团队近十年来从事高地温隧道修建关键技术研究的成果总结，阐述了高地温隧道施工期温度场演变规律及预测方法、支护材料及界面力学特性、初期支护力学特性及计算模型、二次衬砌力学特性及设计方法、施工综合降温设计方法等，另介绍了高地温隧道爆破、防排水等施工技术以及运营管理等内容。

本书可供隧道及地下工程建设领域的工程技术人员使用，也可作为土木工程等相关专业师生的教学参考书使用。

图书在版编目(CIP)数据

高地温隧道工程 / 王明年等著. —北京：科学出版社，2019.12
ISBN 978-7-03-062219-8

Ⅰ.①高⋯ Ⅱ.①王⋯ Ⅲ.①高温-地层温度-隧道工程 Ⅳ.①U455

中国版本图书馆 CIP 数据核字 (2019) 第 192357 号

责任编辑：张　展　于　楠 / 责任校对：彭　映
责任印制：罗　科 / 封面设计：墨创文化

科学出版社 出版
北京东黄城根北街16号
邮政编码：100717
http://www.sciencep.com

成都锦瑞印刷有限责任公司 印刷
科学出版社发行　各地新华书店经销

*

2019 年 12 月第　一　版　　开本：787×1092 1/16
2019 年 12 月第一次印刷　　印张：12 1/2
字数：300 千字

定价：158.00 元
(如有印装质量问题，我社负责调换)

前　言

我国幅员辽阔,地热资源丰富。特别是西藏、四川、云南、新疆、福建等地区地热分布较广;在这些地区,由于深部岩体中存在大量的导热断裂带,其走向具有随机性,往往难以预测该地区岩体高温分布特征,在该地区开展隧道工程建设,无法规避高地温区域,往往会出现高地温隧道。高地温隧道施工中,温度将对材料、支护结构、洞内环境、施工机械、施工人员等产生较大影响,主要表现为:支护材料性能劣化,力学指标衰减,以及支护结构产生温度附加应力引起结构开裂,降低耐久性;高地温隧道施工爆破安全风险增大,断层突涌热水风险也会增大;隧道施工环境恶化,机械故障率增加,影响施工人员安全健康,同时施工工效也会大大降低。隧道运营阶段,长期的高温环境也会加速洞内设备及线路的老化,维修养护工作量增加,提高了运营成本。

针对高地温隧道在设计、施工和运营阶段的关键技术难题,作者在国家自然科学基金项目及相关课题支持下,依托国内高地温隧道工程实际,采用了现场测试、室内试验、数值模拟和理论分析等多种研究手段开展了研究,主要包括:高地温隧道温度场时空演变预测方法;高地温隧道支护材料强度特性及变温养护方法;高地温隧道支护结构设计方法;高地温隧道施工散热量计算方法及综合降温体系设计方法;高地温隧道热害分级及人员安全防护技术;高地温隧道运营安全保障技术等。本书系统总结了近年来高地温隧道研究成果,希望在未来的高地温隧道工程建设中得到推广应用。

本书共分为8章,第1章绪论;第2章高地温隧道温度场时空演变规律及预测方法;第3章高地温隧道支护材料力学特性;第4章高地温隧道初期支护力学特性及计算模型;第5章高地温隧道二次衬砌力学特性及设计方法;第6章高地温隧道防排水技术;第7章高地温隧道施工及综合降温设计方法;第8章高地温隧道运营通风及管理。

本书是作者对近年来高地温隧道关键技术研究课题成果的总结,在此特别感谢国家自然科学基金委、教育部高等学校博士学科点专项科研基金办公室、中国国家铁路集团有限公司、拉日铁路建设总指挥部、中铁第一勘察设计院集团有限公司、西安建筑科技大学、兰州交通大学、中铁十二局集团有限公司、西藏铁路建设有限公司(原青藏铁路公司拉林铁路建设总指挥部)、中国中铁二院工程集团有限责任公司、中铁五局集团有限公司等相关单位,全书由王明年、童建军、刘大刚、胡云鹏和于丽等总结编写,唐兴华博士、王志龙博士、董从宇硕士、王翊丞硕士、王奇灵硕士、黄磷尧硕士、王岩硕士、田洪涛硕士、蔡延山硕士、蒋铖硕士等也参与了大量工作;同时书中还引用了国内外已有的专著、文章、博士硕士论文、规范(程)等成果,在此对相关编者和作者一并表示感谢。由于学识水平有限,不足之处在所难免,敬请读者批评指正。

作者

2019 年 11 月

目 录

第1章 绪论 ·· 1
  1.1 高地温隧道特点及研究意义 ··· 1
  1.2 高地温隧道修建关键技术及难题 ·· 2
    1.2.1 高地温隧道温度场时空演变规律及预测关键技术 ································· 2
    1.2.2 高地温隧道支护材料力学性能及耐久性关键技术 ································· 2
    1.2.3 高地温隧道支护结构特性及支护体系设计关键技术 ······························ 3
    1.2.4 高地温隧道施工工程措施及运营维护关键技术 ··································· 3
  1.3 国内外研究现状 ··· 4
    1.3.1 高地温隧道温度场研究现状 ·· 4
    1.3.2 高地温隧道支护材料研究现状 ·· 5
    1.3.3 高地温隧道支护结构研究现状 ·· 7
    1.3.4 高地温隧道施工工程措施及运营维护研究现状 ··································· 8

第2章 高地温隧道温度场时空演变规律及预测方法 ····························· 11
  2.1 高地温隧道温度场理论预测方法 ·· 11
    2.1.1 传热学基本理论 ·· 11
    2.1.2 计算模型及基本假定 ·· 12
    2.1.3 控制方程及定解条件 ·· 13
    2.1.4 建立节点物理量的离散方程 ··· 14
    2.1.5 初始地温理论计算方法 ··· 18
    2.1.6 稳定性分析 ·· 18
  2.2 高地温隧道温度场现场试验及验证 ·· 19
    2.2.1 测点布置 ··· 19
    2.2.2 试验仪器及安装 ·· 21
    2.2.3 试验结果分析 ·· 22
    2.2.4 理论预测方法验证 ··· 24
  2.3 高地温隧道温度场时空演变规律 ·· 28
    2.3.1 围岩温度场时空变化规律 ··· 28
    2.3.2 初期支护温度场时空变化规律 ·· 30
    2.3.3 二次衬砌温度场时空变化规律 ·· 30
  2.4 高地温隧道热害评价及分级方法 ·· 31
    2.4.1 国内外热害评价指标 ·· 31

  2.4.2 热害环境分级方法 ··· 32

第3章 高地温隧道支护材料力学特性 ·· 34

 3.1 高温变温养护室内试验 ··· 34

  3.1.1 试验设备 ··· 34

  3.1.2 试验变温养护模式 ·· 35

  3.1.3 试验内容 ··· 35

 3.2 初期支护混凝土力学性能研究 ·· 37

  3.2.1 高温变温养护对抗压强度的影响 ··· 37

  3.2.2 高温变温养护对抗拉强度的影响 ··· 40

  3.2.3 高温变温养护对弹性模量的影响 ··· 41

 3.3 二次衬砌混凝土力学性能研究 ·· 42

  3.3.1 高温变温养护对抗压强度的影响 ··· 42

  3.3.2 高温变温养护对抗拉强度的影响 ··· 46

  3.3.3 高温变温养护对弹性模量的影响 ··· 47

 3.4 喷射混凝土-基岩界面黏结滑移特性 ·· 48

  3.4.1 喷混-基岩胶结面剪切位移曲线 ·· 48

  3.4.2 喷混-基岩胶结面剪切破坏模式 ·· 49

  3.4.3 喷混-基岩胶结面剪切强度特性 ·· 51

  3.4.4 喷混-基岩胶结面强度理论计算 ·· 52

  3.4.5 喷混-基岩胶结面黏结滑移本构方程 ·· 54

 3.5 锚固系统复合界面黏结滑移特性 ·· 58

  3.5.1 锚固系统受力机理 ·· 58

  3.5.2 锚固系统传力机制 ·· 59

  3.5.3 锚固系统破坏模式及影响机理 ··· 62

  3.5.4 锚固系统力学特性 ·· 66

  3.5.5 锚固系统复合界面黏结滑移本构方程 ··· 71

第4章 高地温隧道初期支护力学特性及计算模型 ···························· 74

 4.1 隧道初期支护结构力学特性研究 ·· 74

  4.1.1 常温隧道初期支护力学特性研究 ··· 74

  4.1.2 高温隧道初期支护力学特性研究 ··· 76

 4.2 高地温隧道温度荷载计算模型 ·· 83

  4.2.1 基本原理 ··· 83

  4.2.2 模型建立方法 ··· 83

 4.3 高地温隧道有限元计算模型 ·· 85

  4.3.1 计算原理 ··· 86

  4.3.2 边界条件及热力参数 ·· 86

 4.4 高地温隧道温度应力计算模型 ·· 86

  4.4.1 基本假设及原理 ·· 86

  4.4.2 模型建立方法 ································· 87
 4.5 二次衬砌施作后初期支护温度场和应力场变化分析 ··············· 92
  4.5.1 初期支护温度场变化分析 ························· 92
  4.5.2 初期支护应力场变化分析 ························· 93

第5章 高地温隧道二次衬砌力学特性及设计方法 ····················· 96
 5.1 隧道二次衬砌结构力学特性研究 ··························· 96
  5.1.1 常温隧道二次衬砌力学特性研究 ····················· 96
  5.1.2 高温隧道二次衬砌力学特性研究 ···················· 101
 5.2 高地温隧道合理支护结构型式 ···························· 113
  5.2.1 隔热材料选择 ································ 113
  5.2.2 隔热层厚度选择 ······························· 116
  5.2.3 支护结构形式选择 ····························· 117

第6章 高地温隧道防排水技术 ······································ 137
 6.1 高温热水对隧道工程的影响 ······························ 137
 6.2 高地温隧道渗漏水析因 ·································· 138
 6.3 高地温隧道防排水设计 ·································· 140
  6.3.1 围岩注浆 ···································· 140
  6.3.2 喷射混凝土与隧道防排水 ························ 143
  6.3.3 衬砌混凝土防水 ······························· 144
 6.4 高地温隧道防水材料 ···································· 144
  6.4.1 常用防水材料特性 ····························· 144
  6.4.2 EVA防水板高温性能测试 ························ 145
  6.4.3 橡胶止水带高温性能测试 ························ 147

第7章 高地温隧道施工及综合降温设计方法 ······················· 148
 7.1 高地温隧道施工与安全防护 ····························· 148
  7.1.1 施工现状 ···································· 148
  7.1.2 超前地温预报 ································ 148
  7.1.3 高温围岩爆破规定 ····························· 149
  7.1.4 施工人员与机械防护 ··························· 149
 7.2 国内隧道温度控制标准 ································· 151
 7.3 围岩传热原理分析 ····································· 151
  7.3.1 围岩传热计算方法 ····························· 151
  7.3.2 热量释放计算方法 ····························· 152
 7.4 围岩内部温度分布及热量释放计算 ························ 153
  7.4.1 径向围岩释放热量 ····························· 153
  7.4.2 掌子面前方围岩释放热量计算 ···················· 155
  7.4.3 施工过程围岩释放热量计算 ······················ 155
 7.5 施工活动产生热量计算 ································· 155

  7.5.1 施工人员散热 ·· 156
  7.5.2 爆破产热量 ··· 156
  7.5.3 机械产热量 ··· 156
  7.5.4 水化热 ·· 157
 7.6 高地温隧道施工总热量计算 ·· 157
 7.7 隧道常规施工通风及风机选型计算 ·· 157
  7.7.1 高海拔对于施工通风的影响 ·· 157
  7.7.2 常规施工通风需风量 ·· 158
  7.7.3 通风降温需风量 ·· 159
  7.7.4 风机选型计算 ·· 159
 7.8 高地温隧道施工阶段综合降温设计方法 ··· 161
  7.8.1 通风降温 ··· 161
  7.8.2 冰块降温 ··· 164
  7.8.3 喷雾降温 ··· 165
  7.8.4 综合措施降温能力及经济性分析 ··· 167

第8章 高地温隧道运营通风及管理 ·· 172
 8.1 高地温隧道运营通风计算 ·· 172
 8.2 高地温隧道结构养护与安全管理 ··· 173
  8.2.1 高地温隧道结构安全检查 ··· 173
  8.2.2 高地温隧道结构保养维修 ··· 174
  8.2.3 高地温隧道结构病害处理 ··· 176
 8.3 高地温隧道设备维护 ··· 179
  8.3.1 机电设施 ··· 179
  8.3.2 其他工程设施 ·· 182

参考文献 ·· 185

第1章 绪 论

1.1 高地温隧道特点及研究意义

受地质构造作用、隧道埋深、岩浆及地下热水活动等因素的影响,岩石高温现象显著。近年来,随着交通工程技术的不断发展和公路、铁路网络的完善,国内外修建的高温隧道数量日益增多。我国幅员辽阔,地热和地下热水资源丰富,分布较广,尤其是在我国的西藏、台湾以及构造活动较为频繁的区域,高地温问题显得更加突出,同时也是目前在长大深埋山岭隧道修建过程中遇到的一个常见工程技术难题。截止到目前,世界范围内已建成的典型高地温隧道见表1-1。

表1-1 国内外已建成的主要高地温隧道

国家	隧道名称	长度/m	最大埋深/m	最高温度/℃	主要岩性
日本	安房公路隧道	4350	700	75	花岗斑岩
意大利	亚平宁铁路隧道	18518	2000	64	砂质片麻岩
瑞士	辛普隆隧道	19800	2140	55	花岗岩、片麻岩
美国	特科洛特公路隧道	6400	2287	47	砂岩、粉砂岩
瑞士	新圣哥达隧道	57000	2300	45	片麻岩、白云岩
瑞士	新列奇堡隧道	33000	2200	42	片麻岩、花岗岩
法国、意大利	里昂-都灵隧道	54000	2000	40	片麻岩、石英岩
法国、意大利	勃朗峰公路隧道	11600	2480	35	花岗岩、片麻岩
中国	齐热哈塔尔水电站引水隧洞	15639	1720	98	花岗片麻岩
中国	桑珠岭铁路隧道	16449	1480	90	花岗岩
中国	布仑口-公格尔电站引水隧洞	17800	300	82	云母石英片岩
中国	娘拥水电站引水隧洞1#支洞	295	640	78	花岗岩
中国	帕当山隧道	2865	33	76	闪长岩
中国	禄劝铅厂引水隧洞	7215	380	76	硅质白云岩
中国	高黎贡山铁路隧道	39608	1490	75	花岗岩、板岩、片岩、砂岩
中国	吉沃希嘎隧道	3985	102	65	闪长岩
中国	达嘎山隧道	7210	700	64	闪长岩
中国	旧寨隧道	4460	150	52	碎屑岩
中国	甫当隧道	7517	90	44	闪长岩
中国	秦岭隧道	18448	1600	40	混合花岗岩

根据我国现行的隧道规范,在施工过程中,空气温度高于 28℃的隧道即认定为高地温隧道。高地温隧道在修建过程中,存在着支护结构开裂、支护性能降低等问题,如锚杆的抗拔力不足、混凝土结构强度降低以及混凝土内部产生巨大的温度应力等问题。分析其原因,主要有两个方面,一是高温降低了支护材料力学性能,二是由于洞内通风降温,支护结构内外侧温差过大,结构发生开裂,降低支护性能。此外,过高的围岩温度和洞内空气温度,不仅会降低施工机械的施工效率,影响施工人员劳动安全,而且对施工工艺、通风降温技术等提出较高的要求。另外在后期运营维护期间,如何最大限度地保证洞内温度满足正常运营的标准和要求均是高地温隧道工程中需要解决的关键技术难题。

因此,针对高地温隧道,一方面要解决设计、施工过程中温度场变化特征、支护材料及结构特性等方面的问题,另一方面要解决高地温隧道工程措施中如洞内环境降温、人员防护、热水防治及支护体系优化等方面的问题。如何切实地保证高地温隧道的施工效率、人员健康、结构安全和运营安全已经成为高地温隧道建设与运营的重要技术问题。

1.2 高地温隧道修建关键技术及难题

1.2.1 高地温隧道温度场时空演变规律及预测关键技术

依据现有的地温测量数据,地壳浅层深度(0~7km)范围内可分为变温层、常温层、增温层,温度变化梯度随地域性差别较大。通常情况下,当长大深埋隧道穿过坚硬岩区域时,一般认为岩温随着隧道埋深的增加而逐渐增加,但同时岩温及温度梯度还受构造活动、地层岩性、近期岩浆活动及地下水运动等方面的影响。这种浅表层的岩石温度分布特性表明地球内热和太阳辐射热在地壳表层相互作用。

但就隧道工程而言,虽然地表以下带状的隧道线位穿越的岩层区域温度分布有较大差异,但是局部区段内其原始岩温是相对恒定的。受开挖、施工通风及其他降温措施的影响,温度场在时间和空间上处于一个动态变化的过程。围岩初始温度场的温度越高,开挖对围岩温度场的影响范围越大。人类活动不断改变着原岩温度场,引起了局部空间内围岩温度场、支护结构、空气温度等随施工时间的延长而发生变化,从而对施工材料、机械、人员等产生较大影响。

因此,探明高地温隧道温度场的时空演变规律,建立高地温隧道温度场的理论解析方法及预测模型是解决高地温隧道工程关键技术的基础。

1.2.2 高地温隧道支护材料力学性能及耐久性关键技术

目前高温对混凝土材料力学性能及耐久性的影响主要包括两个方面:第一,在混凝土经标准养护达到设计强度后,施加高温作用,测试其力学性能及耐久性,从而获得混凝土材料力学性能及耐久性随温度变化规律。第二，在混凝土经过变温养护至一定龄期后，测试其力学性能及耐久性，从而获得混凝土材料凝结、硬化过程中温度对其力学性能及耐久性的影响规律。高地温隧道温度场随着施工进程而变化，因此，支护材料凝结、硬化养护过程中环境温度也是变化的，其力学性能及耐久性随温度变化规律主要是上述第二种情况。

在常温隧道中，混凝土支护材料在标准养护条件下随着养护龄期的增长，力学强度不断增加，无论初期支护与围岩的黏结剪切强度，还是衬砌结构的抗拉抗压强度均不断增强。但是高温岩石的持续热传导效应会对隧道支护材料凝结、硬化过程产生较大影响。混凝土水化成型期间，内部温度持续过高，引起水泥水化作用，出现早期水化产物大量凝聚，相对提高早期强度，但胶凝材料水化速度加快，生成的水化产物来不及均匀扩散，从而导致支护材料局部强度弱区的出现和后期强度大幅倒退缩进，削弱了支护材料、界面力学性能及耐久性。

因此，基于高地温隧道温度场的时空演变规律，建立高地温隧道支护材料变温养护方法，并探明高地温隧道衬砌材料力学特性的变化规律是解决高地温隧道支护材料力学性能及耐久性的关键技术。

1.2.3 高地温隧道支护结构特性及支护体系设计关键技术

目前，钻爆法高地温隧道多采用复合式衬砌，其衬砌问题实质上是一个非线性的热应力问题。衬砌结构处于围岩高温和自身水化热的温度场中，也处于围岩荷载和自重力的应力场中。衬砌从浇筑到强度达到设计要求，弹性模量和强度是一个逐步增大的过程。但是，由于隧道衬砌为超静定结构，因此高温会导致衬砌内产生较大的结构内力。此外，衬砌混凝土内表面受隧道通风降温影响，外表面受高地温影响，内外表面温差过大，致使混凝土内部温度应力增大，产生拉裂裂缝。

同时，高地温隧道支护结构设计可分为加强配筋和采用隔热体系两种。其中加强配筋是以"抗"热为主，通过加强结构抗力来抵抗温度附加应力；采用隔热体系则是以"防"热为主，通过设置隔热层来将高温影响效应隔离在支护结构以外以减轻高温影响，保证支护结构长期处于正常温度范围。

因此，基于高地温隧道支护材料变温养护条件下的力学特性，建立高地温隧道支护结构计算模型及高地温隧道支护结构体系是解决高地温隧道支护结构安全的关键技术。

1.2.4 高地温隧道施工工程措施及运营维护关键技术

对处于施工期的隧道，一般认为，温度高于28℃即为高温作业环境。高地温隧道对施工期的不利影响主要表现在三个方面。第一，恶化施工作业环境，降低劳动生产率，并严重威胁到施工人员的健康和安全；第二，洞室内的高温高湿将导致机械设备的工作条件恶化、效率降低、故障增多；第三，严重时会影响到耐高温炸药、起爆装置等施工材料。故针对高地温隧道施工宜采取相应的工程措施来减弱高温的影响。

目前，高地温隧道修建过程中，主要是采取以通风为主的降温措施来降低高地温对隧道施工期间的影响。当温度过高时，现场往往会采用喷雾洒水及掌子面附近置放冰块等来改善洞内环境条件，但如何在满足降温能力的前提下，进行合理的资源配置，相关规范及研究中尚未明确提及。对于有地下热水的隧道，必须对地下热水进行妥善处置，以防止地下热水大量积聚或漫流过程中的持续散热。高地温隧道中围岩的爆破也与常温条件下不同。当炮孔内的温度过高时，放在炮孔内的炸药有产生热分解、自燃、自爆或拒爆的风险，对高地温隧道的爆破应特殊设计。此外，高温尤其是湿热环境对高强度工作人员的排汗、心率等生理机能会产生严重影响。在满足施工效率的基础上，如何设置合理的安全防护措施，确保极度湿热环境下的人员健康也是高地温隧道修建过程中面临的重大难题。

在运营期间，高地温对隧道工程的不利影响主要表现在隧道内的高温高湿将导致运营机械设备的工作条件恶化、故障增多以及洞内温度过高造成隧道养护维修困难，从而可能导致运营成本大幅提高，同时，高温段隔热或洞内降温效果不足时，对于隧道内行车人员也会产生较大的不适感。

因此，高地温隧道工程措施中的综合降温技术、地下热水处置技术、高温钻爆技术、劳动安全保护技术是解决高地温隧道施工、运营及人员安全防护的关键技术。

1.3 国内外研究现状

1.3.1 高地温隧道温度场研究现状

掌握高地温隧道温度场分布规律及变化特征是解决高地温隧道施工及运营维护关键技术的基础。我国针对围岩温度场的研究起步较早，但最早是源于对寒区隧道温度场的研究。

20世纪90年代，基于传热学、渗流理论和冻土力学，就有学者提出了带相变的温度场和应力场耦合问题的数学模型及控制方程。之后，以青藏铁路工程为依托，大量学者分别采用伽辽金法、叠加原理、贝塞尔特征函数等推导出了寒区隧道温度场的解析解，在理论研究方面不断突破，并在后期开展了如昆仑山隧道等寒区隧道的长期现场监测，获得了洞内气温及地温的分布特征规律，并对理论推导加以修正。此外，在地下风洞的温度场研究中，有学者利用能量守恒原理推导得到平均温度和振幅的解析解，研究出即使隧道沿线气温未知，也可以正确预测隧道周围岩石冻融变化的方法。为了进一步验证成果的适用性，大量学者又根据传热理论，在深入研究了寒冷地区隧道温度场、渗流场和应力场的基础上，利用有限元公式对隧道温度场分布进行了大量非线性对比分析，并取得了一定的成果。

近年来，随着我国公路和铁路隧道的不断发展，尤其是复杂地质条件下的长大深埋隧道数量逐步增多，在云贵川藏地区出现了大量高地温隧道，如高黎贡山隧道、桑珠岭隧道等。由于高地温隧道和寒区隧道在热源分布、通风方式和降温特点方面存在较大差异,因此学者们将关注点开始逐步转向了高地温隧道的研究。为了探明高地温隧道的真实温度分布情况,有学者利用测温钻孔和炮孔,对围岩调热圈厚度和原岩温度进行了实测,基于现场试验对高温矿井巷道围岩温度进行了测定,获得了巷道调温圈的影响范围。但由于现场测试条件有限,为了进一步加深研究温度对隧道结构的影响,部分学者通过模型试验模拟了隧道围岩内的热传导,研究了地铁围岩温度的分布规律及地铁膨胀性围岩温度场的传热规律,探明了温度变化地铁管片结构受力变形的影响规律,并给出了围岩热导率的反演计算方法。基于现场及室内试验成果,部分学者在温度场的理论推导及数值模拟方面也取得了一定的成果。在理论研究方面,有学者基于对流边界条件下的圆形隧道模型,通过分离变量法得到隧道瞬态温度场的理论解。也有学者基于无量纲化和微分方程级数求解的方法,通过理论推导得到了温度-应力-位移三场耦合下的热弹性解析解,同时利用热电偶进行了井下钻孔测温,通过对比理论推导结果,发现巷道围岩温度场受通风影响具有滞后性,通风对围岩的影响范围正比于通风时间的平方根。在数值模拟方面,有学者应用有限元分析软件对某引水隧道及巷道围岩进行了温度场模拟,求出了在温度场影响下衬砌结构的结构应力值;运用有限元反演的方法,数值模拟了山体的地温场,并预测了对深埋隧道进一步掘进时隧洞的地温场变化。通过现场试验和数值模拟方法对分析了不同隔热层厚度对隧道衬砌温度场和结构受力的影响。

国内外学者在隧道温度场方面研究成果丰硕,研究方向也逐渐由理论分析、数值模拟向兼顾现场试验验证发展。研究方法也逐渐丰富起来,增加了数值计算和模型试验等多尺度验证手段,使得预测结果合理性及其应用得到了进一步验证。虽然目前的研究重点多是寒区隧道,针对高地温隧道温度场研究成果有限,目前仍仅仅处于现场测试或静态温度场理论研究阶段,对于高地温隧道动态开挖过程中温度场的分布及变化规律目前仍不明确,但以上研究成果都为进一步研究我国高地温隧道温度场奠定了坚实的基础。

1.3.2 高地温隧道支护材料研究现状

目前,基于既有高地温隧道设计中涉及的支护材料主要为锚固体系中的灌浆料、初期支护、喷射混凝土以及二次衬砌混凝土。目前国内外针对高地温隧道支护材料的研究主要集中在两个方面。一方面是正常养护成型后的水泥砂浆、混凝土等,在经历例如火灾等高温效应下其力学性能的变化。另一方面主要是养护期间高地温对支护材料性能发展的影响。针对上述问题,国内外开展了大量研究。

在研究火灾对新老混凝土黏结性能影响试验中,有学者进行了168个先黏结后高温类型和114个先高温后黏结类型的新老混凝土黏结试件的劈拉试验和剪切试验,主要讨论了温度(25℃、200℃、300℃、400℃、500℃、600℃、700℃、800℃、900℃)、降温方式、界面粗糙度、界面黏结剂几种重要因素对黏结力学性能的影响,探讨了新老混凝土黏结机理;也有人研究得出,在对新老混凝土黏结试件加温至200℃后,进行劈裂抗拉试验,与常温下黏结劈拉强度比较分析,并对高温作用引起黏结性能下降的原因作了分析。高温养护条件对支护材料的影响研究则主要集中在材料配比、养护温湿度、微观结构等。对于高温环境中有掺和料的混凝土材料的研究成果表明,粉煤灰掺量较低的水泥砂浆经高温养护后干缩小于低温养护的，粉煤灰掺量较高时，高温养护的水泥砂浆的干缩大于低温养护的，且认为温度对不掺粉煤灰的硅酸盐水泥砂浆干缩性能主要是影响C-S-H凝胶的微观结构，而对于粉煤灰水泥则主要是影响水泥石的孔径分布及水化水平。在对高原地热隧道混凝土衬砌施工技术进行系列试验研究中，测试高温（80℃）环境下隧道初期支护喷射混凝土和二次衬砌高性能混凝土的性能指标，表明在混凝土中掺加高温稳定剂是解决高原地热隧道混凝土衬砌施工技术问题的有效措施。此外，在力学强度方面，有学者模拟隧道高温环境，采用分阶段高温养护对不同掺料的隧道衬砌材料力学性能进行了研究；试验还发现了不同类型混凝土砌体材料受高温影响后峰值应力、峰值应变和弹性模量等主要力学指标随温度的变化规律，并用回归曲线进行对比拟合，总结了升温速率和冷却方式对力学性能的影响；通过试验对常温三轴应力状态下水泥砂浆的破坏模式、强度变形特性进行了研究，建立了三轴受压应力状态下水泥砂浆的破坏准则。有学者从喷射混凝土原材料研究入手，针对喷射混凝土实际所处的高温高湿环境，采用模拟试验（养护箱内温度46～63℃、相对湿度52%～72%）的方法，模拟现场的高温高湿环境，对试块进行养护、试压，最终确定了喷射混凝土的材料配方；通过试件劈拉法并考虑了不同的喷射混凝土配比、养护条件，研究了高温（35℃、50℃）下喷射混凝土与岩石接触面的黏结抗拉强度。除黏结强度外，还有学者针对高温环境下喷射混凝土与围岩的黏结剪切性能进行了研究，分析了养护温度、湿度、龄期、界面粗糙度等多因素对喷射混凝土-围岩界面力学特性的影响，并建立了界面剪切滑移本构模型。

研究成果中，水泥砂浆强度受温度、湿度的影响规律为其早期强度受养护温度影响较大，受养护湿度影响较小；后期强度受养护温度影响较小，受养护湿度影响较大。针对养护温度20～50℃的水泥砂浆力学和变形性能进行研究的结果表明：温度越高，水泥砂浆抗压强度和弹性模量越低，而温度越高，水泥砂浆受高温后的收缩程度越大。对混凝土材料来说，不同养护温度（20℃、50℃、60℃、80℃），不同养护龄期中的研究表明，高地温隧道中混凝土早期强度将有所提升，而后期强度将会降低。不论是普通混凝土和矿物掺和料混凝土，其早期抗拉、抗压均与养护温度呈正相关关系，后期强度与早期强度相反，随养护温度的升高而降低，且早期养护温度越高，后期倒缩程度越大。养护期间一定的高温可以对混凝土的强度提高有利，但这种温度不是越高越好，对于普通硅酸盐混凝土，早期高温养护促使混凝土早期强度提高，但后期会出现强度退化。产生这种现象的原因，有学者认为是高温养护使得水化产物在水泥颗粒表面大量堆积，生成了致密的外壳将水泥颗粒包裹，阻碍了水泥进一步的水化反应，从而使其后期的强度降低。

虽然国内对高地温隧道支护材料已有很多研究，但多是集中在火灾高温对于混凝土材料的力学损伤研究或是混凝土养护成型过程中恒高温养护条件的影响。对于实际的高地温隧道，支护材料往往是在变高温条件下养护成型的。因此，需要针对这种特殊的高地温隧道环境条件下支护材料的力学性能进行研究，从而达到改善和优化支护结构的目的。

1.3.3 高地温隧道支护结构研究现状

目前，高地温隧道常采用的支护结构形式与常温隧道不同之处主要是设置隔热层和新型防水材料，并对初期支护和二次衬砌进行加强。针对高地温隧道支护结构在高温条件下的受力特征以及不同高温条件下的等级划分，国内外学者依托不同的高地温隧道进行了大量研究。

在高地温隧道结构受力方面，有学者依托高黎贡山隧道，采用热传导理论和热弹性力学理论推导了高地温隧道内升温产生附加温度应力的计算方法。并选用有限元软件进行数值模拟，得到温度应力沿断面的分布规律，结果表明：初期支护最大温度拉应力在拱脚，最小温度应力在边墙；二次衬砌最大温度拉应力在拱脚，最小温度拉应力在拱顶。在针对水电站引水隧洞穿越热水断层出现热水涌水及高地温现象的研究中，有学者运用有限元分析软件，求出了衬砌结构在温度场影响下的结构应力值以及在温度和内水压力联合影响下的结构应力值，并据此对分析结果提出了工程设计措施。此外，通过开展高地温引水隧洞模拟试验，利用有限元软件模拟了围岩支护模型在常温 18℃ 和高地温 60℃ 工况下养护 1 天、3 天、7 天的温度场、应力场。研究表明：试件岩板模型的最大第一主应力出现在混凝土试件底角处，而不是中心最高温度处。

在高地温隧道支护结构体系研究中，有学者针对拉日铁路中的高地温隧道，制定了合适的隧道支护体系，提出了衬砌结构防裂办法，同时提出采取保温隔热层、衬砌内置冷却管、耐热型复合防水板及新型防水材料等隧道隔热防水措施。同时，依托新疆某水电站高地温引水发电隧洞，对高地温段引水发电隧洞在有无 EPS 保温隔热层下的温度场分布进行了模拟研究。结果表明：隧洞衬砌支护结构温度梯度在 EPS 保温隔热层处温度发生突变；EPS 保温隔热层越厚，衬砌支护结构温度梯度越小。在对新疆布仑口—公格尔水电站工程引水发电洞存在的高地温问题进行了研究，通过对 7 个支护方案的对比分析，对高温差洞段支护结构的形式与方案提出了建议，即采用防火耐热喷层，或纤维混凝土喷层替代常规衬砌方案。部分通过设计测试不同温度环境条件下隧道模型结构受力的室内模型试验，并对模型试验进行数值模拟的方式分析研究了高地热大埋深环境下隧道支护结构内力随周围介质温度变化的规律，同时以某隧道工程为例，用数值模拟方法分析了隔热层设置对隧道支护结构体系受力特征及安全性的影响，结果表明：隔热层的设置对支护结构内力分布形式、初期支护结构内力的影响较小，但对二次衬砌受力有显著改善作用。

除了针对支护体系的研究，也有学者针对高地温隧道进行支护结构的分级研究：①通过有限元数值模拟比选了高地温铁路隧道新型的支护结构体系，把高地温铁路隧道支护结构体系分为四个等级：当岩温小于 45℃ 时，支护结构体系采用标准设计；当岩温为 45～60℃ 时，初期支护需特殊设计，需选用新型防水材料；当岩温为 60～80℃ 时，初期支护和防水材料需特殊设计，二次衬砌需配筋设计；当岩温大于 80℃ 时，支护结构体系需特殊设计。②通过有限元软件数值模拟的方式，研究了不同地温下Ⅳ级与Ⅴ级围岩钢筋混凝土二次衬砌的受力特性。研究表明：随着地温升高，隧道二次衬砌各个部位的安全系数呈下降趋势，特别是当地温从 30℃升为 50℃时，衬砌安全系数显著下降，当地温超过 60℃时，需设置隔热复合式衬砌。

从上述研究中可以看出，针对高地温隧道支护形式的研究都将高地温隧道看成恒定的温度场。而在实际的高地温隧道施工过程中，温度场随时空是不断变化的，支护结构养护温度也在随时间变化。因此，应基于高地温隧道变温环境下支护材料力学性能，对高地温隧道适用的支护结构进行研究。

1.3.4　高地温隧道施工工程措施及运营维护研究现状

洞内环境温度过高，不仅会威胁到支护材料性质和支护结构体系的安全，还会对整个施工及运营进程造成严重的影响。为了应对高地温隧道热害环境所带来的影响，国内外学者在高温环境下的隧道施工工艺、洞内环境降温、人员和机械的安全防护以及运营环境控制等方面开展了大量探索性研究。

在施工降温的理论分析方面，部分学者通过求解热传导微分方程，计算出洞径与风速相关的隧道通风降温计算公式。基于牛顿冷却定律，推导了高地温隧道施工通风量计算公式。并结合川藏铁路实际，计算了围岩初始温度 80℃时，高地温隧道不同通风时间下的通风量。最后统计分析了国内外高地温隧道的综合降温技术。还有部分研究是以计算流体力学理论，以掘进工作面为研究对象，建立了紊流模型和计算边界。

在数值模拟研究方面，有学者以高温特长深埋隧道为研究对象，对影响掘进巷道压入式通风场分布的因素进行了分析。研究表明：独头隧道压入式射流通风遵循受限贴附射流运动规律，送风参数和送风口的距离对射流运动都有一定影响；不同的送风参数下射流具有不同的初始动量，从而使射流弯曲程度发生变化，形成不同的温度分布，从而引起人体热舒适感的差异。喷雾降温可以显著地降低隧道内的温度，从而改善隧道施工热环境，可以应用于隧道施工通风中。也有以高温特长隧道为研究对象，采用有限元软件进行数值模拟，先后模拟侧壁压入式通风、混合式通风、拱顶压入式通风三种通风方式，对三类通风方式在高温隧道掌子面降温效果方面进行对比，得知拱顶压入式通风降温效果最为理想，并找出了拱顶压入式通风方式温控效果方面表现良好的原因。根据空气动力学、流体力学和传热学等理论，利用有限元软件，在不同送风风速下对巷道内的温度场的分布进行数值模拟研究。结果表明：送风风速是影响巷道内温度场分布的重要因素之一，风速越大，可更有效地带走迎头岩壁的热量，通风降温效果越好。在以高温矿井综采工作区为研究对象时，有学者对采空回填区、煤体空气换热系统进行了二维数值模拟，分析后认为获得排除高温气体情况下考虑，采用雷诺数为 69 040 以上的条件，有利于矿井热害的综合治理。

在实际高地温隧道的施工降温及工程措施方面，大量学者针对不同类型的典型高地温隧道也分别开展了研究。针对娘拥水电站施工过程中高温地热状态下的隧道施工，有学者进行室内实验和工程验证，给出了降温措施的实施情况和实际效果以及对应钻爆施工方案的调整；针对禄劝铅厂引水隧洞突发性高地温地质情况，分析了高地温的热源及产生原因，说明了高地温给施工带来的困难及危害，介绍了施工中采取的各种综合技术措施，研究探讨了高地温隧道通风降温的计算方法及应用，进行了用于指导施工的通风降温计算。在夏甸金矿掘进巷道中，进行了通风降温试验测定，并用有限元软件对试验条件下掘进巷道的风流速度场和温度场分布进行数值模拟计算，验证了该模拟方法的可靠性。初步得出了井下掘进巷道风流温度与风量、入风温度以及岩壁温度的变化规律，掘进巷道通风降温影响因素的排序为入风温度＞岩壁温度＞风量，入风温度和岩壁温度的升高均会导致巷道风流温度线性升高。通过增加风量来降低风流温度是有效的，但随着风量的增加，其降温效果会越来越不明显。也有学者针对齐热哈塔尔水电工程，采用有限元软件对隧洞围岩高温段自然通风和采取降温措施两种工况进行模拟研究。研究表明：随着自然通风和采取降温措施时间的增加，隧洞内部温度逐渐降低，最后达到平衡状态，模拟结果与实测数据基本吻合；同时对于隧洞整体围岩降温周期长、难度大的特点，可采取局部降温的措施达到施工作业要求的温度。在拉萨至林芝铁路桑珠岭隧道工程中，研究分析了高地温隧道温度场的分布规律及高地热环境对隧道结构力学性能的影响，并且采用有限元软件分析了压入式通风对高地温隧道衬砌的降温效果。研究结果表明：隧道初始温度场的温度越高，开挖的影响范围就越大，对隧道结构的力学性能影响越大；采用压入式通风方法可有效降低隧道内环境温度，当通风速度达到 35m/s 时，降温率可达 43.3%。针对上海某隧道开展的水雾降温设计，采用有限元软件模拟细水雾降温，全尺寸模拟研究了该条件下对隧道降温效果的影响。研究表明：隧道内实现热平衡后喷头并未起到降温效果，建议降低隧道后半部分的细水雾喷雾强度；分段布置与整体布置相比在降温效果、水雾利用率及系统造价方面存在优势，建议采用；分段布置下空气相对湿度的增加会导致细水雾降温效果减弱，且细水雾降温系统达到稳定降温的长度缩短，建议设计时考虑脉冲喷射。针对孟合山隧道洞内高温施工，通过对高温原因分析，详细介绍了针对洞内高温环境采取的通风降温技术及其他有效降温措施。

此外，关于在高温环境下的隧道施工工艺、洞内环境降温，人员和机械的安全防护也取得了大量成果。有学者从佩戴个体防护用品、技术措施等角度，提出了预防高温作业人员受到职业危害的具体措施。在考虑热位差对高温隧道内自然风速的影响，针对高温隧道钻爆法施工通风，给出了不同通风管长度和围岩温度下，通风一定时间内将温度降至 30℃对应风机的风量、风压，推了了风机参考选型，为高温隧道钻爆法施工通风设备选型提供参考。有的针对保障高地温隧道施工高效安全开展研究，包括采取综合施工降温措施(现场设置低温室、掌子面放置冰块、掌子面及二次衬砌施工部位增设通风、加强通风等)，同时利用调整作业时间、缩短连续作业时间等。有些则通过调研、系统总结、软件建模等方法，分析隧道内高温及噪声对作业人员身心健康的影响，研发一种盾构法施工隧道作业环境个体防护设备。该设备由特制防护服、轻量化定位通信制冷器、降噪耳机、小型便携式电源等组成，结合降温、降噪、通信及定位功能，特别适用于具有作业人员少、粉尘含量低等特点的盾构法施工隧道。

从国内外修建技术的发展来看，高地温隧道建设在勘察、施工、设计及运营维护等方面，仍面临着严峻的挑战。现有的研究成果还不够系统和完善，诸多高温环境下的施工技术和设计方法等并未纳入行业标准或者相关技术规范。随着我国"交通强国"战略的逐步实施以及超高难度的"川藏铁路"建设任务的不断推进，不可避免地会遇到越来越多的高地温隧道。因此，必须采取更加系统和完善的方法解决高地温隧道中温度场预测、支护材料劣化、混凝土质量、支护结构安全性、综合降温、施工控制措施、安全防护等一系列工程技术难题，为高地温隧道建设提供一定的参考和支撑。

第 2 章　高地温隧道温度场时空演变规律及预测方法

2.1　高地温隧道温度场理论预测方法

2.1.1　传热学基本理论

1. 热量传递基本原理

热量传递有三种基本方式：热传导、热对流及热辐射。物体各部分之间不发生相对位移时，依靠微观粒子如分子、原子及自由电子等的热运动产生的热量传递称为热传导。例如，固体内部热量从温度较高的部分传递到温度较低的部分，以及温度较高的物体将热量传递给与之接触的温度较低的另一物体等都是热传导现象。热传导现象的规律可以由傅里叶热传导定律描述，即单位时间内通过单位截面积所传递的热量正比于垂直于截面方向上的温度变化率，采用热流密度 q 表示时有下列形式：

$$q = -\lambda \frac{\partial t}{\partial x} \tag{2-1}$$

式中，q 为沿 x 方向传递的热流密度(W/m^2)；$\frac{\partial t}{\partial x}$ 为物体温度沿 x 方向的变化率(℃/m)；λ 为物体的导热系数[$W/(m \cdot ℃)$]。

热对流则是指由于流体的宏观运动，流体各部分之间发生相对位移、冷热流体相互掺混所引起的热量传递过程。当流体流过某一物体表面时的热量传递过程称为对流换热。对流换热的基本计算式是牛顿冷却公式：

$$q = h(t_w - t_f) \tag{2-2}$$

式中，t_w 为壁面温度(℃)；t_f 为流体温度(℃)；h 为表面传热系数[$W/(m^2 \cdot c)$]。

物体通过电磁波来传递能量的方式称为辐射。物体会因各种原因发出辐射能，因热的原因发出辐射能的现象称为热辐射。自然界中各个物体都不停地向空间发出热辐射，同时不断地吸收其他物质释放的热辐射。对于隧道温度场的研究，相较于热传导和热对流，热辐射引起的热量传递很小以至可忽略不计，因此本书对热辐射不作深入讨论。

2. 导热问题的数学描述

为了获得导热物体温度场的数学表达式，基于能量守恒定律和傅里叶导热定律，建立了满足一定变化关系的温度场通用方程,称为导热微分方程。对于某一具体的问题,往往还需规定相应的初始条件和边界条件,即定解条件。导热微分方程和相应的定解条件构成一个完整的导热问题数学描述。

笛卡儿坐标系中非稳态导热微分方程的一般形式可表达为下式:

$$\rho c \frac{\partial t}{\partial \tau} = \frac{\partial}{\partial x}\left(\lambda \frac{\partial t}{\partial x}\right) + \frac{\partial}{\partial y}\left(\lambda \frac{\partial t}{\partial y}\right) + \frac{\partial}{\partial z}\left(\lambda \frac{\partial t}{\partial z}\right) + \Phi \tag{2-3}$$

常物性、稳态、非稳态、有无内热源问题的温度场控制方程均可据此导出,等号左端是单位时间内微元体热力学能的增量(非稳态项),等号右端的前三项之和是通过界面的导热而使微元体在单位时间内增加的能量(扩散项),最后一项是表征内热源(源项)。

为了获得满足某一具体导热问题的温度分布,即对导热微分方程求解时,还需要与之对应的附加条件,称为定解条件。对于非稳态导热问题,定解条件包含两个方面,一是给出初始时刻温度分布的初始条件,二是给出导热物体边界上温度或换热情况的边界条件。常见导热问题的边界条件可归纳为以下三类。

规定了边界上的温度值,称为第一类边界条件。对于非稳态导热,这类边界条件要求给出以下关系式,当 $\tau>0$ 时:

$$t_w = f_1(\tau) \tag{2-4}$$

规定了边界上的热流密度值,称为第二类边界条件。对于非稳态导热,这类边界条件要求给出以下关系式,当 $\tau>0$ 时:

$$-\lambda \left(\frac{\partial t}{\partial n}\right)_w = f_2(\tau) \tag{2-5}$$

式中,n 为壁面的外法线。

规定了边界物体与周围流体间的表面传热系数 h 及周围流体的温度 t_f,称为第三类边界条件。第三类边界条件可表示为

$$-\lambda \left(\frac{\partial t}{\partial n}\right)_w = h(t_w - t_f) \tag{2-6}$$

对非稳态导热,式中 h、t_f 均可以是时间的已知函数。

对于处理复杂的实际工程问题,还会存在需满足界面连续条件的情况,对于发生在不均匀材料中的导热问题,不同材料的区域分别满足导热微分方程。由于导热系数跳跃式地变化,无论分析求解还是数值计算都常常采用分区进行的方式。假定两种材料接触良好,在两种材料的分界面上应满足以下温度与热流密度连续的条件:

$$t_a = t_b, \quad \left(\lambda \frac{\partial t}{\partial n}\right)_a = \left(\lambda \frac{\partial t}{\partial n}\right)_b \tag{2-7}$$

2.1.2 计算模型及基本假定

高地温隧道传热系统计算模型包括围岩、衬砌、空气三相介质,如图 2-1 所示。

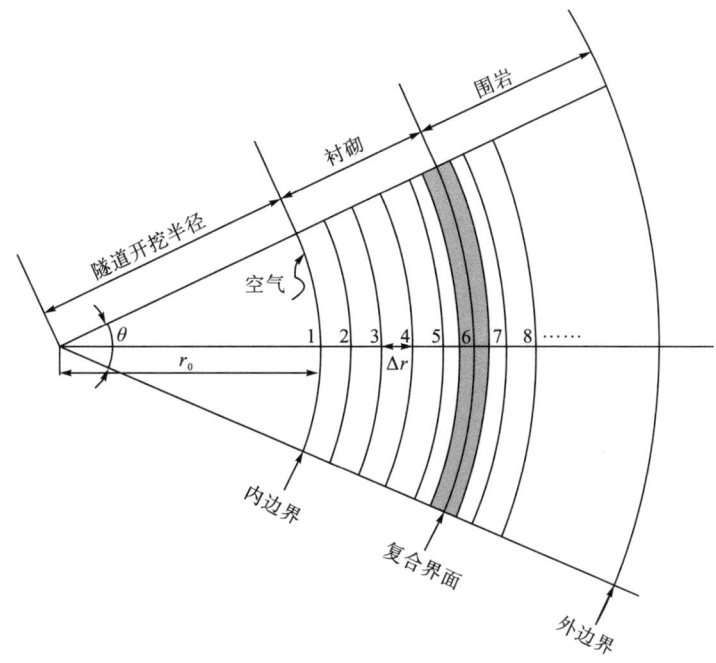

图 2-1 隧道温度场计算模型

隧道开挖后,热量通过围岩、衬砌传递给隧道内的空气导致洞内温度上升。该过程中伴随着各种介质间的热传导、衬砌与洞内空气的对流换热以及热辐射。相较于热传导和热对流,热辐射引起的热量传递很小以至可忽略不计,因此高地温隧道传热模型主要研究围岩衬砌的热传导以及衬砌与洞内空气的对流换热。为获取这样一个复杂结构体的温度场分布,本书的理论推导基于如下基本假定:

(1) 隧道断面简化为圆形。

(2) 隧道各层介质内无内热源,隧道衬砌及围岩中的传热方式为热传导,衬砌与隧道内空气的传热方式为对流换热,热辐射传递的热量忽略不计。

(3) 隧道衬砌、围岩各层介质导热性能均匀且各向同性,密度 ρ、比热容 c、导热系数 λ 等热物性质稳定且不随温度变化。物质的导热系数与温度往往存在依变关系,目前探明的高地温隧道均在100℃以下,在该温度范围内围岩和衬砌的导热系数可近似视为不变。

(4) 隧道内壁周向上各处换热条件一致,洞内空气温度均匀且恒定;高地温隧道开挖后围岩深处的热量传递到空气中,短时间内引起空气温度升高,但随着持续通风降温,一段时间内洞内空气温度整体变化并不明显,一般可将洞内空气温度视为恒定。

(5) 隧道各层介质间黏结紧密,不存在接触热阻。

(6) 隧道沿轴线方向传递的热量远远小于径向,假设隧道只沿径向传热,轴向和周向无热流。

2.1.3 控制方程及定解条件

根据以上建立的计算模型及基本假定,隧道横断面空气-衬砌-围岩传热问题控制方程可采用极坐标下的一维非稳态导热微分方程表示：

$$\frac{\partial t_k}{\partial \tau} = a_k \left(\frac{1}{r} \frac{\partial t_k}{\partial r} + \frac{\partial^2 t_k}{\partial r^2} \right) \tag{2-8}$$

式中，a_k 为第 k 层介质的导温系数（m^2/s），$a_k = \frac{\lambda_k}{c_k \rho_k}$，其中 λ_k 为第 k 层介质的导热系数 [W/(m·℃)]，c_k 为第 k 层介质的比热容 [J/(kg·℃)]，ρ_k 为第 k 层介质的密度（kg/m³）；t_k 为第 k 层介质的温度（℃）；τ 为导热时间（s）；r 为距隧道轴线的距离（m）。

初始时刻隧道温度场分布为该区域隧道尚未开挖时的初始地温场，即初始条件为

$$t(\tau, r) = t_0, \tau = 0 \tag{2-9}$$

隧道开挖后，初始地温场的热平衡被打破，围岩深处的热量通过衬砌壁与洞内空气进行对流换热，即模型内边界为第三类边界条件；随着洞内持续通风将热量带走，靠近隧道壁的围岩温度会持续降低，降温的范围也会不断向围岩深部扩大直到达到新的热平衡状态，在该范围外边界处的围岩温度无限接近该处的原始地温，该范围也被其他学者称为"调温圈"，可以认为调温圈边界处的温度近似等于围岩的原岩温度，即模型的外边界为第一类边界条件。值得说明的是，调温圈并不能达到真正的边界，而是无限接近于该边界，因此实际上该外边界是"无穷远"的。模型边界条件如下式所示。

内边界条件（第三类边界条件）：

$$-\lambda \frac{\partial t}{\partial r} = -h(t - t_f), \; r = r_0, \; \tau > 0 \tag{2-10}$$

外边界条件（第一类边界条件）：

$$t(\tau, \infty) = t_0, \; \tau > 0 \tag{2-11}$$

式中，t_f 为洞内空气温度（℃）；t_0 为初始地温（℃）；r_0 为隧道开挖半径（m）；h 为隧道壁面与隧道内空气的对流换热系数 [W/(m²·℃)]。

计算模型中热量通过围岩和衬砌两种介质进行传导，对于复合介质在其交界面上还需满足其界面上温度和热流密度连续的条件：

$$\begin{cases} t_k(\tau, r_k) = t_{k+1}(\tau, r_k), \; \tau > 0 \\ \lambda_k \frac{\partial t_k}{\partial r} = \lambda_{k+1} \frac{\partial t_{k+1}}{\partial r}, \; \tau > 0 \end{cases} \tag{2-12}$$

2.1.4 建立节点物理量的离散方程

进行数值求解的基本思想：把原来在空间、时间上连续的温度场，用有限个离散点上的值的集合来代替，通过求解按一定方法建立起来的关于这些值的代数方程，获得离散点上被求温度的值。一维非稳态导热时间-空间区域可以按图 2-2 进行离散化，r 为空间坐标，τ 为时间坐标，将空间计算区域和时间计算区域分别划分为 $R-1$ 和 $I-1$ 等份，分别得到 R 和 I 个空间节点和时间节点，Δr 和 $\Delta \tau$ 分别为空间步长和时间步长，(n, i) 则表示时间-空间区域上一个节点的位置，相应温度记为 t_n^i。

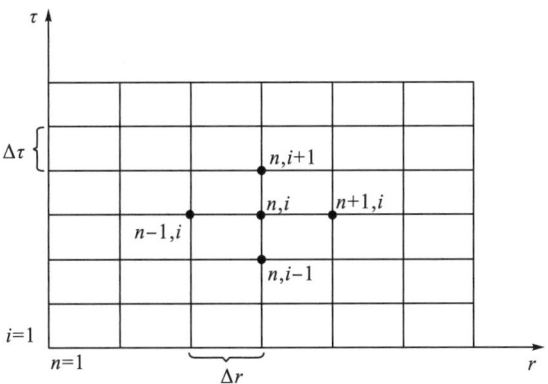

图 2-2 一维非稳态导热时间-空间区域的离散化

该计算模型中存在三类节点：内节点、边界节点和复合界面节点。内节点指位于计算区域衬砌和围岩内部进行热传导的节点，边界节点指位于内边界上进行内流换热的节点，复合界面节点指位于衬砌和围岩交界面上需满足界面连续条件的节点。下面依次推导建立这三类节点的离散方程。

1. 内节点离散方程

式(2-8)所示的控制方程中包含了温度在空间上的扩散项 $\dfrac{\partial t_k}{\partial r}$、$\dfrac{\partial^2 t_k}{\partial r^2}$，以及温度在时间上的非稳态项 $\dfrac{\partial t_k}{\partial \tau}$。

1) 扩散项的离散

以第 i 时间层扩散项节点 (n, i) 处的二阶偏导数为例导出其差分表达式。对节点 $(n+1, i)$ 和 $(n-1, i)$ 分别写出函数 t 对点 (n, i) 的泰勒级数展开式：

$$t_{n+1}^i = t_n^i + \Delta r \dfrac{\partial t}{\partial r}\Big|_{n,i} + \dfrac{\Delta r^2}{2}\dfrac{\partial^2 t}{\partial r^2}\Big|_{n,i} + \dfrac{\Delta r^3}{6}\dfrac{\partial^3 t}{\partial r^3}\Big|_{n,i} + \dfrac{\Delta r^4}{24}\dfrac{\partial^4 t}{\partial r^4}\Big|_{n,i} + \cdots \quad (2\text{-}13)$$

$$t_{n-1}^i = t_n^i - \Delta r \dfrac{\partial t}{\partial r}\Big|_{n,i} + \dfrac{\Delta r^2}{2}\dfrac{\partial^2 t}{\partial r^2}\Big|_{n,i} - \dfrac{\Delta r^3}{6}\dfrac{\partial^3 t}{\partial r^3}\Big|_{n,i} + \dfrac{\Delta r^4}{24}\dfrac{\partial^4 t}{\partial r^4}\Big|_{n,i} + \cdots \quad (2\text{-}14)$$

两式相加，并改写为对 $\dfrac{\partial^2 t}{\partial r^2}\Big|_{n,i}$ 的表达式，有

$$\dfrac{\partial^2 t}{\partial r^2}\Big|_{n,i} = \dfrac{t_{n+1}^i - 2t_n^i + t_{n-1}^i}{\Delta r^2} + O(\Delta r^2) \quad (2\text{-}15)$$

其中 $O(\Delta r^2)$ 表示未明确写出的级数余项中 Δr 最低阶数为 2，略去该余项后可得第 i 时间层扩散项二阶导数的差分表达式，即

$$\dfrac{\partial^2 t}{\partial r^2}\Big|_{n,i} = \dfrac{t_{n+1}^i - 2t_n^i + t_{n-1}^i}{\Delta r^2} \quad (2\text{-}16)$$

同理可得第 i 时间层扩散项一阶导数的差分表达式为

$$\dfrac{\partial t}{\partial r}\Big|_{n,i} = \dfrac{t_{n+1}^i - t_{n-1}^i}{2\Delta r} \quad (2\text{-}17)$$

2) 非稳态项的离散

将函数 t 在节点 $(n, i+1)$ 对点 (n, i) 做泰勒展开可得

$$t_n^{i+1} = t_n^i + \Delta\tau \frac{\partial t}{\partial \tau}\bigg|_{n,i} + \frac{\Delta r^2}{2}\frac{\partial^2 t}{\partial r^2}\bigg|_{n,i} + \cdots \quad (2\text{-}18)$$

于是有

$$\frac{\partial t}{\partial \tau}\bigg|_{n,i} = \frac{t_n^{i+1} - t_n^i}{\Delta\tau} + O(\Delta\tau) \quad (2\text{-}19)$$

同样,其中 $O(\Delta\tau)$ 表示级数余项中 $\Delta\tau$ 的最低阶数为 1,略去该级数余项可得非稳态项 $\frac{\partial t}{\partial \tau}$ 的差分表达式为

$$\frac{\partial t}{\partial \tau}\bigg|_{n,i} = \frac{t_n^{i+1} - t_n^i}{\Delta\tau} \quad (2\text{-}20)$$

3) 内节点的离散方程

将所得差分表达式(2-16)、(2-17)、(2-20)代入控制方程式(2-8)整理即可得内部节点的离散方程:

$$t_n^{i+1} = \frac{Fo}{2}\left[\left(2 + \frac{\Delta r}{r_n}\right)t_{n+1}^i + \left(2 - \frac{\Delta r}{r_n}\right)t_{n-1}^i + \left(\frac{2}{Fo} - 4\right)t_n^i\right] \quad (2\text{-}21)$$

式中,Fo 为以 Δr 洞内空气温度为特征长度的傅里叶数,称为网格傅里叶数,$Fo = \frac{a\Delta\tau}{\Delta r^2}$;$r_n$ 为计算节点距隧道轴线的距离(m);t_n^i 为第 n 点在 i 时刻的温度(℃)。

2. 边界节点离散方程

采用控制容积法,即对边界节点所代表的控制单元用傅里叶导热定律写出其能量守恒的表达式,由此导出其差分方程。

对于计算模型的内边界,边界上的节点 1 所代表的宽度为 $\frac{\Delta r}{2}$ 的元体(图 2-3 中阴影部分),其左侧受隧道洞内空气的冷却,对流换算系数为 h,右侧受节点 2 元体传递的热量,对该元体应用能量守恒定律,可得

$$\lambda \frac{t_2^i - t_1^i}{\Delta r}\left(r_0 + \frac{\Delta r}{2}\right)\theta + h(t_f - t_1^i)r_0\theta = \rho c r_0 \theta \frac{\Delta r}{2}\frac{t_1^{i+1} - t_1^i}{\Delta\tau} \quad (2\text{-}22)$$

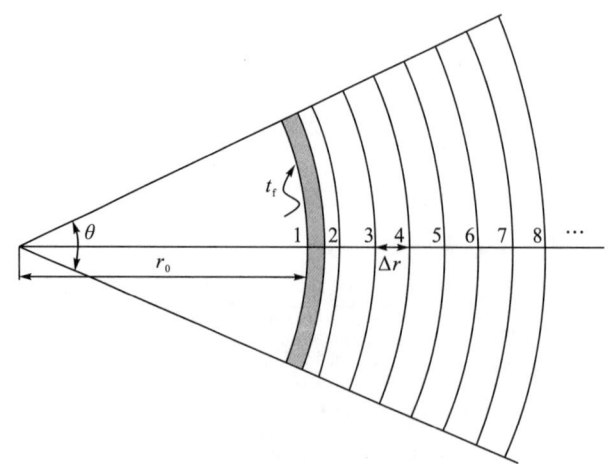

图 2-3 对流换热边界节点示意图

整理可得对流换热边界节点的离散方程：

$$t_1^{i+1} = 2Fo\left[\left(1+\frac{\Delta r}{2r_0}\right)t_2^i + Bit_f + \left(\frac{1}{2Fo}-1-Bi-\frac{\Delta r}{2r_0}\right)t_1^i\right] \quad (2\text{-}23)$$

式中，t_1^i 为边界节点在 i 时刻的温度；Bi 为网格毕渥数，$Bi=\frac{2h\Delta\tau}{\rho c\Delta r}$；$t_f$ 为洞内空气温度（℃）；ρ 为衬砌的密度（kg/m³）；r_0 为隧道开挖半径（m）；c 为衬砌的比热容[J/(kg·℃)]。

3. 复合界面节点离散方程

对于复合界面节点同样采用热平衡法导出离散方程，如图 2-4 所示，复合界面两侧分别为两种不同的介质，以复合界面节点为中心，左右两侧各取 $\frac{\Delta r}{2}$，所代表的区域为复合界面节点的控制元体（图 2-4 中阴影部分），该控制元体包含两种介质，需计算该控制元体的当量热物理量参数：

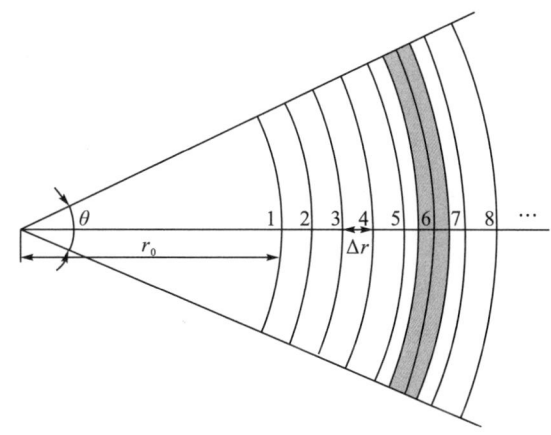

图 2-4 复合界面节点示意图

$$(\rho c)_n = \frac{u(\rho c)_{n-1} + v(\rho c)_{n+1}}{u+v} \quad (2\text{-}24)$$

$$u = \frac{\Delta r\theta}{4}\left(2r_n-\frac{\Delta r}{2}\right), \quad v = \frac{\Delta r\theta}{4}\left(2r_n+\frac{\Delta r}{2}\right) \quad (2\text{-}25)$$

式中，$(\rho c)_n$ 为复合界面节点控制元体的当量 ρc 值；$(\rho c)_{n-1}$、$(\rho c)_{n+1}$ 为复合界面两侧介质的 ρc 值；u、v 为复合界面节点控制元体内两种介质分别所占的体积；r_n 为复合界面节点距隧道轴线的距离。

由能量守恒定律得

$$\lambda_{n-1}\theta\frac{t_{n-1}^i-t_n^i}{\Delta r}\left(r_n-\frac{\Delta r}{2}\right)+\lambda_{n+1}\theta\frac{t_{n+1}^i-t_n^i}{\Delta r}\left(r_n+\frac{\Delta r}{2}\right)=(\rho c)_n\Delta r\theta r_n\frac{t_n^{i+1}-t_n^i}{\Delta\tau}$$

(2-26)

整理后可得复合界面节点的离散方程：

$$t_{n+1}^i = \frac{\Delta\tau\cdot\left[\lambda_{n-1}\left(r_n-\frac{\Delta r}{2}\right)\frac{t_{n-1}^i-t_n^i}{\Delta r}+\lambda_{n+1}\left(r_n+\frac{\Delta r}{2}\right)\frac{t_{n+1}^i-t_n^i}{\Delta r}\right]}{(\rho c)_n\cdot\Delta r\cdot r_n}+t_n^i \quad (2\text{-}27)$$

2.1.5 初始地温理论计算方法

对于以上建立的离散方程组可采用迭代法求解，采用迭代法求解时需要设定温度初场，即隧道开挖之前的初始地温场。引入一维半无限大物体理论建立初始地温场的计算模型。将地表看作平面，地表以下土体作为一个半无限大物体，只在深度方向上有温度变化。根据传热学理论，一维非稳态无内热源物体的导热微分方程为

$$\rho c \frac{\partial t(z,\tau)}{\partial \tau} = \lambda \frac{\partial^2 t(z,\tau)}{\partial z^2} \quad (z>0, \tau>0) \tag{2-28}$$

地表温度呈周期性波动，忽略日周期波动，按年周期可将地表温度视为简谐波变化，即第一类边界条件为

$$t(0,\tau) = T_0 + A_0 \cos\left[\frac{2\pi}{T}(\tau - \tau_0)\right] \quad (\tau > 0) \tag{2-29}$$

式中，z 为距离地表的深度(m)；τ_0 为地表温度峰值出现的时刻(s)；$t(z,\tau)$ 为距地表 z 深度处围岩在 τ 时刻的温度(℃)；T_0 为地表年平均温度(℃)；A_0 为地表年温度波幅(℃)；T 为地表温度波动周期，周期为1年，则 $T=3.1536\times10^7$ s。

引入过余温度 $\theta(0,\tau) = t(0,\tau) - T_0$，表示土体表面任意时刻的过余温度。用过余温度改写导热微分方程得

$$\frac{\partial \theta}{\partial \tau} = a \frac{\partial^2 \theta}{\partial z^2} \tag{2-30}$$

使用分离变量法可求得

$$\theta(z,\tau) = A_0 \exp\left(-z\sqrt{\frac{\pi}{aT}}\right) \cos\left[\frac{2\pi}{T}(\tau - \tau_0) - z\sqrt{\frac{\pi}{aT}}\right] \tag{2-31}$$

由 $\theta(0,\tau) = t(0,\tau) - T_0$ 可得，不同时刻、不同深度下土体温度场的理论计算模型为

$$t(z,\tau) = T_0 + A_0 \exp\left(-z\sqrt{\frac{\pi}{aT}}\right) \cos\left[\frac{2\pi}{T}(\tau - \tau_0) - z\sqrt{\frac{\pi}{aT}}\right] \tag{2-32}$$

从式中得，地表即 $z=0$ 处的温度变化规律与地面以下任意深度处的土体温度变化相同，都可以用周期相同的余弦函数表示，不同的是，深度为 z 处的土体温度简谐波振幅不是 A_0，而是 $A_0 \exp\left(-z\sqrt{\frac{\pi}{aT}}\right)$，可以发现振幅随深度的增加是衰减的，反映了土体对温度波的阻尼作用，并且深度越深，土体温度波波幅衰减得越多，到达一定深度下，温度波的波幅很小，可以忽略，这里的土体温度不受地表温度的影响，可以视为常年不变，根据地温变化规律，增温层土体温度以梯度 K 递增，以此对土体温度场模型进行修正得

$$t(z,\tau) = T_0 + A_0 \exp\left(-z\sqrt{\frac{\pi}{aT}}\right) \cos\left[\frac{2\pi}{T}(\tau - \tau_0) - z\sqrt{\frac{\pi}{aT}}\right] + \frac{z}{K} \tag{2-33}$$

2.1.6 稳定性分析

上述离散方程中选取时间步长 $\Delta\tau$ 和空间步长 Δr 时，原则上步长越小，计算结果越

接近精确解，但受到计算稳定性的限制，两者之间还需满足一定的关系式，下面从离散方程的结构来分析，说明稳定性限制的物理意义，进而提出时间步长 $\Delta\tau$ 和空间步长 Δr 满足计算稳定性的关系式。

式(2-21)表明的物理意义为：内节点 n 上 $i+1$ 时刻的温度是在该点 i 时刻温度的基础上计及了左右两相邻点温度的影响后得出的。假如两邻点的影响保持不变，合理的情况是：i 时刻点 n 的温度越高，则其相继时刻的温度也越高；反之，i 时刻点 n 的温度越低，则其相继时刻的温度也越低。在差分方程中要满足这种合理性是有条件的，即式(2-21)中 t_n^i 前的系数必须大于或等于零。如用判别式表示，则必须保证：

$$Fo = \frac{a\Delta\tau}{\Delta r^2} \leqslant \frac{1}{2} \tag{2-34}$$

同理，对于对流边界节点方程式(2-23)，为得出合理的解，应有

$$\frac{1}{2Fo} - 1 - Bi - \frac{\Delta r}{2r_0} \geqslant 0 \tag{2-35a}$$

即

$$Fo \leqslant \frac{1}{2(1 + Bi + \frac{\Delta r}{2r_0})} \tag{2-35b}$$

显然，这一要求比内节点的限制还要苛刻。当由边界条件及内节点的稳定性条件得出的 Fo 不同时，应以较小的 Fo 为依据来确定所允许采用的时间步长。

2.2 高地温隧道温度场现场试验及验证

选取川藏铁路拉林段典型高地温隧道——桑珠岭隧道开展温度场现场试验。桑珠岭隧道位于雅鲁藏布江桑加峡谷区沃卡车站至巴玉车站之间，隧道全长 16449m，最大埋深约 1480m。隧道进口段横穿沃卡地堑东部，并穿越沃卡地堑东缘活动断裂 F5-2，断层上盘为糜棱岩带，断层下盘为花岗闪长岩。桑珠岭隧道 1#横洞长度 832m，开挖至 81m 处出现高地温情况，孔内岩温达到 65℃以上，随着隧道掘进，岩温逐步升高，探孔内温度最高可达 89.9℃。岩石表面温度最高可达 74.5℃，属高地温作业环境。依托桑珠岭隧道高地温段集中开展温度场现场试验，布设 6 个现场试验断面，通过现场测试的温度数据，分析围岩、初期支护、二次衬砌温度场时空演变规律及特征。试验测试内容包括：围岩的温度测试、初期支护的温度测试、二次衬砌的温度测试。

2.2.1 测点布置

初期支护共设置两个断面进行测试；断面 1 温度计布置在左边墙、左拱腰及拱顶处，断面 2 温度计布置在右边墙、右拱腰及拱顶处，用于测试初期支护各部位温度。初期支护测点布置如图 2-5 所示。

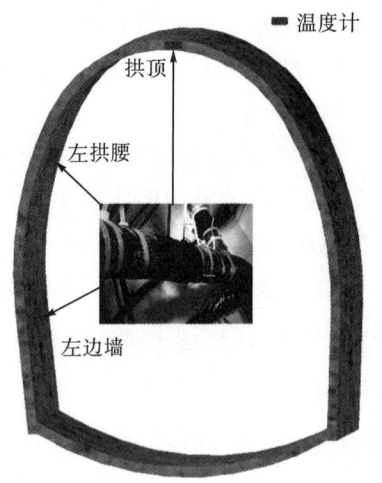
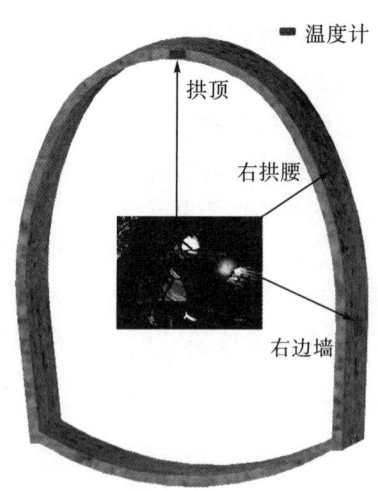

(a) 初期支护断面 1 测点布置　　　　　(b) 初期支护断面 2 测点布置

图 2-5　初期支护测点布置示意图

二次衬砌共设置两个断面进行测试；断面 5 温度计布置在左边墙处，断面 6 温度计布置在右边墙处，用于测试二次衬砌温度。二次衬砌测点布置如图 2-6 所示。

(a) 二次衬砌断面 1 测点布置　　　　　(b) 二次衬砌断面 2 测点布置

图 2-6　二次衬砌测点布置示意图

围岩共设置两个测试断面进行温度测试，每一断面均设置 2 条温度测线分别位于隧道左右两侧边墙处。两断面测点布置方式一致。在距掌子面 2m 处，由左、右边墙处呈水平角度对围岩进行钻孔埋点，左右测线均与隧道开挖方向成 60°夹角，测线钻孔深度为 24m，沿隧道开挖方向投影长度为 12m，沿隧道径向方向投影长度为 20m。测点从孔口开始由密到疏布置，每一测线布置测点 9 个。围岩测点布置如图 2-7 所示。

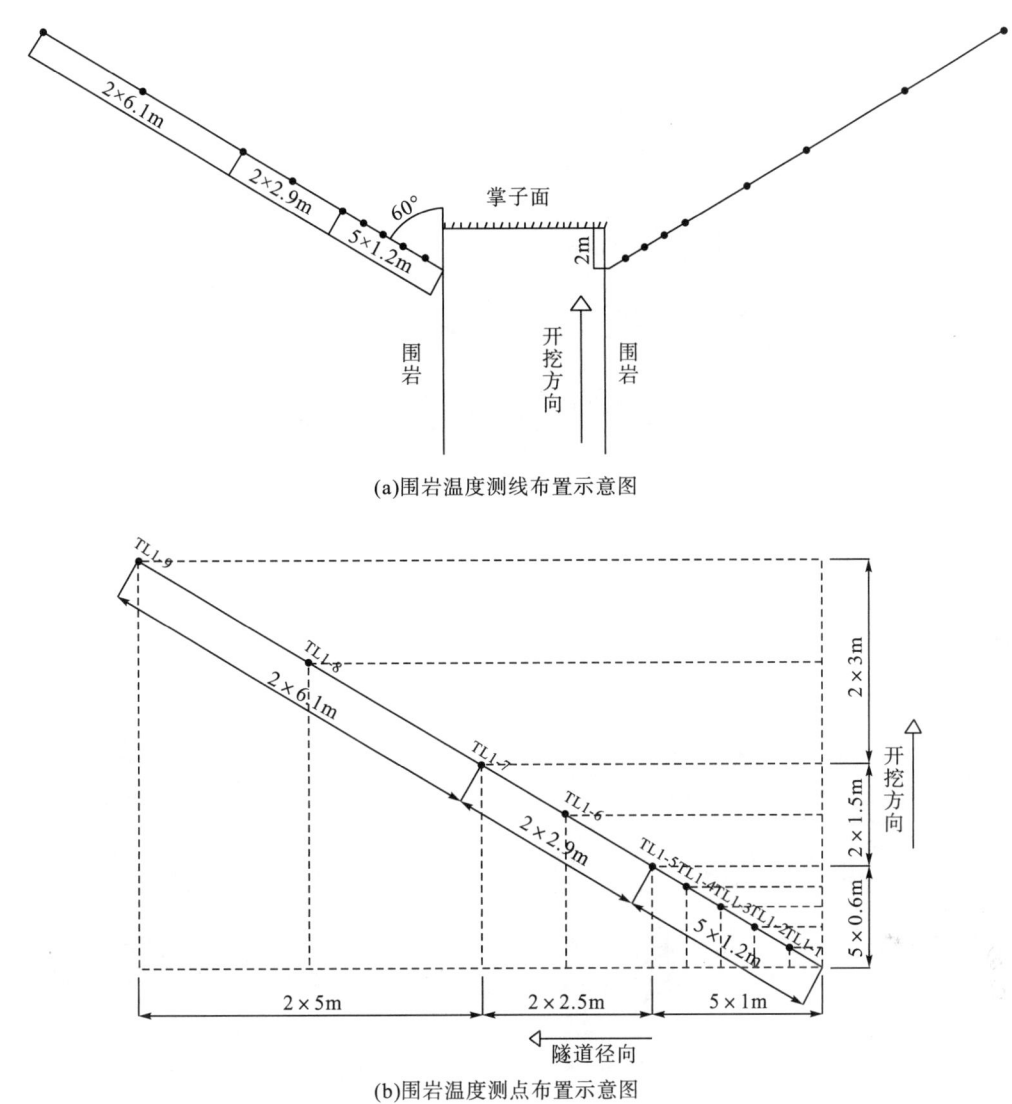

(a) 围岩温度测线布置示意图

(b) 围岩温度测点布置示意图

图 2-7　围岩测点布置示意图

2.2.2　试验仪器及安装

温度计采用 YT-WDJ-2 型热敏电阻温度计，适用于长期埋设在各类混凝土建筑内，测量结构物内部的温度。元件规格为长度 60mm，直径 8mm。量程为 $-30\sim+100$℃、绝缘电阻 $\geqslant 50\mathrm{M}\Omega$，测试精度 ± 0.5℃，如图 2-8。

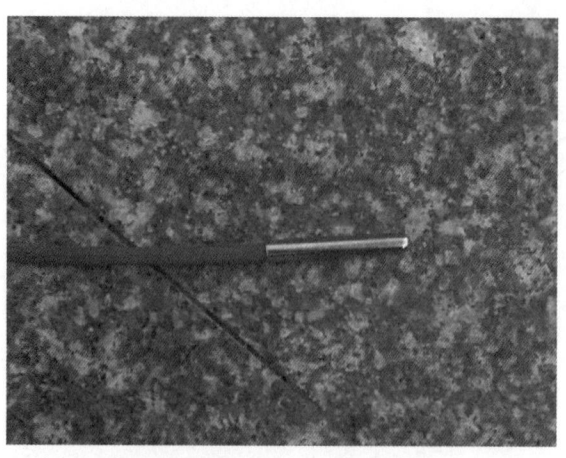

图 2-8　YT-WDJ-2 系列温度计

将用于测量围岩温度的温度计按照设计间隔依次用扎带和胶布固定于 24 根不锈钢组合连杆上，并将连杆缓慢插入钻孔洞内，并立即进行注浆，保证杆件及温度计充分固定在围岩内，同时注意对测线的保护；用于初期支护和二次衬砌温度测量的温度计则直接使用扎带固定于测点相应位置，如图 2-9。

图 2-9　围岩温度测试钻孔及测线埋设

2.2.3　试验结果分析

1. 围岩温度测试结果

测试区域探温孔揭露围岩温度为 50℃ 左右。由于两个断面相隔仅 15m 左右，地热分布无差异，且每两个测孔位于同一个断面，因此取四个测孔的平均数据作为最终结果。桑珠岭隧道围岩温度时程变化曲线如图 2-10 所示。从探温孔测得的数据可以看出，围岩温度随时间增长呈降低趋势，特别是越靠近壁面区域，降温速率和降温幅度越大，距离壁面 1m 处的围岩在 10 天内降温速率较快，10~20 天降温速率变缓，20 天后逐渐趋于稳定，温度降幅达到 25%。距离壁面 12 米以上的深部岩体温度变化已十分微弱，受洞内通风降温的影响较小。

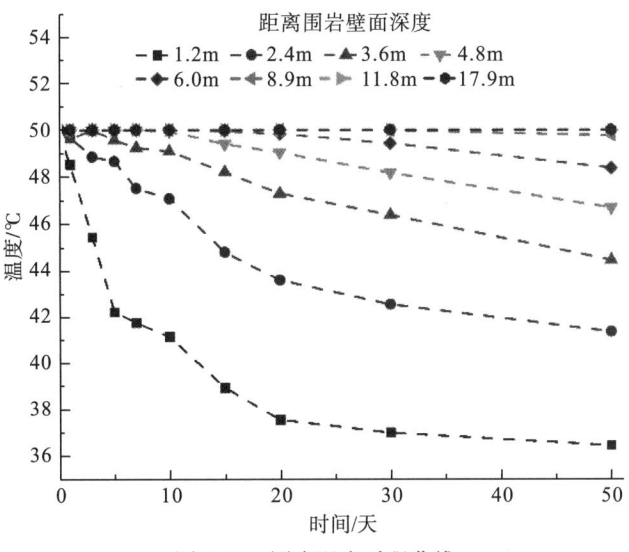

图 2-10 围岩温度时程曲线

2. 初期支护温度测试结果

桑珠岭隧道初期支护喷混凝土温度时程变化曲线如图 2-11 所示。分析两断面初期支护温度可见,各部位测点温度变化规律基本一致,初期支护温度在 5 天内快速降低,5 天后温度波动变化并呈现缓慢降低趋势,断面 1 初期支护温度第 14 天后基本稳定,各部位稳定温度为:拱顶处 37.3℃、右拱腰处 37.1℃、右边墙处 36.8℃;断面 2 初期支护温度第 20 天后基本稳定,各部位稳定温度为:拱顶处约 36.7℃、左拱腰处 36.5℃、左边墙处约 35.8℃。

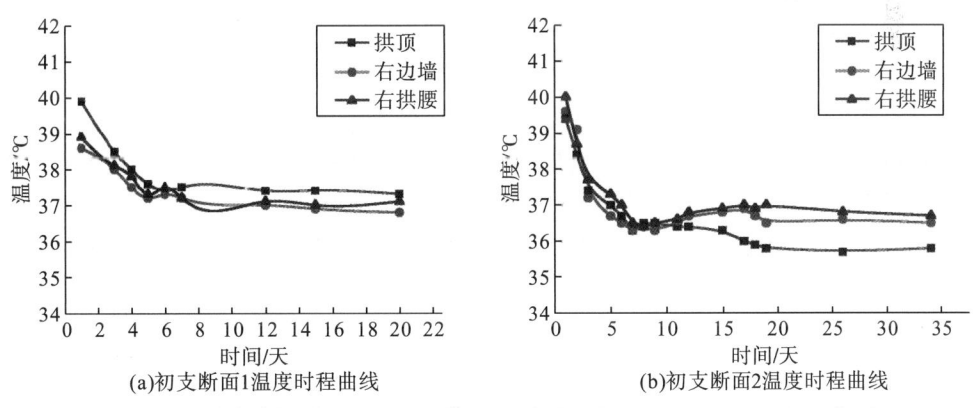

图 2-11 初期支护温度时程曲线

3. 二次衬砌温度测试结果

桑珠岭隧道二次衬砌模筑混凝土温度时程变化曲线如图 2-12 所示。分析两断面二次衬砌温度可见,两断面二次衬砌温度变化规律基本一致,二次衬砌温度随时间增长而降低,降温速率在前 7 天较快,7 天后降温速率变慢,温度趋近于洞内空气温度,断面一测得二次衬砌温度稳定于 37.3℃,断面二测得二次衬砌温度稳定于 35.5℃。

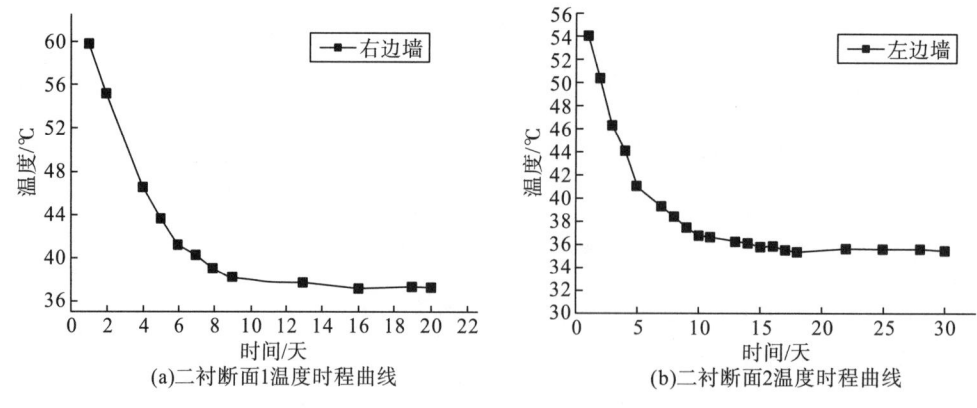

(a) 二衬断面1温度时程曲线　　(b) 二衬断面2温度时程曲线

图 2-12　二次衬砌温度时程曲线

2.2.4　理论预测方法验证

基于以上建立的理论计算模型及方法，对桑珠岭隧道高地温试验段进行理论预测，并结合现场实测数据对理论预测方法进行对比验证。

1. 计算流程

(1) 选取计算参数，计算参数包括：①内边界温度，即隧道内空气温度，一般取隧道开挖后洞内空气平均温度作为内边界温度；②传热介质的热物参数，即围岩及衬砌材料的热物参数（导热系数、比热容、密度、对流换热系数）；③外边界温度，为消除边界效应带来的影响，外边界点距隧道洞壁距离一般取 3 倍洞径以上，通过初始地温理论计算方法可确定该点处初始地温，该初始地温即外边界温度。

(2) 选取合适的时间步长和空间步长，时间步长和空间步长选取得越小，所得计算结果越精确，但步长取得过小会导致计算机运算时间大大增加，因此需结合工程精度需求选取合适的时间步长和空间步长。同时所选取的时间步长和空间步长需满足稳定性要求，即计算所得的网格毕渥数和网格傅里叶数需满足判别式(2-34)、(2-35a)、(2-35b)的要求。

(3) 根据所推导建立的节点物理量的代数方程进行计算，可采用数学运算软件进行计算。

2. 计算参数

1) 模型参数

隧道断面形式为单线马蹄形隧道，断面周长约 22.88m，断面面积 39.02m²，换算为圆形断面，等效半径取 3.4m。初期支护厚度取 0.2m，二次衬砌厚度取 0.4m。

根据现场试验测试资料显示，隧道内空气温度为 33~35℃，取空气温度平均值 34℃ 作为隧道开挖后内边界进行对流换热的空气温度 t_f；为消除边界效应带来的影响，外边界点距隧道洞壁距离一般取 3 倍洞径以上，通过初始地温理论计算方法可确定该点处初始地温，该初始地温即外边界温度。

拟定时间步长 $\Delta\tau=0.5h$，空间步长 $\Delta r=0.1m$，该步长满足工程精度要求，同时经验算所得的网格毕渥数 Bi 和网格傅里叶数 Fo 符合判别式(2-34)、(2-35a)、(2-35b)，满足计算稳定性要求。

2) 热力学参数

根据《铁路工程技术手册(隧道)》，常见岩体的热物性质见表2-1、表2-2。

表 2-1 常见岩体的导热系数

名称	导热系数/[W/(m·K)]	名称	导热系数/[W/(m·K)]	名称	导热系数/[W/(m·K)]	名称	导热系数/[W/(m·K)]
安山岩	1.28	闪长岩	2.15~2.44	密实砂岩	1.28~3.02	磁铁矿	12.56
玄武岩	1.74~1.98	石膏	0.41~0.76	凝灰岩	0.71~1.59	大理岩	3.02~3.72
古铜辉岩	4.65	黏土	1.00	白垩	0.93	干砂	0.35
辉长岩	2.01	泥质页岩	1.55~2.10	煤	0.097~0.17	湿砂	2.26~3.43
辉长正长岩	1.71	孔隙砾岩	2.19	石棉	0.22	水	0.585
花岗岩	2.43~3.61	白云岩化石灰岩	1.51	岩盐	7.21	冰	2.27
辉绿岩	3.35	白云岩	0.50~1.08	石英	2.50	雪	0.47
页岩	1.49	泥灰岩	0.92~2.19	石英岩	5.58	空气	0.023

表 2-2 常见岩体的比热容

名称	比热容/[J/(kg·℃)]	名称	比热容/[J/(kg·℃)]
玄武岩	849.7	煤	1297.6
辉长岩	720.0	盐岩	853.9
花岗岩	648.8~795.3	石英	690.7
辉绿岩	699.0	石膏	1151.1
闪长岩	707.4	黏土	753.4
石英岩	699.0	干砂	799.0
大理岩	766.0	石棉	816.2
泥质页岩	770.2	空气	1038.1
孔隙石灰岩	1004.6	水	4135.6
密实砂岩	837.2	冰	2092.9

根据《铁路隧道设计规范》(TB 10003—2016)和《混凝土结构设计规范》(GB 50010—2010)确定隧道衬砌热力学参数。根据现场地勘资料，隧址区以花岗岩、闪长岩为主，并存在一定的断层角砾，最终拟定各介质热力学计算参数如表2-3所示。

表 2-3 各介质热力学计算参数

参数	密度 ρ/(kg/m³)	导热系数 λ/[W/(m·℃)]	比热 C/[J/(kg·℃)]	热扩散系数 a/(m²/s)	对流换热系数 h/[W/(m²·℃)]
围岩	2800	3.2	722.1	1.583×10^{-6}	—
衬砌混凝土	2200	2.944	960	1.394×10^{-6}	13.96
空气	32	0.023	1720	—	—

3)气象参数

根据中国气象数据网提供的统计资料：隧址区年平均气温 9.2℃，极端最高气温 29℃，极端最低气温 −19℃，最热月平均气温 15.7℃，最冷月平均气温 −0.2℃；降雨量年分布不均衡，雨季多集中在 5～10 月，当年 9 月至次年 4 月为旱季，隧址区各月地表平均温度如表 2-4 所示。

表 2-4 隧址区各月地表温度平均值

月份	1	2	3	4	5	6	7	8	9	10	11	12
温度/℃	−0.2	4.3	5.4	9.2	12.5	15.4	15.5	15.7	15.4	10.9	4.3	1.8

年平均地表温度 $T_0 = 9.2℃$；

地表温度年波幅 $A_0 = \dfrac{(15.7+0.2)}{2} = 7.95℃$；

地表最高温度出现在 8 月，作为计算初始地温分布取值。

3. 计算结果

1)初始地温场分布

将气象参数和围岩热力学参数代入式(2-33)所示初始地温计算方法中计算，可得隧址区全年初始地温分布，如图 2-13 隧址区全年初始地温分布所示。

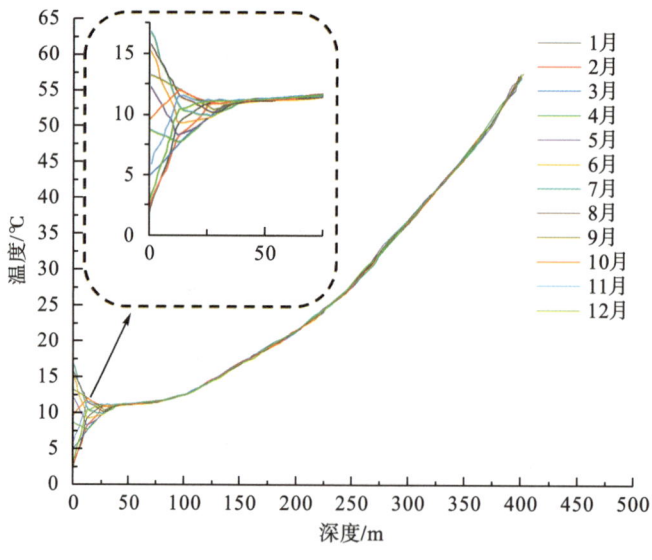

图 2-13 隧址区全年初始地温分布

初始地温分布规律如下：地表以下 0～15m，围岩温度受地表温度影响较大，温度变化剧烈，随着深度的增加，温度波动的幅度越来越小，深度 15m 以下，全年的温度基本保持稳定，不随地表温度变化影响。从深度方向看，初始地温分布可分为三层：0～15m 围岩温度急剧变化，为变温层；15～25m 温度基本保持不变，为恒温层；25m 以上围岩温度呈线性上升，为增温层。隧道埋深 343m，位于增温层，计算所得围岩边墙处初始温度为 50.4℃，现场实测边墙外侧围岩温度为 50.1～50.5℃，计算结果可靠。

2) 隧道开挖后温度场分布

基于上述温度预测公式可以得到隧道开挖后温度场分布，与实测结果对比分析表明：两者温度场变化规律及数值大小吻合度较高，但仍有一定差异。预测结果与实测值对比如图 2-14 所示。在温度变化初期，隧道壁面附近浅部围岩温度的预测结果比实测值略微偏高，而深部围岩的温度变化与预测结果较为一致，这主要是由于在实际隧道中，浅部围岩温度除受热传导影响，还受局部冷源、通风、机械、爆破等施工活动影响，特别是对于近壁面围岩温度扰动较大，使得短期内温度下降较快，而随着热交换动态平衡的建立，围岩温度变化率缓慢降低，后期与预测结果逐渐接近，但是深部围岩与理论预测结果差异较小。通过初期支护及二次衬砌的温变规律对比发现，初期支护预测结果相对偏高，主要是由于初期支护是在隧道开挖后即喷射混凝土覆盖于围岩表面，所以与浅部围岩的温度变化规律较为相似，受局部冷源、通风、机械、爆破等施工活动影响。但二次衬砌实测温度相对偏大，主要是因为二次衬砌厚度较大，混凝土用量较多，大体积混凝土产生水化热，使得降温过程中温度均比预测值偏高。

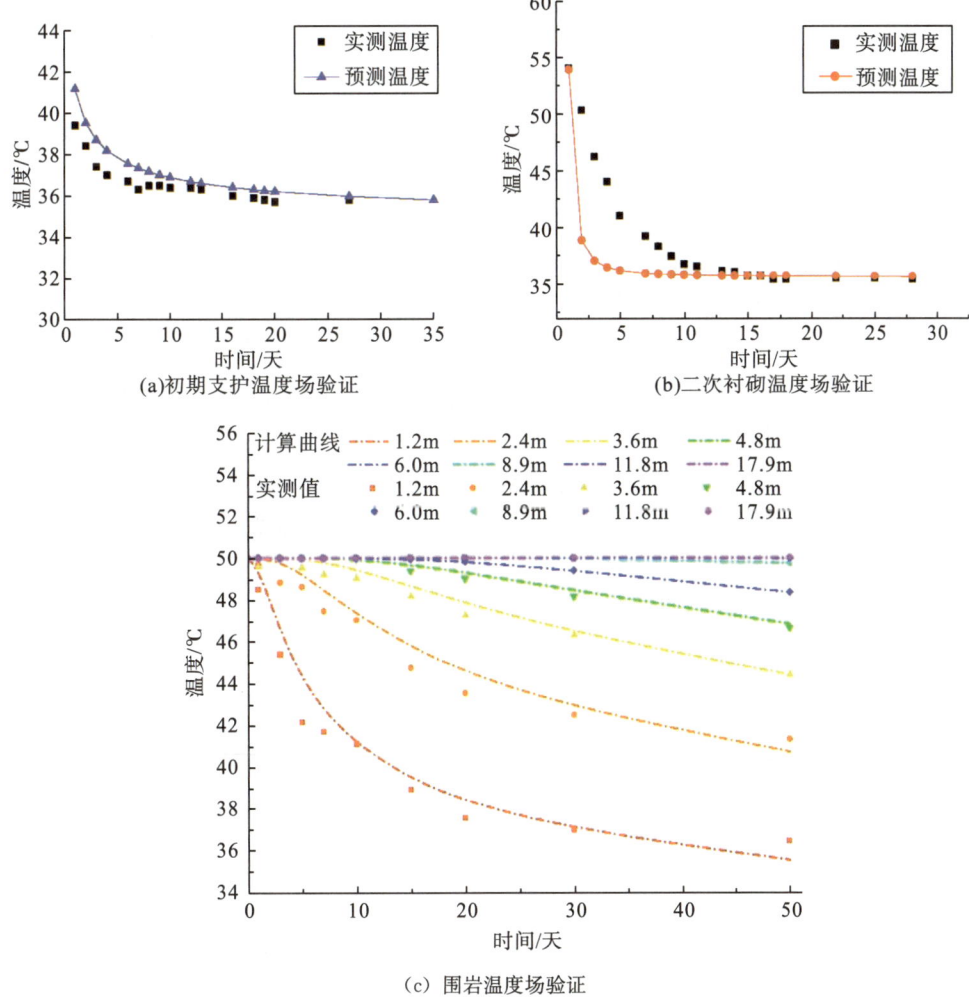

图 2-14　理论预测计算结果与实测值对比

通过支护结构混凝土温度现场测试与预测结果比较，显示预测结果与实测温度变化规律基本一致，说明预测方法较为合理，同时也存在差异，主要原因为：浅部围岩和初期支护温度实测值受局部冷源、通风、机械、爆破等施工活动影响会有所波动；二次衬砌温度受混凝土水化热影响早期实测温度略高于预测值，但计算结果都可以满足工程应用要求。

2.3 高地温隧道温度场时空演变规律

基于上述隧道温度场理论预测计算方法，对隧道在不同初始地温下的热量传递及温度场分布情况进行预测计算，以获取高地温隧道温度场的时空演变规律。计算部位为隧道边墙外侧支护结构及围岩，计算初始地温分别为40℃、50℃、60℃、80℃。结合现场施工进度拟定二次衬砌落后初期支护50天施作，各介质材料热物参数同表2-3。

2.3.1 围岩温度场时空变化规律

根据推导的理论模型及温度计算公式，选取计算参数包括：①确定内边界温度：内边界即为隧道内空气温度，一般取隧道开挖后洞内空气平均温度作为内边界温度；②传热介质的热物参数：即围岩及衬砌材料的热物参数（导热系数、比热容、密度等）；③确定外边界温度：为消除边界效应带来的影响，外边界点距离隧道洞壁距离一般取3倍洞径以上，通过初始地温理论计算方法可确定该点处初始地温，该初始地温即为外边界温度。根据所推导建立物理量的代数方程，采用数学运算软件进行计算。

围岩温度变化规律选取初始地温为40℃和70℃两种工况为例进行计算，洞内空气设置为规范建议值28℃，围岩及其他材料的热力学参数根据现场及相关规范取值，结果如图2-15。隧道围岩温度在0~14天内迅速下降，14天后冷却速度变慢，并逐渐趋于稳定至洞内温度。但是初始地温不同，有明显温度变化的围岩深度有所差异。可以看出靠近隧道净空方向的围岩温度变化最为明显。其中0~2m为围岩温度剧烈波动区，距离壁面

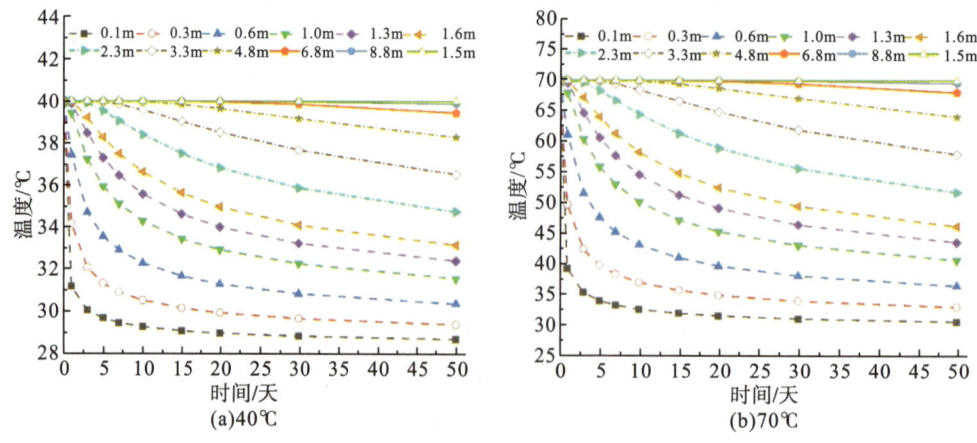

图2-15 围岩温度变化规律计算曲线

2~15m 范围的围岩温度也陆续有缓慢降低的趋势，但降温速率及影响范围逐渐减小。15m 后围岩温度随时间仍有微弱变化。

一般情况下，隧道开挖会打破原始地温场的热平衡，围岩深部传来的热量与洞内通风产生热交换引起浅部围岩温度逐渐降低，降温影响范围逐步扩大，直至最终的新的热平衡状态。理论上，最终范围外边界处的围岩温度接近原始地温，该范围也被称为"调温圈"，可以认为调温圈边界处的温度近似等于围岩的原岩温度。对于实际工程，围岩温度变化率≤0.1%时，可认为该温度变化对工程基本无影响，因此可将围岩温度变化率＞0.1%的区域定义为围岩温度扰动区。由此得出开挖周边围岩在不同初始地温条件下温度场的扰动范围。隧道开挖50d后围岩温度场扰动范围分布如图 2-16。可以看出初始地温为 40℃时，调温圈厚度达到 14.9 米，并且随着初始地温的升高，调温圈范围的变化率逐渐降低，围岩内部的变化逐渐趋于平缓。隧道开挖后不同初始地温的影响范围如图 2-17。

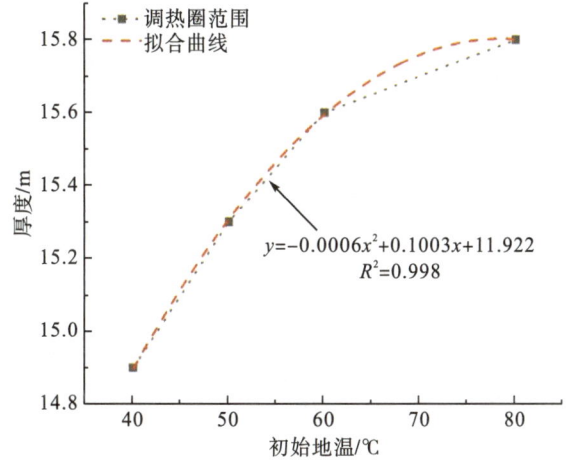

图 2-16　调热圈范围变化曲线

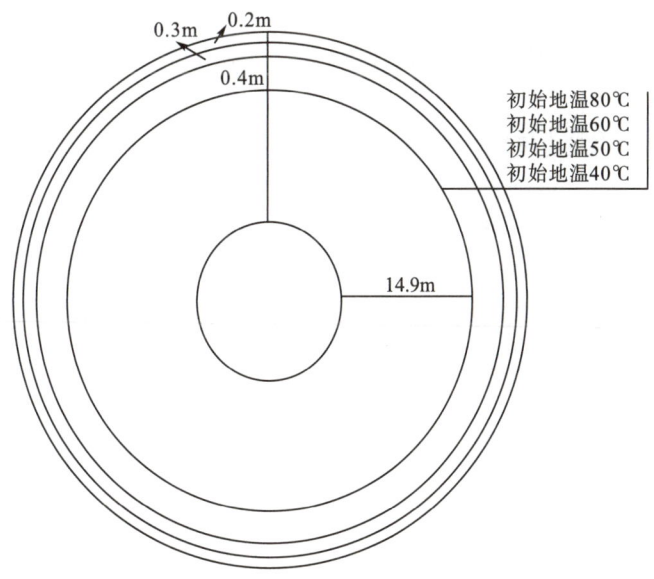

图 2-17　不同初始地温条件下隧道开挖后围岩温度变化范围

2.3.2　初期支护温度场时空变化规律

隧道各部位初期支护温度变化规律基本一致，不同初始地温下边墙处初期支护温度随时间的变化规律如图2-18所示。初期支护施作后5天内出现大幅快速降温，在第5天时，初期支护温度降温幅度已占50天温度总降幅的87%以上，随后温度缓慢降低趋近于洞内空气温度。从第50天起初期支护温度出现小幅上升，随后缓慢降低趋于稳定。这是由于在初期支护施作后第50天时施作二次衬砌，阻断了初期支护直接与隧道内空气接触进行的对流换热，并受围岩热量传递的影响导致初期支护温度出现小幅上升，施作二次衬砌后随着持续通风，继而初期支护温度也将继续缓慢降低接近洞内空气温度。

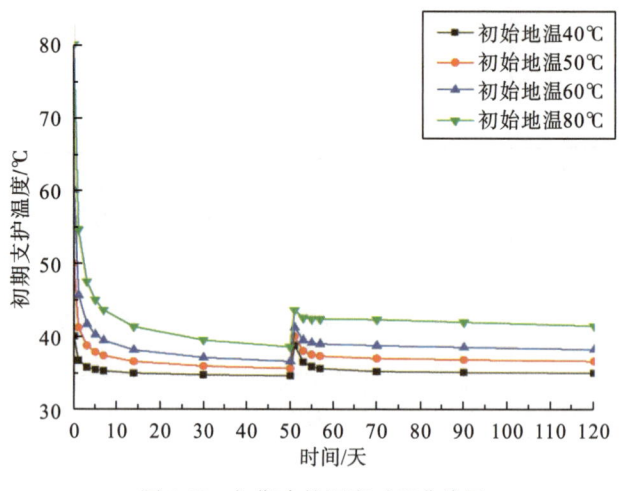

图2-18　初期支护温度时程曲线图

2.3.3　二次衬砌温度场时空变化规律

隧道各部位外侧围岩温度变化规律一致，以隧道边墙外侧围岩为例，原岩温度40℃、50℃、60℃、80℃边墙处二次衬砌温度随时间的变化规律如图2-19所示。二次衬砌施作后7天内，二次衬砌温度呈大幅快速下降，7~10天降温速率变缓，二次衬砌施作后约10天温度基本稳定，接近洞内空气温度。

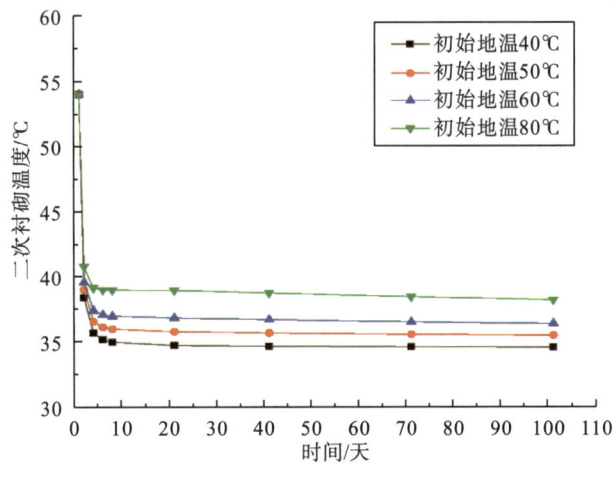

图 2-19 二次衬砌温度时程曲线图

2.4 高地温隧道热害评价及分级方法

高地温隧道在开挖过程中引发的高温环境问题较为突出,特别是对支护结构、混凝土材料、施工人员、机械设备的热害影响严重。基于高地温隧道的温度场计算结果及分布特征进行热害等级划分,对于制定应对高温防护及通风降温措施意义重大。

2.4.1 国内外热害评价指标

国际上应用较多的热环境评价指标一般有 WBGT 指数、ET 指数、Sreq 指数和生理学指数四种。其中 WBGT 指数指的是湿球黑球温度,它综合考虑了空气温度、湿度、风速和辐射热四个因素,是综合评价人体接触作业环境热负荷的一个基本经验指数。ET 指数是一个将干球温度、湿度、空气流速对人体温暖感和冷感的影响综合成一个单一数值的任意指标,全今被广泛应用。它在数值上等于产生相同感觉的静止饱和空气的温度。它意味着在实际环境和饱和空气环境中衣着和活动强度相同,且平均辐射温度等于空气温度。Sreq 指数是基于能量平衡方程、劳动姿态、服装热阻,计算和分析人体所必需的出汗率来评价其所在的热环境。生理学指数则是通过测试人体皮肤温度、心率、核心温度等生理指标来评价热害环境对人体生理状态的影响。

我国国内针对高温环境问题也制定了相应的控制标准。国务院 1982 年颁布的《矿山安全条例》第 53 条规定:井下工人作业地点的空气温度不得高于 28℃。《铁路隧道施工规范》(TB 10204—2002)、《公路隧道施工技术规范》(JTG F60—2009)、《水利水电工程施工组织设计规范》(SL 303—2004)规定隧道内气温不得超过 28℃。《煤炭资源地质勘探地温测量若干规定》指出:平均地温梯度不超过 3℃/100m 的地区确定为地温正常区;超过 3℃/100m 为高温异常区;原始岩温高于 31℃ 的地区为一级热害区;原始岩温高于 37℃ 的地区为二级热害区。《煤矿安全规程》(2010 年颁发)规定:生产矿井采掘工作面空气温度不得超过 26℃,机电设备硐室的空气温度不得超过 30℃;必须缩短超温地点工作人员的工作时间，并给予高温保健待遇；采掘工作面的空气温度超过30℃、机电设备洞室的空气温度超过34℃时，必须停止作业。《冶金地下矿山安全规程》（1990年颁发）规定：采掘工作面的空气温度不得超过27℃；热水型矿井和高硫矿井的空气温度不得超过27.5℃。我国铁道部规定隧道内气温不得超过28℃。我国交通部规定隧道内气温不宜高于30℃。

地下洞室施工必须考虑施工人员和机械设备的工作条件，人在热环境中劳动生产率将显著降低，而且使工人的身体健康受到损害，从保证地下洞室内作业环境温度为人可适应的范围、充分发挥其劳动效率、减少事故发生率出发，高地温热害评价建议以温度不得高于28℃为标准。

2.4.2 热害环境分级方法

根据目前我国的《高温作业标准》（GB/T 4200—2008），同时参考劳动安全卫生分级管理标准，评价划分高温作业环境强度及其等级，见表2-5。

表 2-5 高温作业分级

接触高温作业时间 /min	WBGT 指数/℃									
	25~26	27~28	29~30	31~32	33~34	35~36	37~38	39~40	41~42	≥43
≤120	Ⅰ	Ⅰ	Ⅰ	Ⅰ	Ⅱ	Ⅱ	Ⅱ	Ⅲ	Ⅲ	Ⅲ
≥121	Ⅰ	Ⅰ	Ⅱ	Ⅱ	Ⅲ	Ⅲ	Ⅳ	Ⅳ	—	—
≥241	Ⅱ	Ⅱ	Ⅲ	Ⅲ	Ⅳ	Ⅳ	—	—	—	—
≥361	Ⅲ	Ⅲ	Ⅳ	Ⅳ	—	—	—	—	—	—

注：按照工作地点的WBGT指数和接触高温作业时间将高温作业分为四级，级别越高表示热强度越大。

谢君泰、余云燕、曲玮等通过调查研究，将施工阶段的热害分级考虑两个因素，即隧道内干球温度和相对湿度，并考虑高温的适应人群和非适应人群，共分为四级，如表2-6所示。同时，勘查设计阶段的热害分级见表2-7。

表 2-6 隧道施工阶段热害分级表

热害等级	干球温度 t_a/℃			
	相对湿度≤75%		相对湿度>75%	
	对高温已适应者	对高温未适应者	对高温已适应者	对高温未适应者
Ⅰ	$28 \leq t_a < 32$	$28 \leq t_a < 30$	$26 \leq t_a < 29$	$26 \leq t_a < 28$
Ⅱ	$32 \leq t_a < 38$	$30 \leq t_a < 30$	$29 \leq t_a < 36$	$28 \leq t_a < 35$
Ⅲ	$38 \leq t_a < 45$	$37 \leq t_a < 42$	$36 \leq t_a < 41$	$35 \leq t_a < 40$
Ⅳ	$t_a \geq 45$	$t_a \geq 42$	$t_a \geq 41$	$t_a \geq 40$

注：①海拔3000m及以上的高原地区，热害等级提高一级；②未采取通风降温措施掌子面工作范围内的干球温度和相对湿度。

表 2-7 隧道勘查设计阶段热害分级表

热害等级	Ⅰ	Ⅱ	Ⅲ	Ⅳ
原岩温度/℃	31~37	38~44	45~50	>50

注：①海拔 3000m 及以上的高原地区，热害等级提高一级；②原始岩温或钻孔封闭热交换平衡后的孔内空气干球温度或孔内水的温度。

《矿井降温技术规范》(MT/T 1136—2011)根据原岩温度、工作面风流温度进行热害等级划分，见表 2-8。

表 2-8 矿井降温热害分级表

评价标准	原始岩温/℃		工作面风流温度/℃		
温度	31~37	≥37	28~30	30~32	≥32
热害分级	Ⅰ	Ⅱ	Ⅰ	Ⅱ	Ⅲ

本书基于大量已有研究成果，通过现场调查、室内试验及数值计算，从高温热害对混凝土材料及支护衬砌结构的影响角度对高地热隧道进行热害分级，见表 2-9。分级评价方法及分级体系的建立详见第 3~5 章。

表 2-9 高地温隧道热害分级表

热害等级	Ⅰ	Ⅱ	Ⅲ	Ⅳ
初始岩温/℃	<40	40~60	60~80	>80

第3章 高地温隧道支护材料力学特性

3.1 高温变温养护室内试验

在高地温隧道修建过程中，开挖围岩和环境温度普遍较高。为了保障高地温隧道内正常施工作业环境，要采取持续降温措施，此时，隧道支护材料及支护结构界面要经历从高温到常温的变温过程。高温主要作用于隧道支护材料的凝结、硬化过程，使胶凝材料水化速度加快，生成的水化产物来不及均匀扩散，且相互搭接变差，对支护材料强度、耐久性以及混凝土与基岩界面、钢筋、灌浆料等界面的力学性能产生较大影响。

3.1.1 试验设备

试验设备主要有HX/HS-010L的恒温恒湿试验箱、NYL-2000型压力试验机、YDS-2型岩石力学多功能试验机、西门子SOMATOM Definition 64层多排螺旋CT机，如图3-1所示。

(a)变温养护箱

(b)压力试验机

(c)岩石力学多功能试验机

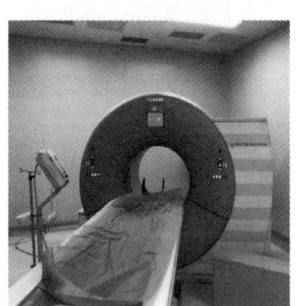
(d)CT扫描仪

图3-1 室内试验仪器

3.1.2 试验变温养护模式

综合温度场现场测试以及理论模型计算等研究成果表明,初期支护混凝土温度会在 0~5 天内急剧降低,在随后的时间内缓慢降低,而二次衬砌混凝土在 0~7 天内会产生大幅衰减。基于对高地温隧道施工期间温度场演化规律的认识,确立了支护材料及支护结构界面的高温变温养护方法,具体过程为:试件制作完成后,先在室温条件下静置,待混凝土初凝后,连同模具一起放入养护箱进行养护。试验箱内初始温度设定为 T_0,降温时间为 n 天,而后每 4 个小时等幅调低温度,调幅为 $\frac{T_0-28}{6\times n}$℃,在第 n 天后试验箱内养护温度恒定为 28℃。在整个试件养护过程中,试验箱内空气湿度根据试验目标进行设定。综上可以得出,高地温隧道初期支护及二次衬砌支护材料和支护结构界面的变温养护温度曲线如图 3-2。

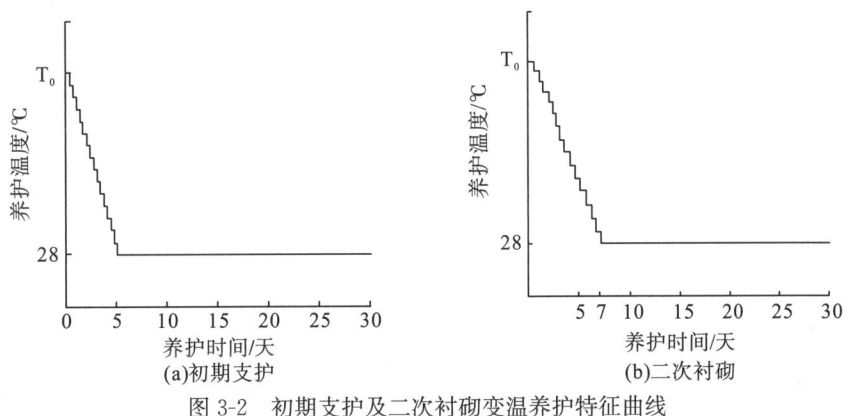

图 3-2 初期支护及二次衬砌变温养护特征曲线

3.1.3 试验内容

变温养护环境下支护材料力学性能试验主要包括初期支护和二次衬砌混凝土强度、喷射混凝土−岩石界面抗剪切强度以及锚固系统界面强度特性研究,如图 3-3 所示。

(a)

(b)

 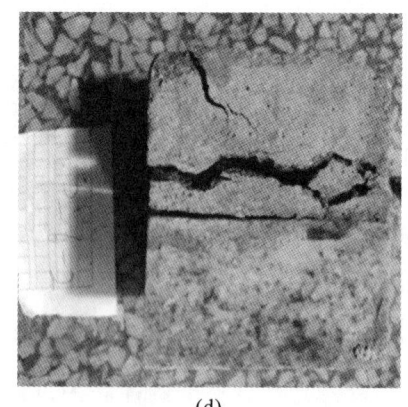

(c) (d)

图 3-3 室内变温养护及强度试验

（1）基于不同养护工况，采用变温养护方法，分别开展了初期支护和二次衬砌混凝土的抗压、抗拉强度试验以及弹性模量测试试验。在全组合试验中变温养护初始温度分别设置为 40℃、60℃、80℃，养护湿度 25％、55％、95％，而养护龄期则分别设置为 1d、3d、5d、14d、28d。此外，仍需设定标准养护条件下的试块力学试验做对比。

（2）针对岩石－喷射混凝土界面的力学性能试验主要采用直剪试验方法，重点测试变温养护环境下岩石－喷射混凝土界面的抗剪强度。基于现场测试环境参数，设置 60℃、80℃和 100℃三组高温养护温度，养护湿度 55％，变温养护模式同前。同时针对高温引起的喷射混凝土劣化及其界面黏结失效问题，采用了扫描电镜开展了不同变温养护温度下的混凝土细观结构及微空隙发展状态差异试验研究。

（3）目前拉拔试验是研究全长黏结型锚固系统工作原理、黏结锚固性能最为直接有效的方法，可为锚固系统设计提供直接可靠的依据。本章以高地温环境特征为背景，通过拉拔试验，分析高地温条件下隧道全长黏结锚杆的破坏形式、黏结受力特性的变化规律。本试验研究的主要内容有：高地温隧道锚固系统在拉拔荷载下的破坏形式及黏结破坏机理；高地温隧道锚固系统力学特性、黏结应力－位移本构关系的变化规律。

试验设置温度、湿度作为主要影响因素。温度分别为：40℃、60℃、80℃，湿度分别为：25％、55％、95％，并进行全组合变温养护试验，养护龄期为 28 天。试件在相应温、湿度组合条件下进行变温养护至 28d 龄期进行试验。同时设置标准养护下的试件拉拔试验用以对照。为研究养护龄期对锚固强度的影响，选取养护条件为 80℃、25％RH下的试件分别进行龄期为 1d、3d、5d、14d、28d 的拉拔试验，并与标准养护条件下 1d、3d、5d、14d、28d 龄期的试件拉拔结果进行对照。

3.2 初期支护混凝土力学性能研究

3.2.1 高温变温养护对抗压强度的影响

1. 抗压强度试验特性研究

室内试验研究了高温变温养护环境条件下，温度和湿度对初期支护混凝土抗压强度的影响。

1）养护湿度为25%

养护湿度为25%时，如表3-1和图3-4所示，随着高温养护阶段温度的升高，初期支护混凝土1天的抗压强度逐渐增加；3天后基本平缓；而28d龄期以后，抗压强度逐渐降低。初期支护混凝土1天的抗压强度在标准养护条件下最低，在80℃的高温养护条件下最高；而混凝土28天以后的抗压强度，则在80℃变温养护条件下最低，在标准养护条件下最高。表现出一定的早强效应。在强度变化幅度方面，混凝土随着养护阶段温度的升高，早期强度提高幅度大，后期强度下降幅度也大。与标准养护条件相比，在40~80℃高温养护条件下的早期强度（1天）提高范围在31%~128%。但是28天的强度下降比例为27%~49%。高温养护阶段虽然一定程度上加快了初期支护混凝土的水化反应速度，但对混凝土造成了不可弥补的损害，即使后期再进行标准养护，其后期强度亦出现减弱。

表3-1 不同温度及龄期条件下初期支护混凝土抗压强度-25%RH （单位：MPa）

养护条件	养护龄期				
	1天	3天	5天	14天	28天
标准养护	3.2	11.5	17.9	23.4	26.3
40℃+25%RH	4.3	11.6	14.0	16.8	19.1
60℃+25%RH	5.3	11.8	14.2	15.3	17.1
80℃+25%RH	7.4	11.5	12.2	12.4	13.3

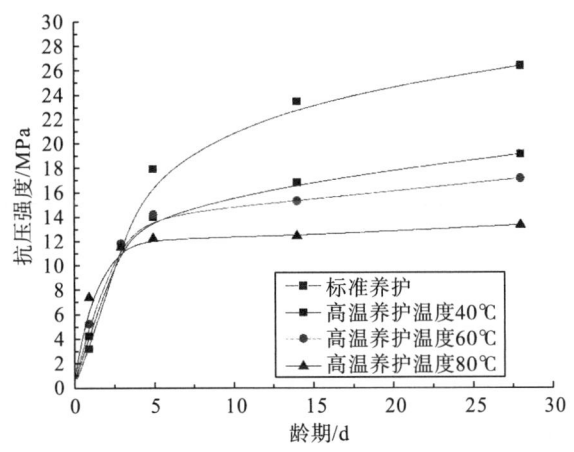

图3-4 25%RH条件下温度对初期支护混凝土抗压强度的影响

2)养护湿度为55%

养护湿度为55%时,如表3-2和图3-5所示,随着高温养护阶段的温度升高,初期支护混凝土3天内的抗压强度逐渐增加;5天后基本平缓;而28d龄期以后,抗压强度逐渐降低。初期支护混凝土3天的抗压强度在标准养护条件下最低,在80℃的高温养护条件下最高;而混凝土28天以后的抗压强度,则在80℃变温养护条件下最低,在标准养护条件下最高。整体呈现出明显的早强效应。在强度变化幅度方面,混凝土随着养护阶段温度的升高,早期强度提高幅度大,后期强度下降幅度也大。与标准养护条件相比,高温养护的早期强度(5天)在40~80℃提高范围在29%~48%。但是28天的强度下降比例为10%~27%。

与养护湿度为25%条件下的试样相比,混凝土的早强效应持续时间得到了提升,由1~3天延长至1~5天,并且随着养护阶段温度的升高,早强效应结束期时的强度增幅相对减小,28龄期的强度下降也出现减缓。表明在养护温度提升的基础上,湿度的增加有利于混凝土水化反应高效的持续进行,但过高温度引起混凝土损伤导致后期强度降低的效应仍十分明显。

表3-2　不同温度及龄期条件下初期支护混凝土抗压强度-55%RH　　(单位:MPa)

养护条件	养护龄期				
	1天	3天	5天	14天	28天
标准养护	3.2	11.5	17.7	23.4	26.3
40℃+55%RH	5.5	14.9	17.9	21.4	23.7
60℃+55%RH	6.8	15.4	18.4	19.7	21.4
80℃+55%RH	11.1	17.1	18.5	18.6	19.2

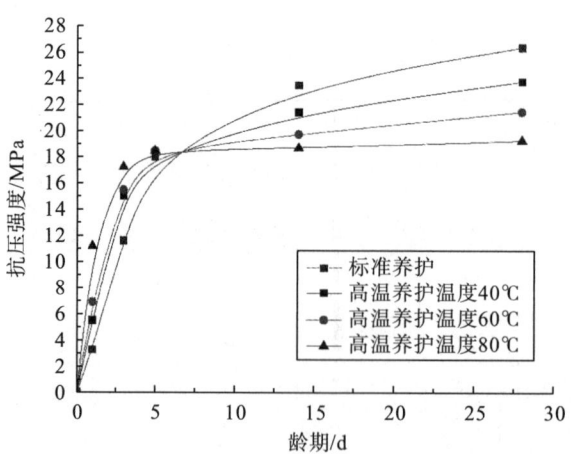

图3-5　55%RH条件下温度对初期支护混凝土抗压强度的影响

3)养护湿度为95%

养护湿度为95%时,如表3-3和图3-6所示,随着高温养护阶段的温度升高,初期支护混凝土5天内的抗压强度逐渐增加;而28d龄期以后,40℃养护条件下混凝土的抗压强度最高,但仅比标准养护条件下试件强度高 8%。表现出明显的早强效应。与标准养护试件相比,随着高温养护阶段温度的升高,初期支护混凝土的早期强度提高幅度变大,但是后期强度下降的幅度也变大,养护温度为 40℃、60℃和 80℃的 5 天强度分别提高了 28%、25%、24%,28 天强度,养护温度 60℃、80℃条件下分别下降了 7%、13%,但 40℃时增高了 8%。主要是因为在高温变温阶段,高湿条件下的大量水分有利于水化作用的持续进行。使得一定程度的温度提升,不仅有利于混凝土早强效应的发挥,也可有效降低温度造成的混凝土终期强度损伤,但是过高的温度则严重削弱了这一增益效果,对混凝土造成了一定的损害,之后再进行标准条件养护也无法弥补这种损害,影响到它的后期强度。

通过与养护湿度为 25%和 55%条件下的试样强度进行比较可以看出高温养护阶段中,温度引起的早强效应,在湿度超过 55%后,对于前期的抗压强度提升效果出现了一定的延缓,但对于高温引起的 28 天强度下降同样产生了更强的抑制作用。主要是充足的水分尽可能的使得高温变温段混凝土水化充分,减小高温损伤。

表 3-3　不同温度及龄期条件下初期支护混凝土抗压强度－95%RH　　（单位：MPa）

养护条件	养护龄期				
	1 天	3 天	5 天	14 天	28 天
标准养护	3.2	11.5	17.9	23.4	26.3
40℃+95%RH	5.3	19.3	22.9	27.4	28.5
60℃+95%RH	8.4	19.0	22.3	22.5	24.4
80℃+95%RH	14.1	21.8	22.2	22.3	22.7

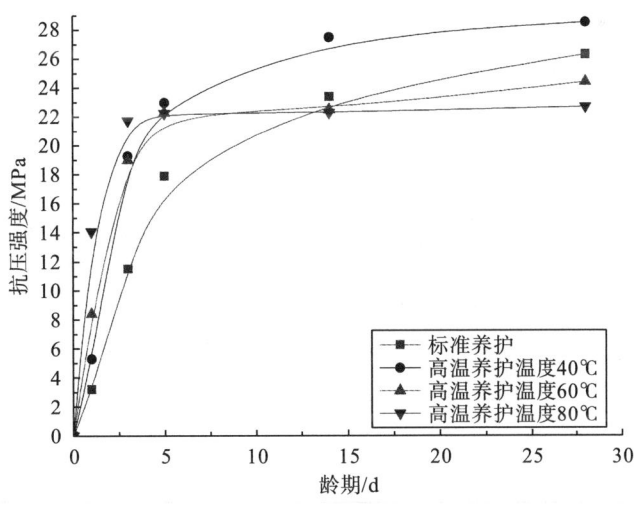

图 3-6　95%RH 条件下温度对初期支护混凝土抗压强度的影响

2. 温湿度耦合作用下抗压强度(28 天)预测

根据上述试验结果,将不同温度、湿度条件下混凝土抗压强度值进行回归分析,考虑温湿度的耦合作用,采用最小二乘法对混凝土抗压强度发展做出预测,见表 3-4 和

表 3-5。由回归分析可得：
$$f_{ck}^a = 9.7 \times 10^{-5} T^3 - 0.0172 T^2 + 0.84 T - 0.001 H^2 + 0.245 H + 1.408$$
$$(R^2 = 0.996) \tag{3-1}$$

式中，f_{ck}^a 为初期支护混凝土 28 天抗压强度标准值(MPa)；T 为养护温度(℃)；H 为养护湿度(%)；

对比回归公式预测结果与实际试验值十分接近，故该公式可以用来评价预测温湿度耦合作用下初期支护混凝土抗压强度值。

表 3-4 初期支护混凝土 28 天抗压强度试验值 （单位：MPa）

养护湿度/%	养护温度/℃			
	20	40	60	80
25	/	19.1	17.1	13.3
55	/	23.7	21.4	19.2
95	26.3	28.5	24.4	22.7

表 3-5 初期支护混凝土 28 天抗压强度预测值 （单位：MPa）

养护湿度/%	养护温度/℃			
	20	40	60	80
25	17.6	19.22	16.42	13.86
55	22.53	24.15	21.36	18.79
95	26.29	27.92	25.12	22.56

3.2.2 高温变温养护对抗拉强度的影响

1. 抗拉强度试验特性研究

针对不同温湿度养护条件下初期支护混凝土试样(28d 龄期)抗拉强度开展了试验研究，见图 3-7。

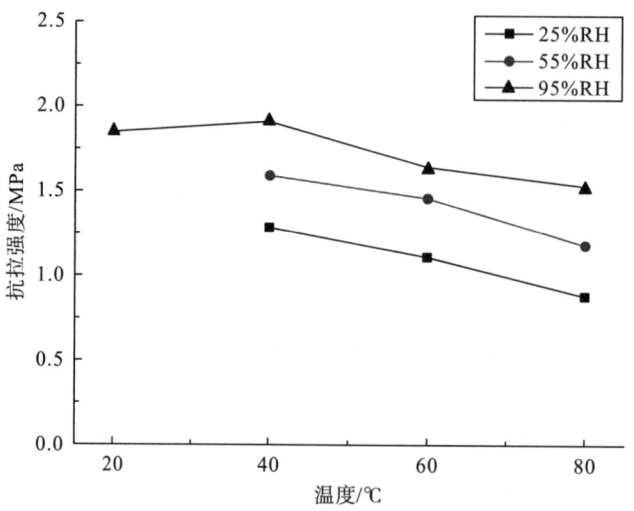

图 3-7 变温养护条件下初期支护混凝土 28 天抗拉强度变化曲线

试验结果表明养护 28 天的初期支护混凝土试件抗拉强度随温湿度的变化与同期抗压强度变化趋势相近。当养护温度为 40℃，湿度为 95% 时，喷射混凝土抗拉强度相对标养试件具有 3.4% 的提升，而其它养护条件下抗拉强度则出现了 11.5%—52% 的强度衰减。在不同湿度条件下，抗拉强度基本呈现出随养护温度的升高而逐渐降低的趋势，但抗拉强度降幅随着湿度的升高而逐渐减小。在高温变温（40℃、60℃、80℃）养护条件下，湿度为 25% 时，抗拉强度降幅分别为 30.8%，40.0%，52.5%；湿度为 55% 时，抗拉强度降幅分别为 14.0%，21.1%，36.0%；湿度为 95% 时，高温变温（60℃、80℃）时抗拉强度降幅分别为 11.5%，17.7%。表明高温养护环境会对 28d 龄期混凝土抗拉强度产生一定的衰减作用，尤其是高温低湿的环境下，衰减现象更为严重。

2. 温湿度耦合作用下抗拉强度（28 天）预测

根据上述试验结果，将不同温度、湿度条件下初期支护混凝土抗拉强度值进行回归分析，考虑温湿度的耦合作用，采用最小二乘法对混凝土抗拉强度发展做出预测，见表 3-6、表 3-7。由回归分析可得：

$$f_{tk}^a = 4.467 \times 10^{-6} T^3 - 0.0008 T^2 + 0.039 T - 5.327 \times 10^{-5} H^2 + 0.015 H + 0.423$$
$$(R_2 = 0.991) \tag{3-2}$$

式中，f_{tk}^a 为初期支护混凝土 28 天抗拉强度标准值（MPa）；T 为养护温度（℃）；H 为养护湿度（%）；

对比回归公式预测结果与实际试验值十分接近，故该公式可以用来评价预测温湿度耦合作用下初期支护混凝土抗拉强度值。

表 3-6　初期支护混凝土 28 天抗拉强度试验值　　（单位：MPa）

养护湿度/%	养护温度/℃			
	20	40	60	80
25	—	1.277	1.108	0.876
55	—	1.587	1.456	1.182
95	1.846	1.908	1.634	1.520

表 3-7　初期支护混凝土 28 天抗压强度预测值　　（单位：MPa）

养护湿度/%	养护温度/℃			
	20	40	60	80
25	1.246	1.283	1.092	0.885
55	1.567	1.605	1.413	1.206
95	1.845	1.884	1.692	1.486

3.2.3　高温变温养护对弹性模量的影响

高温养护温湿度对初期支护混凝土弹性模量的影响见表 3-8，图 3-8。在不同湿度条件下，弹性模量基本呈现出随养护温度的升高而逐渐降低。与标准养护条件下的试件相比，在高温变温(40℃、60℃、80℃)养护条件下，当养护湿度为25％时，不同养护温度下弹性模量降幅分别为7.7％，9.8％，13.8％；养护湿度为55％时，弹性模量降幅分别为2.8％，4.9％，7.3％；养护湿度为95％时，高温变温(60℃、80℃)时弹性模量降幅分别为2.0％，4.1％。但是当养护温度为40℃，湿度为95％时试件弹模具有2.4％的提升。因此，试验结果表明高温变温养护对于弹性模量的长期发展不利，但增加养护湿度对试件弹性模量的提升有积极的影响。

表 3-8　变温养护条件下初期支护混凝土 28 天弹性模量　　　　（单位：GPa）

养护湿度/%	养护温度/℃			
	20	40	60	80
25	—	22.7	22.2	21.2
55	—	23.9	23.4	22.8
95	24.6	25.2	24.1	23.6

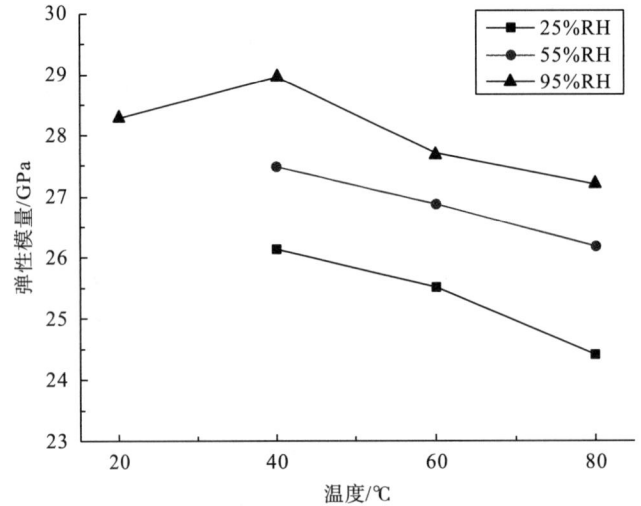

图 3-8　变温养护条件下初期支护混凝土 28 天弹性模量变化曲线

3.3　二次衬砌混凝土力学性能研究

3.3.1　高温变温养护对抗压强度的影响

1. 抗压强度试验特性研究

室内试验研究了高温变温养护条件下，二次衬砌混凝土的抗压强度与初始养护温度和湿度的相互关系。

1)养护湿度为25％：如表3-9和图3-9所示，养护温度会对二次衬砌混凝土不同龄期下的抗压强度产生影响，总体规律为随着养护温度的升高，混凝土1天的抗压强度逐渐增加；3天后基本平缓。而28d龄期以后，抗压强度逐渐降低。相比较而言，二次衬砌混凝土1天的抗压强度在标准养护条件下最低，在80℃的高温养护条件下最高；而混凝土28天以后的抗压强度，则在80℃时最低，在标准养护条件下最高。表现出一定的早强效应。在强度变化幅度方面，随着温度的增加，早期强度提高幅度大，但后期强度下降幅度也大。在40～80℃高温养护条件下的早期强度(1天)提高范围在44%～137%。但是28天的强度下降比例为14%～53%。

表3-9　不同温度及龄期条件下二次衬砌混凝土抗压强度－25%RH　　（单位：MPa）

养护条件	养护龄期				
	1天	3天	5天	14天	28天
标准养护	4.1	15.2	26.7	33.8	37.2
40℃+25%RH	5.9	17.8	23.6	28.4	32.0
60℃+25%RH	7.5	15.8	19.1	20.5	22.7
80℃+25%RH	9.7	15.1	16.1	16.3	17.5

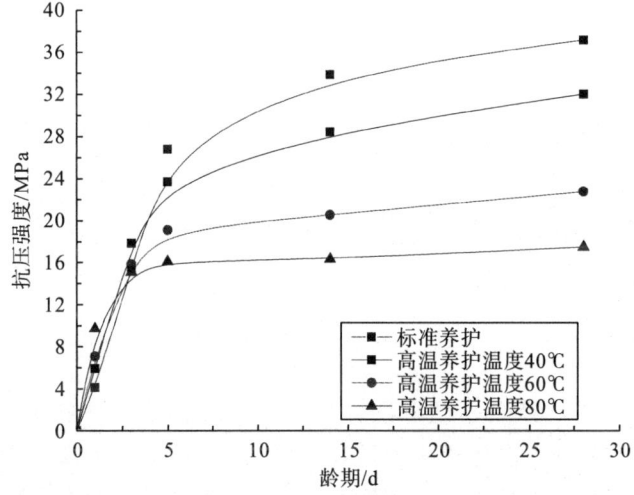

图3-9　25%RH条件下温度对二次衬砌混凝土抗压强度的影响

2)养护湿度为55%：从表3-10和图3-10中可以看出，随着养护温度的升高，二次衬砌混凝土3天的抗压强度逐渐增加；5天后基本平缓。而28d龄期以后，抗压强度逐渐降低。相比较而言，模筑混凝土1天的抗压强度在标准养护条件下最低，在80℃的高温养护条件下最高；而混凝土28天以后的抗压强度，则在80℃时最低，在标准养护条件下最高。表现出明显的早强效应。在强度变化幅度方面，随着温度的增加，早期强度提高幅度大，但后期强度下降幅度也大。在40～80℃高温养护条件下的早期强度(5天)提高范围在41%～48%。但是28天的强度下降比例为8%～32%。

与25%RH环境条件相比，混凝土的早强效应持续时间得到了提升，由1～3天延长至1～5天，并且随着养护阶段温度的升高，早强效应结束期时的强度增幅相对减小，

28d 龄期的强度下降也出现减缓。表明在养护温度提升的基础上，湿度的增加有利于混凝土水化反应高效的持续进行，但过高温度引起混凝土损伤导致后期强度降低的效应仍十分明显。

表 3-10　不同温度及龄期条件下二次衬砌混凝土抗压强度－55％RH　　（单位：MPa）

养护条件	养护龄期				
	1 天	3 天	5 天	14 天	28 天
标准养护	4.1	15.2	26.7	33.8	37.2
40℃＋55％RH	7.9	21.6	25.8	30.8	34.2
60℃＋55％RH	8.9	20.0	23.9	25.6	27.8
80℃＋55％RH	14.7	22.7	24.3	24.6	25.4

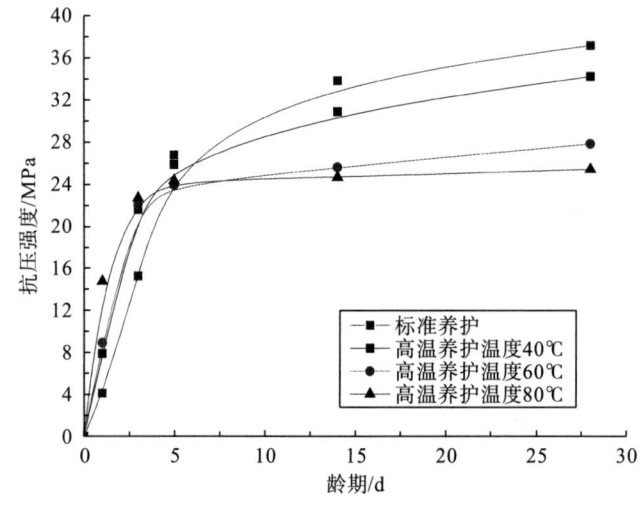

图 3-10　55％RH 条件下温度对二次衬砌混凝土抗压强度的影响

3）养护湿度为 95％：从表 3-11 和图 3-11 中可以看出，养护温度会对混凝土不同龄期下的抗压强度产生影响，总体规律为随着养护温度的升高，混凝土 5 天的抗压强度逐渐增加；而 28d 龄期以后，抗压强度逐渐降低。40℃养护条件下混凝土的抗压强度最高，但仅比标准养护条件下试件强度高 3％。表现出明显的早强效应。与标准养护试件相比，随着高温养护阶段温度的升高，初期支护混凝土的早期强度提高幅度变大，但是后期强度下降的幅度也变大，养护温度为 40℃、60℃和 80℃的 5 天强度分别提高了 18％、13％、16％，28 天强度，养护温度 60℃、80℃条件下分别下降了 9％、14％，但 40℃时增高了 3％。与初期支护混凝土相同，主要是因为在高温变温阶段，高湿条件下的大量水分可产生与高温的对冲效果，一定程度的温度提升，不仅有利于混凝土早强效应的发挥，也可有效降低温度造成的混凝土终期强度损伤，但是过高的温度则严重削弱了这一对冲效果。表明高温养护虽然会加速水化反应，短期内提升混凝土强度，但是却会对长期强度造成不可逆的损害。

与中低湿(25％RH，50％RH)条件相比，整体上可以看出高温阶段养护中，温度引起的早强效应，在湿度超过55%后，对于前期的抗压强度提升效果出现了一定的延缓，但对于高温引起的28天强度下降同样产生了更强的抑制作用。可以看出充足的水分对于混凝土的抗压强度变化有着较大的影响。

表 3-11　不同温度及龄期条件下二次衬砌混凝土抗压强度－95%RH　（单位：MPa）

养护条件	养护龄期				
	1天	3天	5天	14天	28天
标准养护	4.1	15.2	26.7	33.8	37.2
40℃+95%RH	9.3	25.7	30.6	36.6	38.3
60℃+95%RH	11.4	25.9	30.4	32.7	33.5
80℃+95%RH	19.8	30.5	31.2	31.6	32.1

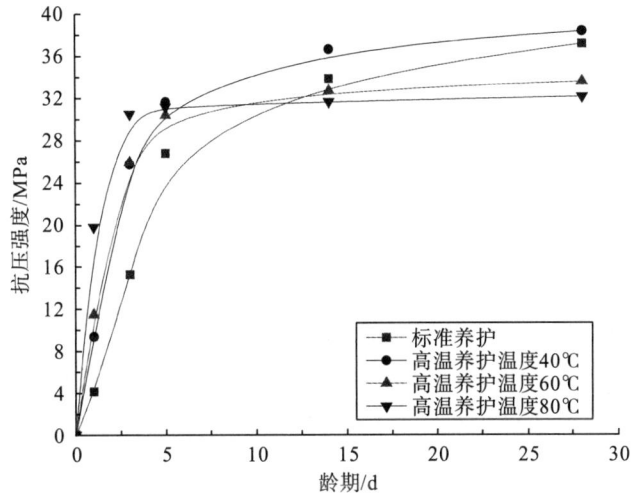

图 3-11　95%RH 条件下温度对二次衬砌混凝土抗压强度的影响

2. 温湿度耦合作用下抗压强度(28 天)预测

根据上述试验结果，将不同温度、湿度条件下混凝土抗压强度值进行回归分析，考虑温湿度的耦合作用，采用最小二乘法对混凝土抗压强度发展做出预测，见表 3-12 和表 3-13。由回归分析可得：

$$f_{ck}^b = 2.859 \times 10^{-4} T^3 - 0.047 T^2 + 2.155 T - 0.00046 H^2 + 0.207 H - 5.06$$
$$(R_2 = 0.954) \tag{3-3}$$

式中，f_{ck}^b 为二次衬砌混凝土 28 天抗压强度(MPa)；T 为养护温度(℃)；H 为养护湿度(%)；

对比回归公式预测结果与实际试验值十分接近，故该公式可以用来评价预测温湿度耦合作用下二次衬砌混凝土抗压强度值。

表 3-12　二次衬砌混凝土 28 天抗压强度试验值　　　（单位：MPa）

养护湿度/%	养护温度/℃			
	20	40	60	80
25	/	31.98	22.70	17.45
55	/	34.23	27.80	25.40
95	37.15	38.34	33.54	32.10

表 3-13　二次衬砌混凝土 28 天抗压强度预测值　　　（单位：MPa）

养护湿度/%	养护温度/℃			
	20	40	60	80
25	26.59	29.82	22.98	19.95
55	31.11	34.34	27.51	24.48
95	37.14	40.38	33.55	30.52

3.3.2　高温变温养护对抗拉强度的影响

1. 抗拉强度试验特性研究

针对不同温湿度养护条件下二次衬砌混凝土试样（28d 龄期）抗拉强度开展了试验研究，试验结果见图 3-12。从图中可以看出，28 天混凝土抗拉强度随温湿度的变化与同期抗压强度变化趋势相近。整体上看，在养护龄期达到 28 天时，除了 40℃，95%RH 养护条件下，抗拉强度相对标养试件具有 1.6% 的提升，其它条件下抗拉强度均表现出 7.9%－55.0% 的衰减现象。在不同湿度条件下，抗拉强度基本呈现出随高温养护阶段温度的升高而逐渐降低的趋势，且其差值随着湿度的升高而逐渐减小。在湿度为 25% 条件下，抗拉强度降幅分别为 13.9%，40.8%，55.3%；湿度为 55% 条件下，抗拉强度降幅分别为 7.9%，26.4%，36.2%；湿度为 95% 条件下，抗拉强度降幅分别为 8.3%，15.0%。表明高温养护环境会对 28d 龄期混凝土抗拉强度产生一定的衰减作用，尤其是高温低湿的环境下，衰减现象更为严重。

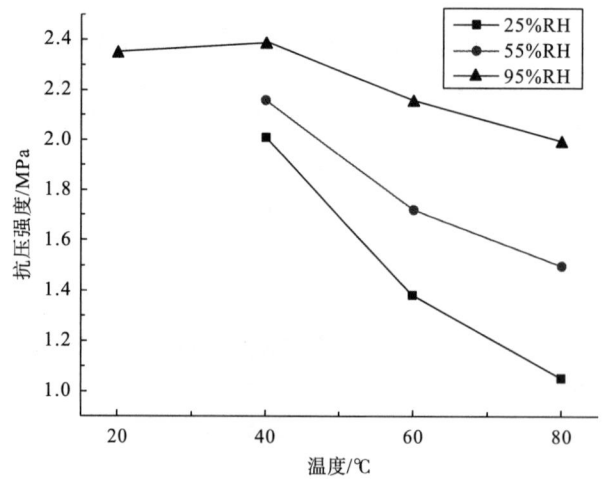

图 3-12　变温养护条件下二次衬砌混凝土 28 天抗拉强度变化曲线

2. 温湿度耦合作用下抗拉强度(28 天)预测

根据上述试验结果,将不同温度、湿度条件下混凝土抗压强度值进行回归分析,考虑温湿度的耦合作用,采用最小二乘法对混凝土抗压强度发展做出预测,见表 3-14 和表 3-15。由回归分析可得:

$$f_{tk}^b = 1.706 \times 10^{-5} T^3 - 0.0028 T^2 + 0.132 T - 1.298 \times 10^{-5} H^2 + 0.0114 H - 0.272$$
$$(R_2 = 0.949) \tag{3-4}$$

式中,f_{tk}^b 为二次衬砌混凝土 28 天抗压强度(MPa);T 为养护温度(℃);H 为养护湿度(%);

对比回归公式预测结果与实际试验值十分接近,故该公式可以用来评价预测温湿度耦合作用下二次衬砌混凝土抗拉强度值。

表 3-14 二次衬砌混凝土 28 天抗拉强度试验值 (单位:MPa)

养护湿度/%	养护温度/℃			
	20	40	60	80
25	/	2.014	1.385	1.047
55	/	2.156	1.724	1.499
95	2.34	2.377	2.147	1.990

表 3-15 二次衬砌混凝土 28 天抗拉强度预测值 (单位:MPa)

养护湿度/%	养护温度/℃			
	20	40	60	80
25	1.651	1.849	1.418	1.178
55	1.962	2.160	1.729	1.490
95	2.34	2.538	2.108	1.868

3.3.3 高温变温养护对弹性模量的影响

从表 3-16 和图 3-13 可以看出,28 天混凝土弹性模量随温湿度的变化与同期抗压强度变化趋势相近。在不同湿度条件下,弹性模量基本呈现出随高温养护阶段温度的升高而逐渐降低。与标准养护模式相比,除了 40℃,95%RH 条件下,弹模具有 1.2%的提升,其他湿度为 25%条件下,弹模降幅分别为 4.7%,12.9%,17.5%;湿度为 55%条件下,弹模降幅分别为 2.7%,8.4%,10.5%;湿度为 95%条件下,弹模降幅分别为 3.0%,4.5%。标准环境下养护的混凝土弹性模量一般高于高温环境下养护的混凝土弹性模量,且其差值随着湿度的升高而逐渐减小。这说明了高温养护环境对于终期混凝土弹性模量具有一定的削弱作用,温度越高降幅越大,但环境湿度的提升可起到一定的抑制作用。

表 3-16　变温养护条件下二次衬砌混凝土 28 天弹性模量　　（单位：GPa）

养护湿度/%	养护温度/℃			
	20	40	60	80
25	/	31.66	28.93	27.39
55	/	32.32	30.42	29.70
95	33.2	33.57	32.09	31.70

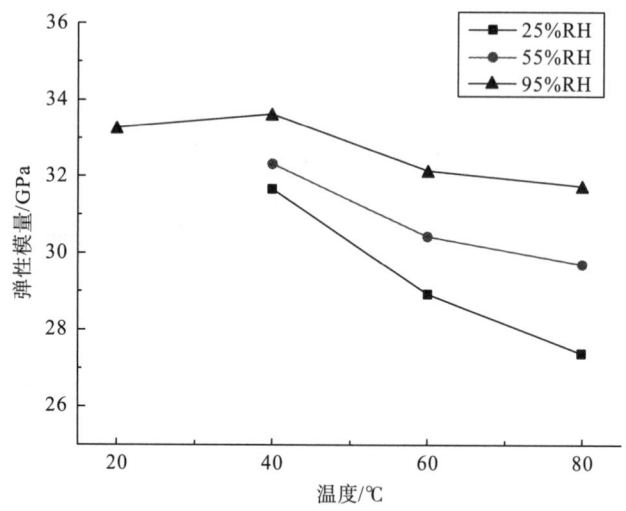

图 3-13　变温养护条件下二次衬砌混凝土 28 天弹性模量变化曲线

3.4　喷射混凝土－基岩界面黏结滑移特性

在隧道工程及其他地下工程中，喷射混凝土作为初期的安全防护，为了保证受力时能够发挥有效的支护作用必须保证与围岩之间一定的抗剪和抗拉黏结强度，其中抗剪黏结强度能否在高温变温环境下充分发挥抵抗平行于结合面剪切力的剪切属性显得尤为重要。因此，为了能给高温变温环境下的支护结构安全设计提供依据，有必要对高温变温环境下喷射混凝土－围岩剪切特性及模拟方法进行更加深入的研究。

3.4.1　喷混－基岩胶结面剪切位移曲线

通过多组剪切试验获取的剪切应力－位移曲线如图 3-14 所示。由实验数据可以发现，曲线变化总体规律基本一致。曲线走势表现为剪切应力先迅速上升至峰值后，转入下降段并衰减至残余强度。受法向应力和温度的影响，剪切应力－位移曲线形态有所不同。首先随着法向应力的增加，三种养护温度下界面峰值剪应力由 1.48MPa 最大增加至 2.73MPa。从温度对剪切特性的影响来看，剪切应力－位移曲线变化整体上表现出随着温度的增加呈横向扩大态势，峰值剪切位移由 0.41mm 最大增加至 0.66mm，且随着初始养护温度的升高，峰后应力跌落逐渐变缓。

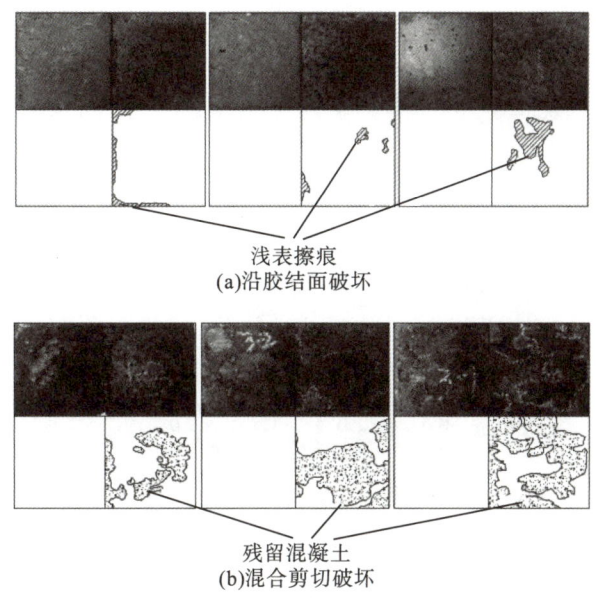

浅表擦痕
(a)沿胶结面破坏

残留混凝土
(b)混合剪切破坏

图 3-16 典型剪切破坏断面特征

由试验结果可以发现，在该试验条件下存在两类典型的破坏模式。第一类是沿着胶结面发生剪切破坏(F_1)，即破裂面在胶结面处发育贯通，发生剪切滑动，剪切断面处可见明显的擦痕。第二类是混合剪切破坏(F_2)，即混凝土和部分胶结面共为弱场部位，破裂面由胶结面和混凝土共同组成，多表现为花岗岩一侧黏附小块或多块混凝土，破裂面形态、起伏度差异较大，剪切破坏模式可概化为图 3-17(a)、(b)。

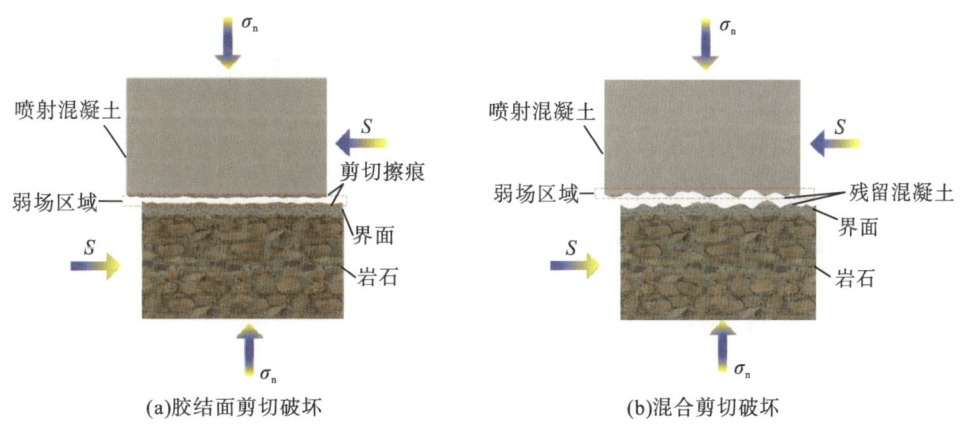

(a)胶结面剪切破坏　　　　　　　　(b)混合剪切破坏

图 3-17 剪切破坏模式示意图

结合图 3-18 试验统计结果，从初始养护温度对界面破坏模式的影响来看，在 0.5MPa 和 1MPa 的法向应力水平下，养护温度为 100℃以下时，破坏模式均为 F_1 型，而 100℃时剪切破坏模式由 F_1 转变为 F_2 型。而在 1.5MPa 的高法向应力水平下，80℃的养护温度就已经促使破坏模式由 F_1 向 F_2 型转变。从法向应力水平对界面破坏模式的影响来看，在 60℃的初始养护温度下，随着法向应力水平的增加，破坏模式始终为沿胶结面破坏(F_1)且并未出现改变，而随着初始养护温度的升高，在高法向应力水平下，如 80℃、

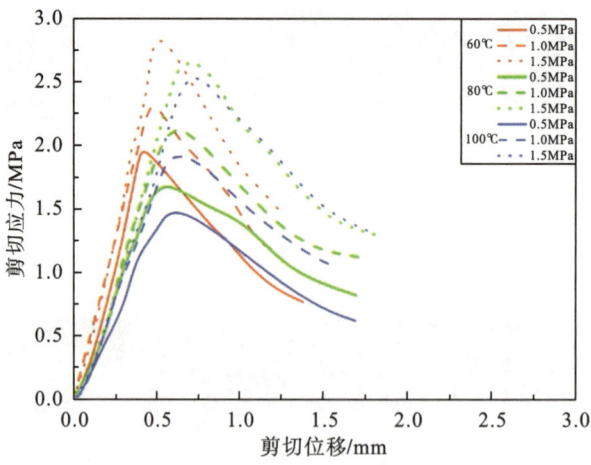

图 3-14 不同法向应力下剪切应力-位移关系曲线

如图 3-15 所示，OA 段为线弹性上升阶段，先是短暂的界面压密接触，空隙闭合，随后迅速过渡至剪切应力随剪切位移保持线弹性增长状态，直线斜率即剪切刚度，试验所得为 3000~5650MPa/m。AB 段剪应力随剪切位移增大而呈非线性增加（$u_a < u_f$ 时），剪切强度未完全达到峰值强度，裂纹迅速扩展连通，表现为应变硬化。BC 段表现为峰后软化特征，即到达峰值强度后呈曲线形降低。

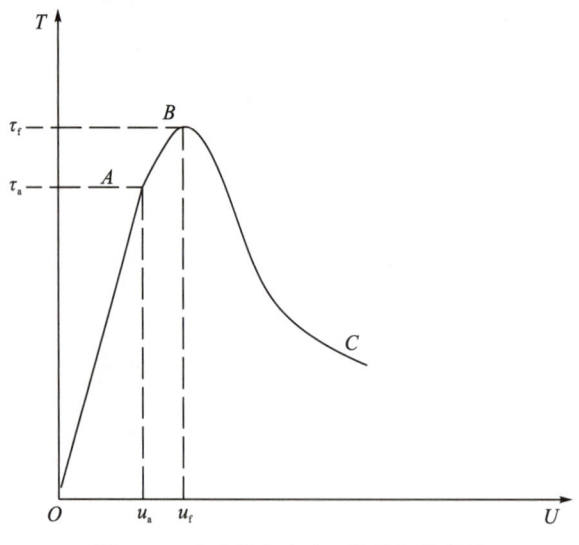

图 3-15 应变软化应力-位移概化曲线

3.4.2 喷混-基岩胶结面剪切破坏模式

由于花岗岩是在地下深处经冷凝而形成的酸性火成岩，质地坚硬致密、强度高、抗风化、耐腐蚀、耐磨损，100℃以内的高温对其物理力学特性几乎无影响，故剪切破坏弱场位置只可能出现在界面或混凝土处。受养护条件及法向应力的差异影响，试件的剪切破坏模式也有所不同。典型剪切破坏断面特征见图 3-16(a)、(b)。

1.5MPa下剪切破坏模式开始向 F_2 型转变。当初始养护温度在100℃条件下，无论法向应力水平如何，剪切破坏模式均表现为 F_2 型。由此可见，随着养护温度逐渐升高，胶结面抗剪特性逐渐增强，剪切软弱带逐渐向混凝土内部发展。这主要是因为温度的升高，加快了混凝土的水化反应速率，水化物在混凝土早龄期快速生成并聚集，形成一定的强度。与此同时，花岗岩作为热的良导体，在较高温度下不断向界面处传递热量，促使更多的水化产物在胶结面生成并凝聚，有效填充了与岩石接触面上的微空隙，在硬化过程中与

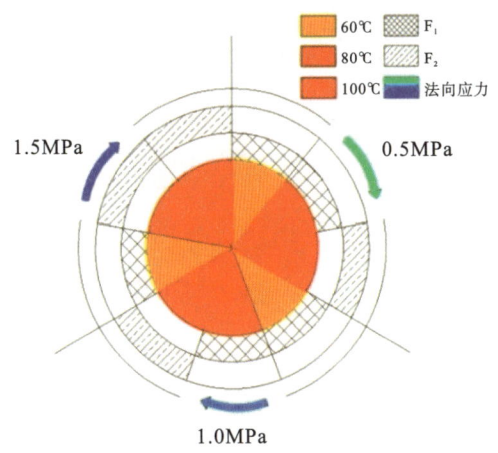

图 3-18　不同条件下剪切破坏模式分类统计图

岩石表面紧密贴合，在产生相对运动时，发挥了一定的机械咬合作用，进一步提高了胶结面强度。最终使得复合试件的弱场部位从混合黏结部位向混凝土方面转变。此外，法向应力水平的提高有助于进一步压密材料内部以及界面区域的不整合空间，进一步增加了材料之间的摩擦特性，故对温度引起的损伤效应起到了一定的减弱效果。

3.4.3　喷混-基岩胶结面剪切强度特性

峰值剪切应力、位移随温度变化曲线如图 3-19 和图 3-20 所示，峰值剪切应力位移变幅图如图 3-21 所示。从图中可以看出，峰值剪切应力整体随温度增加呈递减趋势，高法向应力条件下曲线下降幅度呈减小态势。在 0.5~1.5MPa 的法向应力水平下，依次由 1.81~1.43MPa、2.27~1.94MPa、2.73~2.46MPa 发生衰减，并且随着温度的增加，降幅逐渐增大，最高达 21%，受温度效应影响十分明显。但是随着法向应力水平的提高，温度引起的衰减幅度逐渐降低，出现了一定的抑制作用。峰值剪切位移在各应力水平下则基本表现为随着温度的升高，位移量逐渐增大，最大增幅达 34.7%。主要是因为温度过高将使得诱导期水化速率较大，短时间内生成的水化硅酸钙凝胶(C-S-H)包裹在 C_3S 周围反而抑制了水化反应的进一步进行，同时快速生成的水化产物搭接仓促，结构疏松多孔。砂浆内部产生相互贯穿的温度裂纹，将砂浆分散成若干独立区域。骨料与砂浆的黏结力出现下降，导致试件终龄期时峰值剪切强度下降，剪切变形逐步扩大。

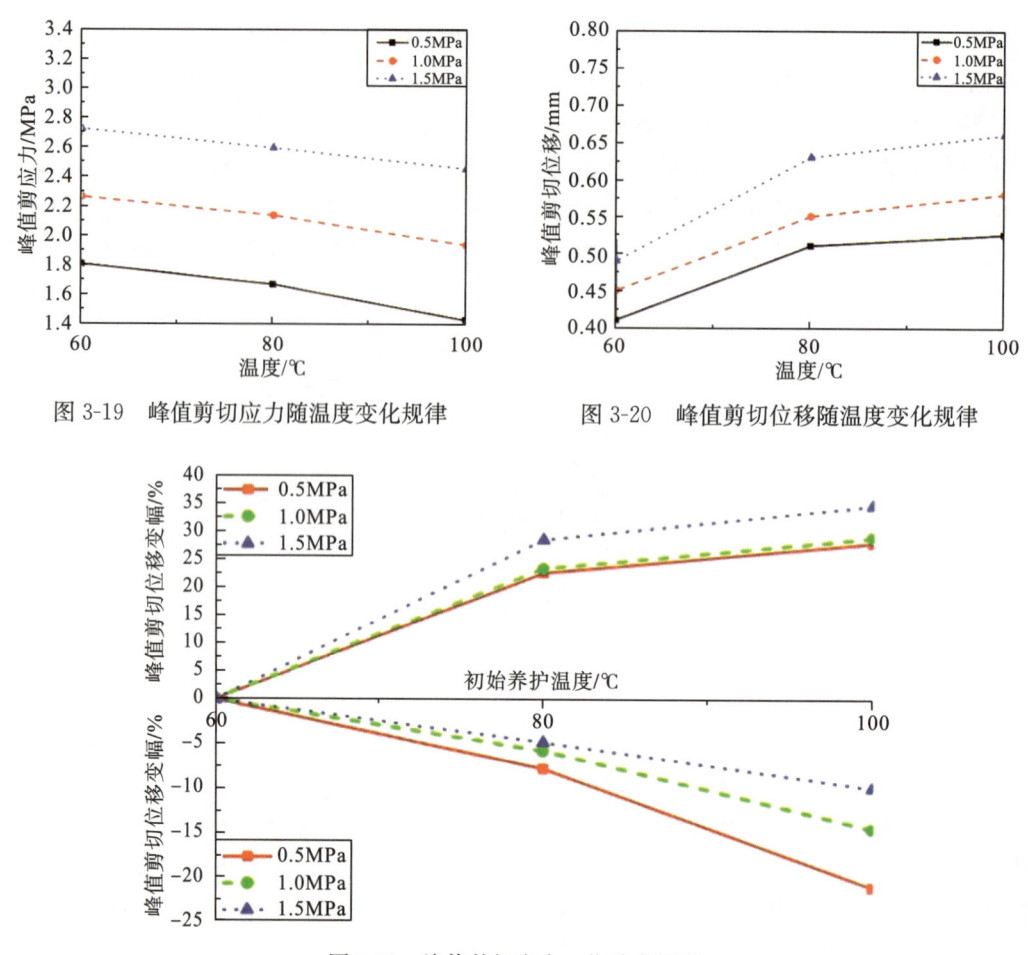

图 3-19　峰值剪切应力随温度变化规律　　　图 3-20　峰值剪切位移随温度变化规律

图 3-21　峰值剪切应力、位移变幅图

综上可以发现，高温变温养护条件对试件界面破坏模式和强度特性有较大的影响，高温一方面加速水化物生成积累并填充微孔隙，提高早期强度，另一方面过高温度使得混凝土后期因自身反应不充分而引起结构劣化，强度降低。但结合前述剪切破坏模式和强度特性的变化规律分析发现，在法向应力水平一定的条件下，温度损伤效应的影响更加显著。

3.4.4　喷混－基岩胶结面强度理论计算

1. 温度损伤模型建立方法

针对混凝土力学特性研究表明，材料内部受高温影响往往会产生微元损伤，随着微缺陷部分的逐步发展开始在宏观上影响材料的属性响应，造成宏观力学性能的劣化损伤。基于高温变温混凝土－岩石界面力学特性研究表明，抗剪切强度具有明显的温度弱化效应，即温度过高时，剪切强度会出现一定程度的降低。因此所建立的高温变温环境下的混凝土－岩石界面剪切本构方程要能合理反映以上基本物理事实。这里引入连续变量 D

来描述混凝土的高温劣化效应。

由图 3-22，取微元体并假设微元剪切面积为 S，温度损伤部分截面积 S_1，未损伤部分截面积为 S_2，则可得到

$$S = S_1 + S_2 \tag{3-5}$$

引入温度损伤因子 D，它主要是描述高温变温环境下，受温度影响的界面强度损伤程度，

$$D = \frac{S_1}{S} \tag{3-6}$$

作用在未损伤部分的正应力、剪应力为有效应力：

$$\sigma_1' = \frac{F}{S_2}, \quad \tau_1' = \frac{T}{S_2} \tag{3-7}$$

由静力平衡关系可得

$$F = \sigma \cdot S = \sigma_1' \cdot S_2 \tag{3-8}$$
$$T = \tau \cdot S = \tau_1' \cdot S_2 \tag{3-9}$$

由式(3-5)~式(3-9)可得

$$\sigma = \sigma_1' \cdot (1 - D) \tag{3-10}$$
$$\tau = \tau_1' \cdot (1 - D) \tag{3-11}$$

由于 τ_1' 为微单元未屈服时，未损伤部分受到的剪应力，故可假定此时的剪切力与剪切位移呈线弹性关系，可用下式表示：

$$\tau_1' = K_a \cdot u' \tag{3-12}$$

u' 为损伤部分的剪切位移，K_a 为界面黏结强度，由变形协调关系可以得到损伤与未损伤部分的剪切位移一致，即 $u = u'$，故可以得到：

$$\tau = K_a \cdot u' \cdot (1 - D) \tag{3-13}$$

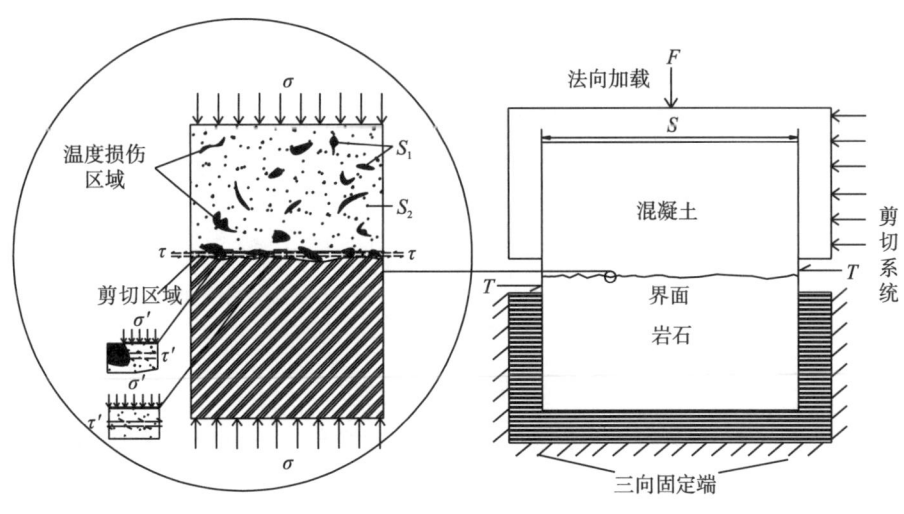

图 3-22 温度损伤单元受力分析示意图

2. 温度损伤参量确定

引入温度损伤统计理论，由于界面及其附近非均质体材料内含有大量随机分布的微

裂缝、孔隙等缺陷，在外力作用下，其微元破坏是随机的，即微元应变状态与破坏概率息息相关。微元破坏由微元强度决定，而微元的破坏概率又决定了其损伤变量。故这里通过引入莫尔-库仑破坏准则，得到下式：

$$F_a = \tau - \sigma \cdot \tan\varphi - c \tag{3-14}$$

式中，c、φ 为界面粘聚力和内摩擦角。当 $F_a \leqslant 0$ 时，微元体不会发生破坏。并且假定混凝土-岩石界面微元体损伤破坏是随机的并服从 Weibull 分布，则微元破坏的随机概率密度函数为

$$P(F) = \frac{m}{F_0}\left(\frac{F_a}{F_0}\right)^{m-1} \cdot e^{-\left(\frac{F_a}{F_0}\right)^m} \tag{3-15}$$

式中，m、F_0 为 Weibull 分布参数。混凝土-岩石界面损伤变量为微元破坏统计概率，故损伤演化模型可表示如下：

$$D = \begin{cases} 0, & F_a \leqslant 0 \\ \int_0^{F_a} P(x)\mathrm{d}x = 1 - e^{-\left(\frac{F_a}{F_0}\right)^m}, & F_a > 0 \end{cases} \tag{3-16}$$

3.4.5 喷混-基岩胶结面黏结滑移本构方程

基于高地温环境下的混凝土损伤理论基础，为了更好的量化分析高温条件下界面强度的变化趋势及峰值，需要得到较为完善的黏结滑移本构方程。

将式(3-16)代入式(3-13)，可以得到：

$$\tau = \begin{cases} K_a u, & F_a \leqslant 0 \\ K_a u e^{-\left(\frac{F_a}{F_0}\right)^m}, & F_a > 0 \end{cases} \tag{3-17}$$

由前述试件剪切变形破坏曲线可得，当剪切位移 u 达到峰值剪切强度对应的剪切位移 u_f 时，$\tau = \tau_f$。故可以得到：

$$\left.\frac{\partial \tau}{\partial u}\right|_{u=u_f, \tau=\tau_f} = 0 \tag{3-18}$$

方程未知参数如下：

$$F_0 = (K_a u_f - \sigma\tan\varphi - c)\left(\ln\frac{K_a u_f}{\tau_f}\right)^{-\frac{1}{m}} \tag{3-19}$$

$$m = \frac{(\tau_f - \sigma\tan\varphi)K_a u_f - \tau_f c}{(\tau_f - \sigma\tan\varphi)K_a u_f \ln\frac{K_a u_f}{\tau_f}} \tag{3-20}$$

通过上述理论公式推导过程可以看出，模型中参数 F_0、m 与界面剪切特性具有一定的联系，详见图 3-23、图 3-24。混凝土-岩石界面剪切峰值与参数 m 呈反向增长趋势，但随着 F_0 的增大而不断增大。无论参数 m 与 F_0 如何变化，对于剪切应力-位移曲线峰前段线性变化特征并无任何影响。但是参数 m 与 F_0 对曲线的峰后段非线性变形的发展变化却有着较大的影响。以上特性也充分表明了参数 m 与 F_0 的取值的准确性对于混凝土-岩石界面温度损伤剪切模型的适用性具有重要意义。

由于所求得的模型参数 m 与 F_0 是在某一特定的法向应力 σ 和温度 T 下得到的，不同的法向应力和养护温度所对应峰值剪切应力 τ_f 与剪切位移 u_f 是不同的。如果仅将特定条件下温度损伤模型参数用于模型计算，所得结果是不太准确的，因此，需要寻求具有普适性的本构模型参数确定方法。前述特定法向应力下温度损伤本构模型参数 m 与 F_0 中有两个参数 τ_f、u_f，故需找出法向应力与两者之间的联系。

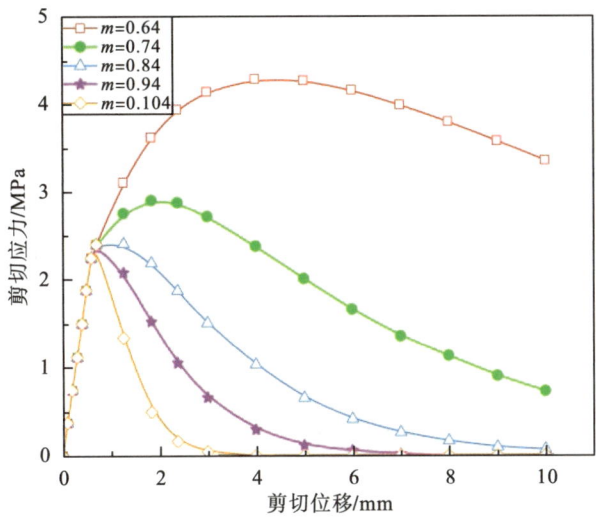

图 3-23 参数 m 与温度损伤模型关系曲线

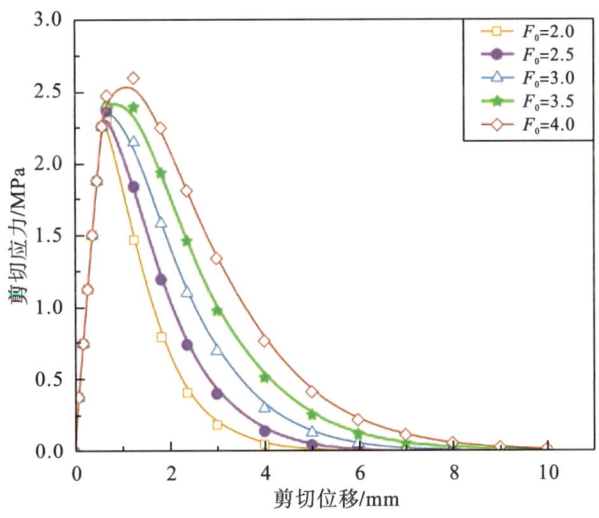

图 3-24 参数 F_0 与温度损伤模型关系曲线

(1) τ_f 的确定方法。

由于在线弹性变形阶段，界面微元剪切变形达到峰值应力 τ_f 时满足莫尔-库仑破坏准则，即

$$\tau_f = \sigma \tan\varphi + c \tag{3-21}$$

基于前述试验数据可以得到界面强度参数 c、φ 随温度的变化规律，见图 3-25。内摩

擦角随养护温度的升高而不断增大，粘聚力则随温度增加呈线性减小。通过拟合公式可以首先计算出高温段范围内某一温度下的界面粘聚力和内摩擦角，然后结合法向应力，即可建立起不同温度和法向应力水平下 τ_f 的计算方法，相关表达式如下：

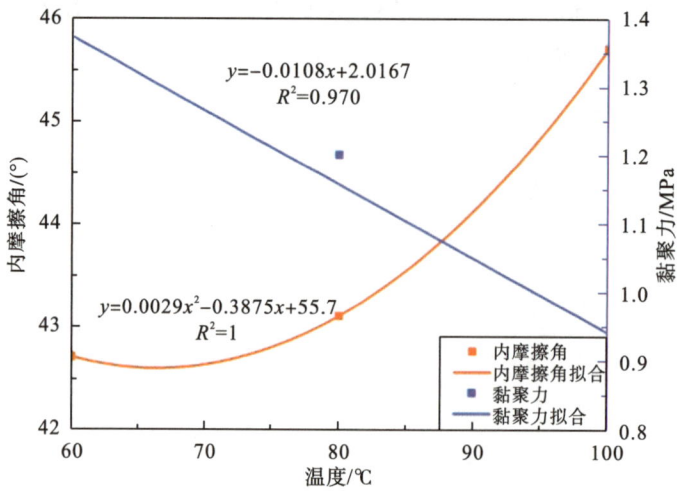

图 3-25　界面强度参数 c、φ 与温度拟合曲线

$$c = a_1 T + b_1 \tag{3-22}$$

$$\varphi = a_2 T^2 + b_2 T + d_2 \tag{3-23}$$

(2) u_f 的确定方法。

由于 u_f 为不同法向应力下峰值点剪切应力 τ_f 对应的位移，可以从研究不同法向应力下 u_f 与 σ 的关系确定。由图 3-26 所示不同工况下的剪切试验结果来看，u_f 与 σ 呈良好的线性关系。故可建立法向应力与 u_f 之间的对应关系：

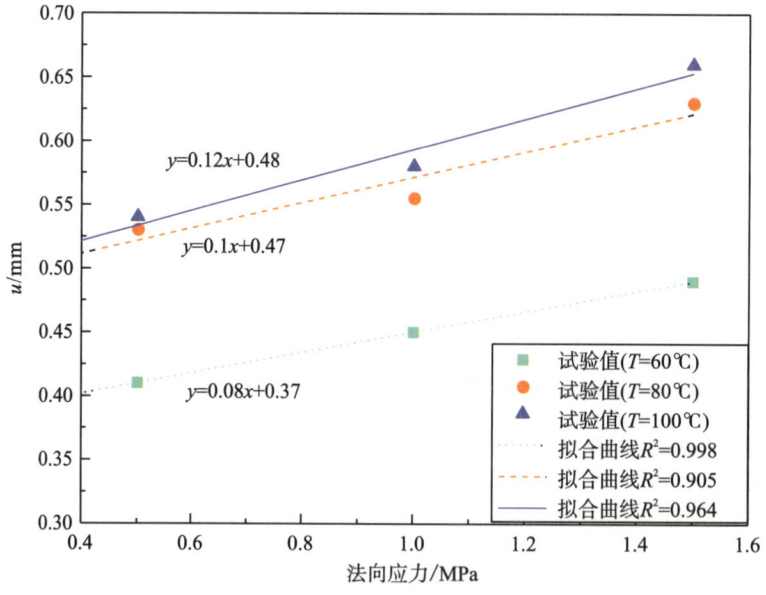

图 3-26　法向应力与峰值剪切位移关系曲线

$$u_f = l\sigma + n \tag{3-24}$$

式中，l、n 为常数，通过剪切试验拟合可以得到。图 3-27 为模型参数 l、n 与温度的拟合关系曲线，由拟合结果可知，两参数可分别采用线性和二次函数关系进行拟合，且拟合度较好。在本构方程计算中可通过拟合公式计算得出不同温度下的模型参数值，表达式如下：

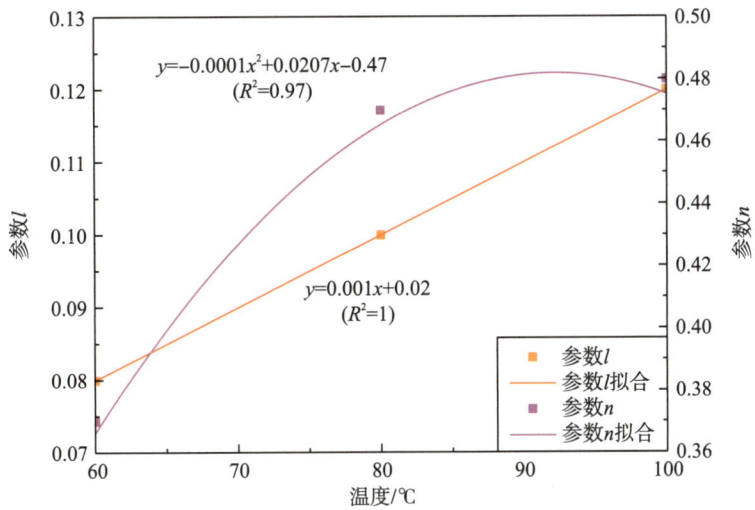

图 3-27 模型参数 l，n 和温度的拟合曲线

$$l = a_3 - b_3 T \tag{3-25}$$
$$n = a_4 T - b_4 T^2 \tag{3-26}$$

式中，c、φ 分别为界面不同温度下的粘聚力(kPa)和内摩擦角(°)；T 为不同的初始养护温度(℃)；a_1、a_2、a_3、a_4、b_1、b_2、b_3、b_4、d_1 及 d_2 均为拟合参数，取值见表 3-17。

表 3-17 本构方程参数取值表

参数	a_1	a_2	a_3	a_4	b_1
取值	−0.018	0.0029	0.02	0.0207	2.0167
参数	b_2	b_3	b_4	d_1	d_2
取值	−0.3875	−0.001	−0.0001	−0.47	55.7

最后，将上述得到的本构模型参数与温度的函数关系代入式(3-19)、式(3-20)可求出 m 与 F_0 特征参数，并最终代入式(3-17)，即可得到与温度和法向应力相关的高温变温环境下混凝土−岩石界面剪切变形本构方程：

$$\tau = \begin{cases} K_a u, & F_a \leqslant 0 \\ K_a u \exp\left[-\left(\dfrac{K_a u - a_1 T - b_1 - \sigma\tan(a_2 T^2 + b_2 T + d_2)}{F_0}\right)^m\right], & F_a > 0 \end{cases} \tag{3-27}$$

式中，K_a 为剪切模量(MPa)；T 为温度(℃)；u 为剪切位移量(mm)；σ 为法向应力(MPa)；F_0、m 均为模型参数。采用剪切试验结果来验证高温变温养护条件下混凝土−岩石界面黏结滑移本构模型的正确性，如图 3-28，通过计算曲线与试验曲线的对比验证，表明了两者拟合度较高，该本构模型可以适用于分析研究高地温隧道变温养护条件下混凝土-岩石界面力学特性。

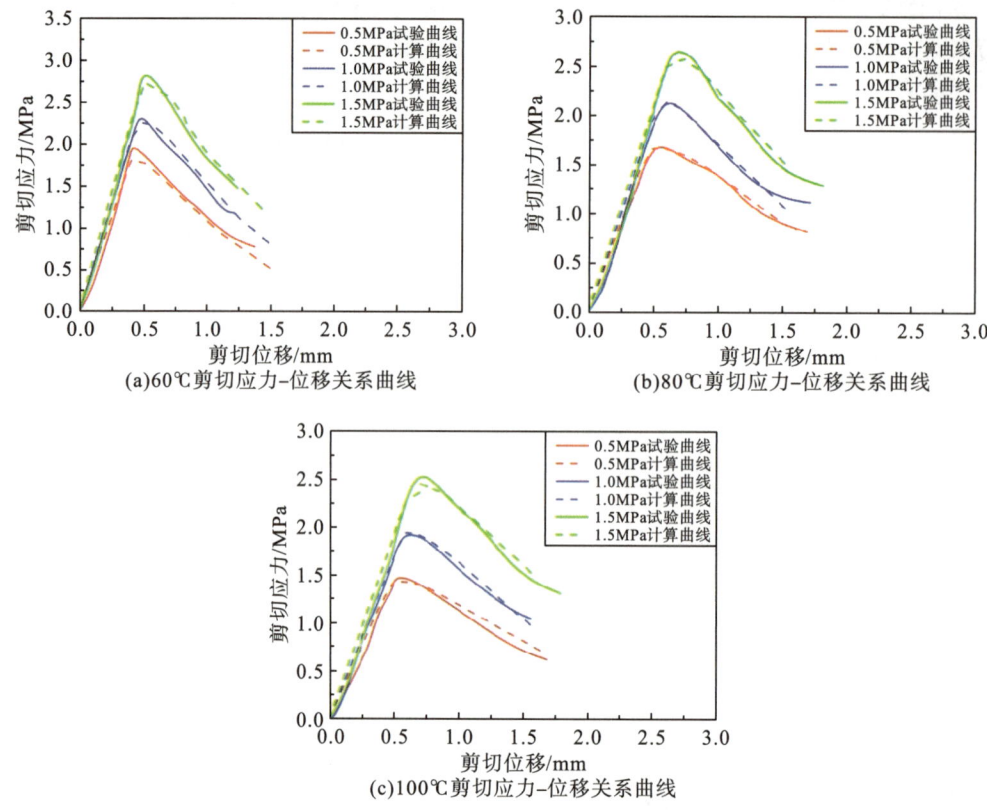

图 3-28 高温变温养护条件下喷射混凝土-岩石界面试验及计算模型剪切应力-位移曲线对比

3.5 锚固系统复合界面黏结滑移特性

高地温隧道中锚固系统（围岩-砂浆-锚杆）黏结性能、失效模式、破坏机理等与普通锚固系统间存在着差异。本节通过对变温养护条件下的试件进行中心拉拔试验，研究了围岩-砂浆-锚杆组成的锚固系统在高地温环境下的界面黏结滑移特性的影响。

3.5.1 锚固系统受力机理

锚杆锚固作用的实现主要是通过不同强度介质之间的荷载传递对围岩起到强化与限制变形效果。在拉拔条件下，锚杆位于钻孔中心主要进行拉拔力的承载与传递，施加于锚杆上的荷载通过杆体锚固段与灌浆料之间的黏结作用、摩擦作用以及锚杆与灌浆料之间的机械咬合作用传递到环形灌浆体，然后再由灌浆体与周围岩体之间的相互作用将荷载传递到周围的岩土体中，拉拔状态下锚固系统受力模式如图 3-29 所示。

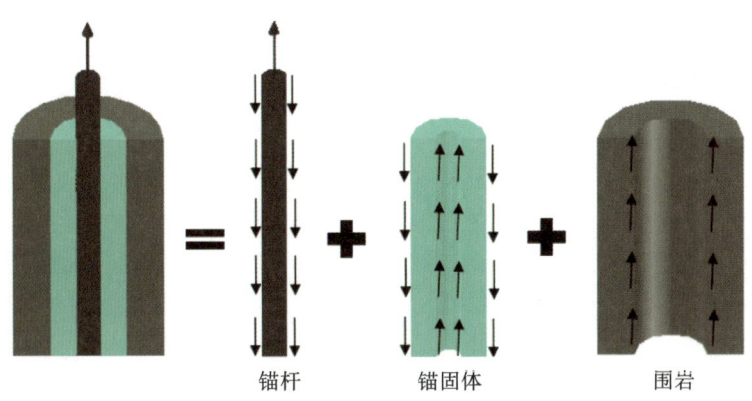

图 3-29　拉拔状态下锚固系统受力模式图

因此，锚杆在承受荷载作用时，其极限拉拔力主要取决于锚杆体的材料强度、锚杆与灌浆体间的黏结强度、灌浆体与岩土体间的黏结强度及周围岩土体强度的相对强弱。对于高地温隧道环境中的锚固系统而言，锚杆体和围岩的物理力学性质受环境温度、湿度的影响较小，而灌浆料在高温环境下凝结、硬化成型并与锚杆、围岩黏结，其自身强度及力学特性将会发生变化，同时灌浆料与锚杆、围岩的黏结性能也将会受到影响。灌浆体与锚杆、围岩间的黏结作用如下。

(1)锚杆与灌浆体间的黏结作用主要由以下三部分组成：①化学胶着力，也称胶结力，主要是锚杆与灌浆体接触面由于化学作用产生的物理黏结。通过锚杆与灌浆体两种不同材料的黏结形成整体而相互协同工作。当锚杆与灌浆体间的黏结被破坏而发生相对位移时，胶着力消失。②机械咬合力。锚筋表面往往有一些螺纹、肋节，灌浆料嵌入锚筋肋间从而形成了机械咬合作用。当拉拔荷载较小时，该力与胶着力共同发挥作用。③摩擦力。灌浆料硬化收缩时对锚筋产生握裹作用，或锚杆受拉时由于带肋锚筋与灌浆体间的挤压作用及锚筋表面粗糙不平等，当锚筋与灌浆体有相对滑动趋势时，在接触面上引起摩擦阻力，而摩擦力的大小取决于界面的粗糙程度。当锚筋与灌浆体间的胶着力和机械咬合力被克服时，该摩擦力即起主要作用。

(2)围岩与灌浆体间的黏结作用主要由以下两者组成：①化学胶着力，主要是灌浆体与围岩表面的物理黏结。当灌浆体与岩土体发生相对位移时，化学胶着力消失。它与灌浆体本身的强度、界面岩土体强度有关。②摩擦力。因围岩孔壁并非完全光滑，同时由于灌浆体在剪胀作用下发生径向膨胀，当锚固体与围岩之间有相对滑动趋势时，在接触面上会产生摩阻力。摩擦力的大小主要与界面岩土体的粗糙程度及荷载作用下灌浆体的径向膨胀程度有关。

3.5.2　锚固系统传力机制

本节基于 Benmokrance 简化的剪切-位移线性函数模型对拉拔荷载作用下锚固系统内荷载传递和应力分布特征进行分析。如图 3-30 所示，拉拔过程简化为线弹性阶段(第Ⅰ阶段)、界面软化阶段(第Ⅱ阶段)、残余阶段(第Ⅲ阶段)。其中界面刚度 K 表示单位长度上破坏面灌浆体表面由单位位移产生的剪切应力，其值由锚固系统拉拔试验应力-位移曲线通过反演分析求得。

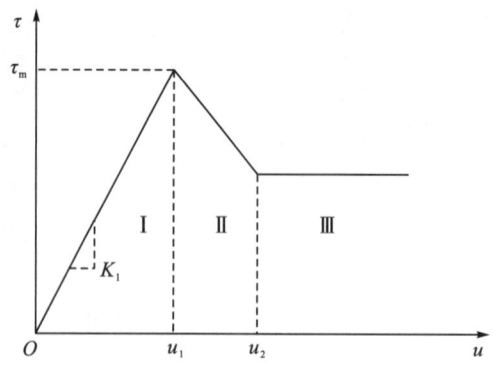

图 3-30　锚固系统剪切应力－位移曲线

当处于第Ⅰ阶段时，其界面刚度可用下式表示：

$$K_1 = \frac{\tau_1}{u_1} \tag{3-28}$$

式中，τ_1 为锚固体极限黏结强度；u_1 为锚固体弹性变形阶段的剪切位移；K_1 为线弹性阶段界面刚度。

锚固系统在拉拔过程中，假定锚固体中存在一桶状潜在破坏面，破坏面以内的锚杆和灌浆体看作整体共同传力，当潜在破坏面上作用的剪应力小于该破坏面的抗剪强度时，各传力介质均处于线弹性阶段（第Ⅰ阶段）；当作用在潜在破坏面上的剪应力超过其抗剪强度时，在该破坏面两侧的传力介质将发生相对滑移，进入界面软化阶段（第Ⅱ阶段）；再进一步加载，试件进入残余阶段（第Ⅲ阶段）。

针对锚固系统在拉拔荷载作用下处于弹性阶段时的荷载传递及应力分布情况展开分析。计算力学模型基于如下假定。

假定一：锚固系统在拉拔荷载作用下，沿灌浆体内的潜在破坏面发生破坏，潜在破坏面分布于灌浆体内，其内边界为锚杆－灌浆体黏结界面，外边界为围岩－灌浆体黏结界面。破坏面以内的介质看作复合整体，共同协调变形并承受拉拔载荷，且各介质材料均符合胡克定律。

假定二：不考虑锚杆、灌浆体受力时体积收缩和膨胀引起的径向变形，沿杆体轴向其截面积保持不变，忽略泊松比的影响。

假定三：潜在破坏面上任意一点的应力-位移均符合上述式(3-28)中弹性变形关系。

如图 3-31 所示，取锚固系统微元体 dz 进行受力分析。

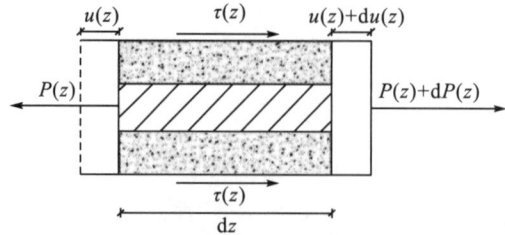

图 3-31　锚固系统单元受力示意图

由弹性体平衡微分方程及物理和几何方程得轴力 $P(z)$ 与位移 z 间的变形关系为

$$\frac{\mathrm{d}u(z)}{\mathrm{d}z} = \frac{4P(z)}{\pi R^2 E_\mathrm{a}} \tag{3-29}$$

$$\frac{\mathrm{d}P(z)}{\mathrm{d}z} = \pi R \tau(z) \tag{3-30}$$

式中，$P(z)$ 和 $\tau(z)$ 分别为锚固体 z 处的拉拔荷载和剪应力；$u(z)$ 为锚固体 z 处的位移；R 为潜在破坏面的直径，$R = 2t + d$，t 为潜在破坏面距锚杆壁的距离，d 为锚筋直径；锚筋与灌浆体复合弹性模量 $E_\mathrm{a} = \dfrac{E_\mathrm{c}(R^2 - d^2) + E_\mathrm{s} d^2}{R^2}$，其中 E_c、E_s 分别为灌浆体和锚筋的弹性模量。

联立式(3-29)、式(3-30)可得

$$\frac{\mathrm{d}^2 u(z)}{\mathrm{d}z^2} = \frac{4\tau_2(z)}{R E_\mathrm{a}} \tag{3-31}$$

根据假设，潜在破坏面处于完全弹性状态，其破坏面处满足线性关系式：

$$\tau(u) = K_1 u \tag{3-32}$$

将式(3-32)代入式(3-31)可得

$$\frac{\mathrm{d}^2 u(z)}{\mathrm{d}z^2} - \frac{4K_1 u}{R E_\mathrm{a}} = 0 \tag{3-33}$$

令 $\beta = \sqrt{\dfrac{4K_1}{R E_\mathrm{a}}}$，式(3-33)可简化为

$$u'' - \beta^2 u = 0 \tag{3-34}$$

求解上式可得锚杆剪切位移的通解为

$$u(z) = C_1 \mathrm{e}^{-\beta z} + C_2 \mathrm{e}^{\beta z} \tag{3-35}$$

代入边界条件：加载端 $P|_{z=0} = P$，自由端 $P|_{z=L_\mathrm{a}} = 0$，其中 L_a 为锚固长度。则 $C_1 = \dfrac{4P \mathrm{e}^{2\beta L_\mathrm{a}}}{\pi R^2 \beta E_\mathrm{a}(1 - \mathrm{e}^{2\beta L_\mathrm{a}})}$，$C_2 = \dfrac{4P}{\pi R^2 \beta E_\mathrm{a}(1 - \mathrm{e}^{2\beta L_\mathrm{a}})}$，锚固体轴力的分布解析式为

$$P(z) = \frac{\mathrm{e}^{2\beta z} \quad \mathrm{e}^{2\beta L_\mathrm{a}}}{\mathrm{e}^{\beta z}(1 - \mathrm{e}^{2\beta L_\mathrm{a}})} P \tag{3-36}$$

代入式(3-30)，可得到在破坏面上剪应力分布为

$$\tau(z) = \frac{\mathrm{e}^{2\beta z} + \mathrm{e}^{2\beta L_\mathrm{a}}}{\pi R \mathrm{e}^{\beta z}(1 - \mathrm{e}^{2\beta L_\mathrm{a}})} \beta P \tag{3-37}$$

结合试验实测参数，以试件 $7'_\sim$-A-2-28 为例，锚杆加载端所受最大拉拔荷载 $P = 23.724\mathrm{kN}$，弹性阶段剪切位移 $u_1 = 0.437\mathrm{mm}$，锚筋直径 $d = 22\mathrm{mm}$，锚固长度 $L_\mathrm{a} = 100\mathrm{mm}$，钻孔直径 $D = 42\mathrm{mm}$，锚筋弹性模量 $E_\mathrm{s} = 2.0 \times 10^5 \mathrm{MPa}$，水泥砂浆灌浆料弹性模量 $E_\mathrm{c} = 3.15 \times 10^4 \mathrm{MPa}$，在最大拉拔力条件下，利用上式求解得到的锚杆轴力及锚固体剪应力理论分布如图 3-32 和图 3-33 所示。

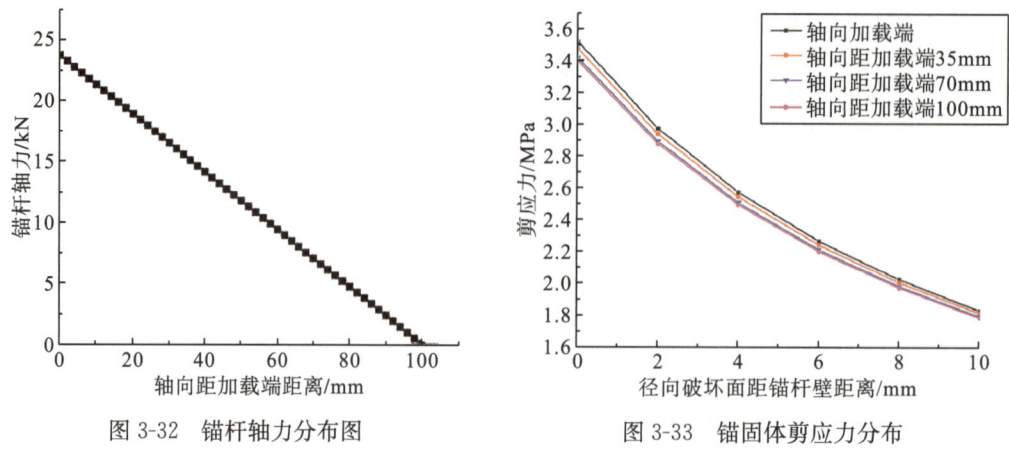

图 3-32 锚杆轴力分布图　　　　　　图 3-33 锚固体剪应力分布

计算结果反映了锚固系统在拉拔条件下处于弹性阶段时轴力和剪应力的分布特点和规律，从图 3-32、图 3-33 可以看出，锚杆轴力在轴向上的分布并不均匀，轴力在加载端最大，沿着锚杆向深部呈线性递减，直至在自由端轴力为 0。剪应力在同一潜在破坏面上沿着轴向方向从加载端向着自由端递减；在相同锚固深度处，距离锚杆壁面越近，该点剪应力越大。因此，在拉拔荷载作用下处于弹性阶段的锚固系统中，轴力呈现由加载端向自由端衰减的规律，剪切应力呈现轴向由加载端向自由端衰减、径向由锚杆−灌浆体界面向灌浆体−围岩界面衰减的规律。

3.5.3　锚固系统破坏模式及影响机理

1. 锚固系统破坏模式

如图 3-34 所示，根据高温变温养护条件下锚杆拉拔试验的表观和细观破坏现象及特征，将破坏模式分为三类。F_1：钢筋−灌浆料界面黏结滑移破坏（第一界面），F_2：灌浆体劈裂破坏，F_3：灌浆料−岩石界面黏结滑移破坏（第二界面）。各工况条件下试件破坏模式如表 3-18 所示。

F_1 钢筋−灌浆料界面破坏　　　F_2 灌浆体劈裂破坏　　　F_3 灌浆料−岩石界面破坏

图 3-34 高温变温条件下锚固系统典型破坏模式示意图

表 3-18　各试验条件下的破坏模式

	养护初始温度/℃	养护相对湿度/%	龄期/天	破坏模式
标准养护	20	95	1	F_1
			3	F_2
			5	F_2
			14	F_3
			28	F_3
高温变温养护	80	25	1	F_2
			3	F_2
			5	F_2
			14	F_2
			28	F_2
	60	55	28	F_2
		95	28	F_3
		25	28	F_2
		55	28	F_2
		95	28	F_3
	40	25	28	F_2
		55	28	F_3
		95	28	F_3

在不同养护温、湿度条件下，锚固系统 28d 龄期试件破坏模式有所不同，如图 3-35 所示。标准养护锚固系统试件 28d 龄期破坏模式为 F_3，而高温变温养护条件下表现为 F_2、F_3 两种破坏模式。28d 龄期试件均不发生 F_1 破坏。对于高温变温养护 28 天试件，在低湿度（25%RH）养护条件下，不论养护温度高低，均发生 F_2 破坏；在高湿度（95%RH）养护条件下，不论养护温度高低，均发生 F_3 破坏；在中等湿度（55%RH）养护条件下，养护初始温度为 40℃ 的试件破坏模式为 F_3，养护初始温度为 60～80℃ 的试件破坏模式为 F_2。此外，如图 3-36 标准养护条件下的锚固系统试件破坏模式与龄期有关，在 1d 龄期时破坏模式为 F_1 破坏，3～5d 龄期时破坏模式为 F_2 破坏，14～28d 龄期时破坏模式转变为 F_3 破坏，可以认为：随着龄期增长，标准养护条件下的锚固系统试件破坏模式由 F_1→F_2→F_3 转变。而高温低湿养护条件下，锚固系统试件破坏模式不随龄期变化，1～28d 龄期均表现为 F_2 破坏。

变温养护条件下，高温虽然增强了早期灌浆料自身强度和与孔壁的化学胶着力，但由于快速水化反应生成的水化产物搭接仓促，使得自身结构和胶结面变得疏松多孔，且生成的水化产物附着在水泥颗粒表面，使得水化反应过早停止，从而导致灌浆料后期自身强度和与孔壁的化学胶结强度均出现降低，且初始养护温度越高，强度退化越严重。因此可以认为：与标准养护条件相比，高地温环境促使锚固系统试件在早期由 F_1 破坏模式转变为 F_2 破坏模式，后期由 F_2 破坏模式逐步发展为 F_3 破坏模式。

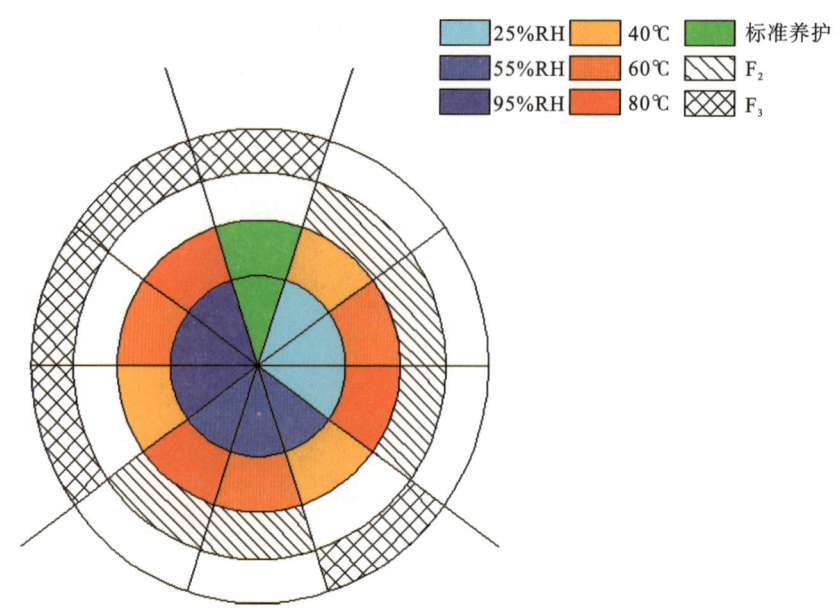

图 3-35 不同高温变温养护条件下的破坏模式

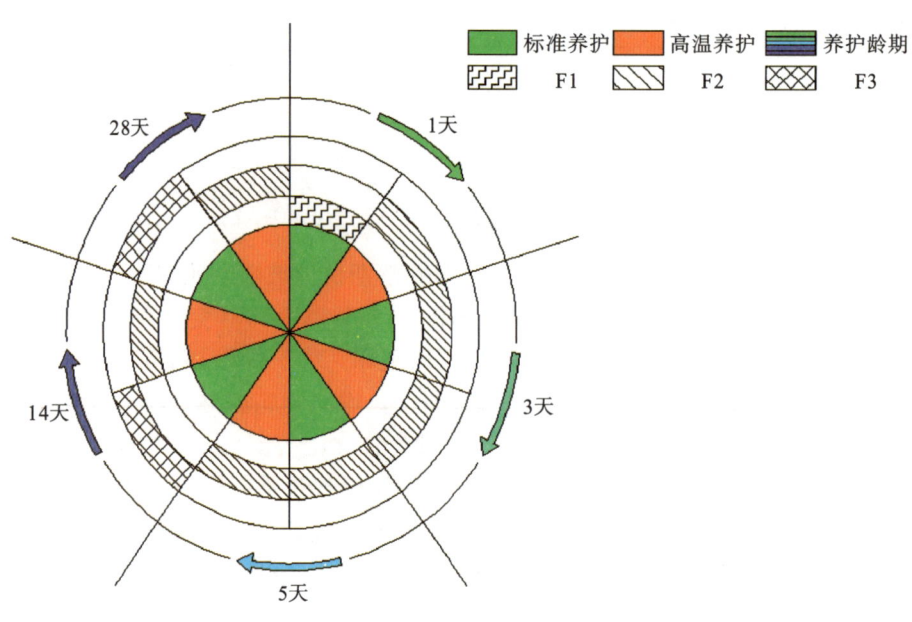

图 3-36 不同龄期条件下的破坏模式

各破坏模式下的裂缝演化也有所差异，如图 3-37 所示。第一界面黏结破坏 CT 扫描图中可观察到锚筋与灌浆体黏结界面处出现裂缝，锚筋沿着第一界面滑移脱出，而未见灌浆体积与花岗岩基体有明显位移。灌浆体劈裂破坏 CT 扫描图上可见丝状裂缝分布于灌浆体内部，灌浆体内分有不连续的裂缝由加载端相向自由端发展，试件自由端灌浆体出现破裂。第二界面黏结破坏 CT 扫描图中可见锚筋与灌浆体黏结良好，其界面上未见裂缝，灌浆体完好，内部无肉眼可见裂缝，灌浆体与花岗岩基体界面上未见明显裂缝，但可见拉拔荷载下，灌浆体沿第二界面明显脱出。

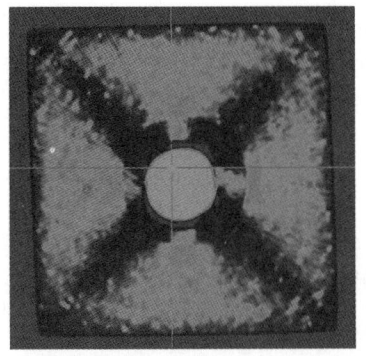 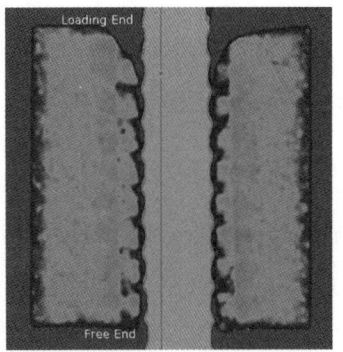

(a)第一界面破坏

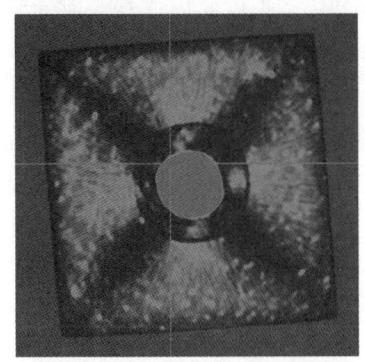 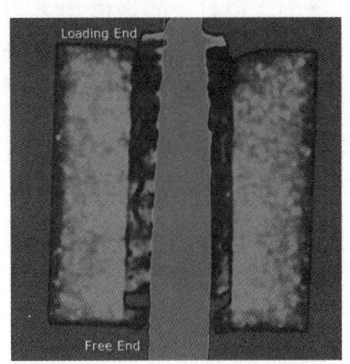

(b)灌浆体破坏

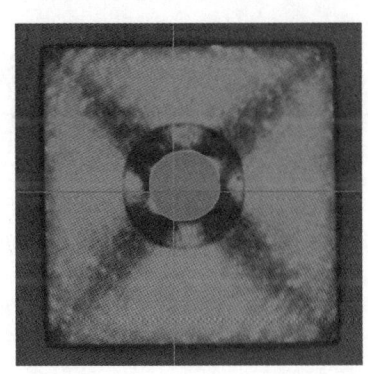 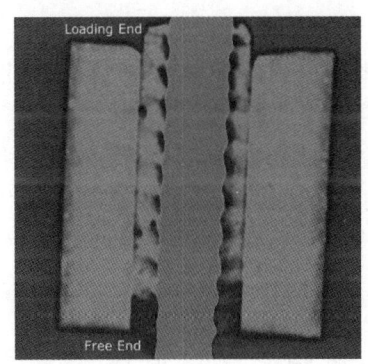

(c)第二界面破坏

图 3-37 不同破坏模式下裂缝形态的的 CT 扫描图像

综上分析，各破坏模式下的裂缝发展可分为三个阶段。胶结力丧失阶段：加载初期，灌浆体与锚筋、围岩之间黏结良好，外荷载主要由三相介质间的化学胶着力承担。由于拉拔荷载下，锚固系统内剪应力分布不均匀，剪应力在第一界面和加载端集中，因此第一界面的化学胶着力往往先于第二界面丧失；机械咬合作用阶段：第一界面加载端产生相对滑移后，主要由锚筋与灌浆体的机械咬合作用承担外荷载。此时由于锚筋螺纹在拉拔荷载下对嵌入肋间的灌浆产生挤压，使得灌浆体受到沿轴向受剪，径向受压的"剪胀作用"，当灌浆体强度不足，则会在肋顶产生斜裂缝；裂缝发展破坏阶段：随着荷载进一步增大，对于灌浆体劈裂破坏的试件，在"剪胀作用"下裂缝不断向径向发展贯通直至第二界面,灌浆体发生劈裂破坏;对于第一界面黏结破坏的试件,肋顶斜裂缝和滑脱裂缝逐渐贯通形成剪切面并很快向自由端发展,对于发生第二界面黏结破坏的试件,锚筋与灌浆体间几乎不产生劈裂裂缝。

2. 养护温度影响机理

在养护湿度较高或过低的情况下,破坏模式随温度的变化规律并不明显,而在相对湿度为55%的条件下,初始温度在60~80℃时呈F_3破坏模式,初始温度40℃时呈F_2破坏模式,破坏模式的分界位置出现在40℃与60℃之间。

这是因为在高湿条件下,充足的湿度使得灌浆料中的水泥水化反应持续高效进行,在高湿条件下灌浆料自身的强度均大于第二界面的黏结强度,因此在高湿条件下不论养护温度相对高低均发生F_3破坏。同样地,在低湿条件下,过低的湿度使灌浆料中的水泥反应过早结束,使得灌浆料强度大幅降低,在低湿条件下灌浆料自身强度均小于第二界面的黏结强度,因此在低湿条件下不论养护温度相对高低均发生F_2破坏。而在中等养护湿度条件下,高温促使水泥水化反应在一定时间内高效进行,当胶结面的黏结抗剪强度低于灌浆体的抗劈裂强度时则呈现F_3破坏模式,当胶结面的黏结抗剪强度高于灌浆体的抗劈裂强度时则呈现F_2破坏模式。

3. 养护湿度影响机理

湿度对锚固系统的破坏模式有着重要影响。湿度为55%条件是破坏模式的分界点,在湿度低于55%时,破坏模式表现成F_2,在湿度高于55%时,破坏模式为F_3。水泥基材料的水化反应主要是水泥中的硅酸盐材料,如硅酸三钙、硅酸二钙、铝酸三钙等与水反应生成新的化合物的过程,该过程中需要大量的水参与反应。因而当湿度过低时,水化反应无法持续充分进行,灌浆体自身强度较低;相反,在湿度充足的条件下,能保证水化反应持续高效进行,其水化产物水化硅酸钙与水化铅酸钙等物质具有胶凝作用,从而提高灌浆体自身强度。因此在高湿条件下表现为F_3破坏模式,而在低湿的情况下表现为F_2破坏模式。

3.5.4 锚固系统力学特性

1. 拉拔力变化规律

试验所得各组试件的极限拉拔力P_{max},平均极限拉拔力$\overline{P}_{max}$和平均极限拉拔力变化率η如表3-19所示。通过比较高温变温养护与标准养护条件下锚固系统极限拉拔力的变化率,分析各因素对于极限拉拔力的影响,极限拉拔力变化率按式(3-38)计算。

$$\eta = \left| \frac{P_0 - P_T}{P_T} \right| \% \tag{3-38}$$

式中,η为极限拉拔力变化率;P_0为标准养护条件下的极限拉拔力;P_T为高温变温养护条件下的极限拉拔力。

表 3-19 各养护条件下极限拉拔力试验结果

养护条件	龄期/天	P_{max}/kN	$\overline{P}_{max}$/kN	η/%
标准养护	28	48.8 47.5	48.1	—
	14	38.1 35.7	36.9	23.2
	5	18.6 17.0	17.8	63.0
	3	— 13.3	13.3	72.4
	1	3.6 4.0	3.8	92.1
高温变温 25%+80℃	28	14.4 15.0	14.7	69.4
	14	13.6 14.4	14.0	71.0
	5	12.9 13.5	13.2	72.6
	3	13.6 12.0	12.8	73.5
	1	11.1 9.2	10.1	78.9
高温变温 25%+60℃	28	16.2 18.2	17.2	64.3
高温变温 25%+40℃		20.1 23.1	21.6	55.1
高温变温 55%+80℃		15.3 17.3	16.3	66.2
高温变温 55%+60℃		18.9 19.3	19.1	60.3
高温变温 55%+40℃		30.3 31.4	30.9	35.9
高温变温 95%+80℃		30.3 29.0	29.7	38.4
高温变温 95%+60℃		34.8 39.0	36.9	23.3
高温变温 95%+40℃		48.5 44.8	46.7	3.0

1)养护温、湿度对极限拉拔力的影响

高温变温养护条件下 28d 龄期试件所得极限拉拔力随养护初始温度和养护湿度的变化规律如图 3-38、图 3-39 所示。高温变温养护条件下 28d 龄期试件的极限拉拔力均低于标准养护 28d 龄期的试件。在同一养护湿度下,养护初始温度越高,锚固系统极限拉拔力越低,在同一养护初始温度下,养护湿度越高,锚固系统极限拉拔力越高。即高温变温养护条件下,28d 龄期锚固系统极限拉拔力与养护湿度正相关,与养护初始温度负相关。

养护温、湿对试件极限拉拔力的影响机理如下:高温变温养护条件下锚固系统有 F_2、F_3 两种破坏形式,在发生 F_3 破坏时,极限拉拔力大小主要取决于第二界面灌浆体与孔壁的化学胶着力,在发生 F_2 破坏时,极限拉拔力大小主要取决于灌浆体自身的抗劈裂强度。高温变温养护条件下,高温虽然增强了早期灌浆料自身强度和与孔壁的化学胶着力,但由于快速水化反应生成的水化产物搭接仓促,使得自身结构和胶结面变得疏松多孔,且生成的水化产物附着在水泥颗粒表面,使得水化反应过早停止,从而导致灌浆料后期自身强度和与孔壁的化学胶着强度均出现降低,且养护初始温度越高,强度退化越严重,因此锚固系统极限拉拔力随养护温度升高而降低。而湿度的增大有利于水泥水化反应持续高效的进行,有利于灌浆料自身强度和与界面化学胶着力的提高,因此锚固系统极限拉拔力随养护湿度增大而增大。

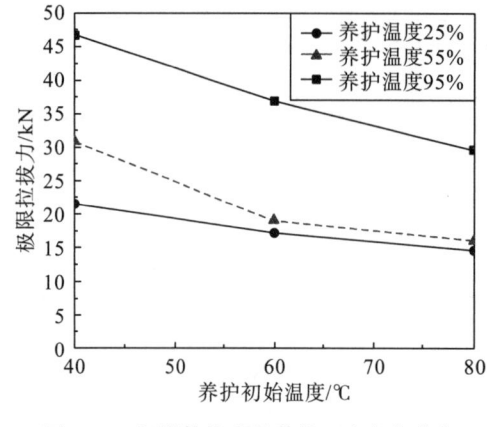

图 3-38 极限拉拔力随养护温度变化曲线

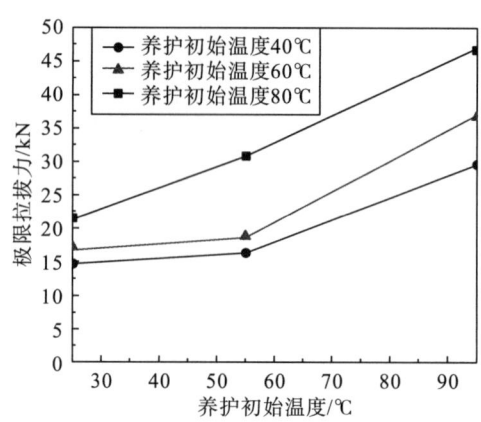

图 3-39 极限拉拔力随养护湿度变化曲线

锚固系统极限拉拔力受养护湿度和温度的共同影响,可将其表示为养护初始温度、养护湿度的耦合关系式。根据试验数据进行回归拟合得到锚固系统极限拉拔力与养护温、湿度的关系,如式(3-39)。

$$P = 44.95 - 0.79T + 0.0667H + 0.005625T^2 - 0.0035H \cdot T + 0.00356H^2 \quad (3-39)$$

式中,P 为极限拉拔力(kN);T 为高温变温养护初始温度(℃);H 为高温变温养护湿度(%);

2)养护龄期对极限拉拔力的影响

标准养护条件下和高温低湿变温(80℃+25%RH)养护条件不同龄期试件所得极限拉拔力随养护龄期的变化规律如图 3-40 所示。标准养护条件下的试件在拉拔荷载作用下极限拉拔力随龄期的变化规律与水泥砂浆强度随龄期的变化规律类似,试件的极限拉拔力随龄期增长而增长,前期增长速度较快,后期增速较慢,在1d、3d、5d、14d时其极限拉拔力分别为28d龄期时极限拉拔力的8%、28%、37%、77%。高温变温变温养护条件下的试件其极限拉拔力在早龄期增长较快,后期极限拉拔力增幅很小,在1d、3d、5d、14d时其极限拉拔力便达到28d龄期极限拉拔力的69%、87%、90%、95%。

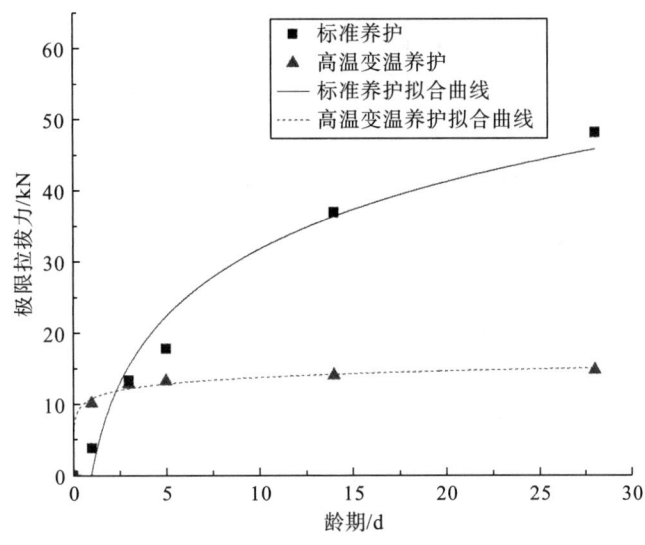

图 3-40 极限拉拔力随龄期的变化曲线

同标准养护试件相比,高温变温养护条件下试件的极限拉拔力表现出明显的早强效应和后期强度劣化现象。早龄期1d时,高温变温条件下的试件比标准养护条件下的试件极限拉拔力提高了约166%,在3d龄期时二者基本持平,5d龄期后高温条件下试件的极限拉拔力开始出现退化,后期极限拉拔力大幅度降低,14d、28d龄期时极限拉拔力分别降低了65%和70%。

这主要是由于高温加快了水泥砂浆中水泥的水化反应速度,水泥砂浆自身强度和与锚筋、围岩界面的黏结强度得以增强,从而使得早龄期试件能够承受更大的拉拔荷载。但由于低湿度使得水泥水化反不能持续高效进行甚至过早停止,导致后期水泥砂浆强度增长缓慢,出现劣化。采用指数函数模型分别对两种养护条件下不同龄期试件的极限拉拔力进行拟合,拟合回归公式见表3-20。

表 3-20 极限拉拔力与养护龄期的关系式

养护条件	回归公式	相关系数 R^2	误差平方和 SSE	标准差 RMSE
标准养护	$P_0=52.75-52.75e^{(-t/11.6)}$	0.9982	2.406	1.097
高温变温养护	$P_T=14.32-6.266e^{(-t/2.423)}$	0.965	0.4431	0.4654

2. 黏结强度变化规律

由于试验试件锚固长度较短,可假设黏结应力在沿锚固长度方向上呈均匀分布,采用平均黏结强度作为相应界面的黏结强度,平均黏结强度由拉拔荷载除以相应界面的黏结面积得到，如式 3-40 所示。

$$\tau = \frac{P}{\pi d L} \tag{3-40}$$

式中，τ 为平均黏结强度（MPa）；P 为拉拔荷载（kN）；L 为试件黏结长度；d 为圆形黏结面直径（mm）；当发生第二界面黏结破坏时取钻孔孔径，当发生灌浆体劈裂破坏时取锚杆直径与钻孔孔径之和的 1/2 倍。

高温变温养护条件下锚杆拉拔试验结果（图 3-41）分析表明：在同一养护湿度下，养护初始温度越高，锚固系统极限黏结强度越低，在同一养护温度下，养护湿度越高，锚固系统极限黏结力越高。极限黏结强度对应的极限位移变化规律则表现为同一养护湿度条件下，特征位移量随养护初始温度增大而增大，温度相同时极限黏结位移量随养护湿度增大而减小。由于锚固系统极限黏结强度及位移受温度和湿度的共同影响，因此考虑建立温、湿度耦合作用下锚固系统极限黏结强度及位移量表达式，通过对试验数据的回归分析可以得到：

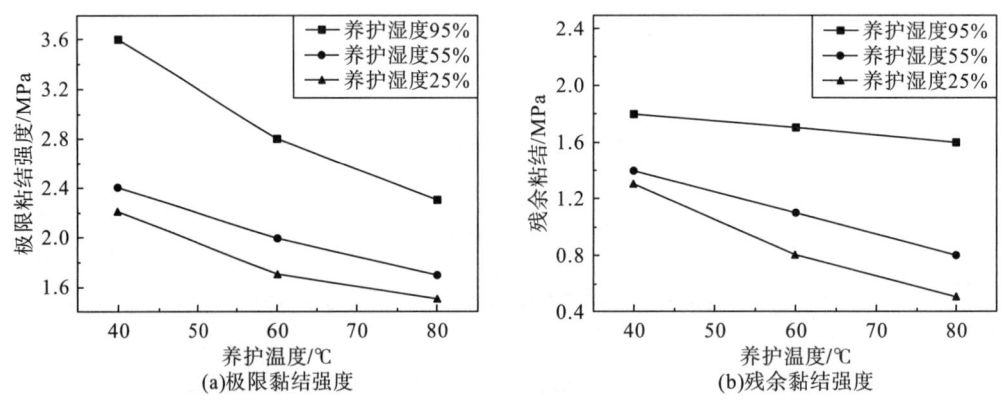

图 3-41 高温变温养护条件下温湿度对锚固系统黏结强度的影响

$$\tau_u = 2.078 + 0.38 e^{0.02H} - 0.011T - 0.00018T \cdot H \tag{3-41}$$

$$s_u = 0.3742 + 0.0155T - 0.001H - 1.25 \times 10^{-6} T^2 - 8.73 \times 10^{-5} H \cdot T - 2.5 \times 10^{-5} H^2 \tag{3-42}$$

式中，τ_u 为极限黏结强度（N/mm²）；s_u 为极限黏结强度位移量（mm）；T 为养护温度（℃）；H 为养护湿度（%）。

残余黏结强度的变化具有相似的规律。对于试验过程中灌浆体发生破坏的试件来说，残余黏结强度随养护初始温度的升高而降低，随养护湿度的增大而增大。高温低湿的养护条件使得灌浆料强度也较低，因此残余阶段破裂面两侧凹凸不平的灌浆体更容易被剪断，从而表现为残余强度水平越低。对于试验中灌浆体与围岩界面发生破坏的试件来说，其残余强度主要由灌浆体与围岩壁发生相对滑动时界面的摩阻力决定，受养护条件的影响较小。残余黏结强度位移量变化规律与极限黏结强度位移量相似。通过对大量试验数据的回归分析，可得到锚固系统试件残余黏结强度及位移量与养护温、湿度的关系式：

$$\tau_f = 2.156 - 0.00228H - 0.02688T + 2.23 \times 10^{-4} T \cdot H \tag{3-43}$$

$$s_f = 2.051 + 0.02935T - 0.9 \times 10^{-3}H - 2.4 \times 10^{-4}H \cdot T \tag{3-44}$$

式中，τ_f 为残余黏结强度(MPa)；s_f 为残余黏结强度位移量(mm)；T 为养护温度(℃)；H 为养护湿度(%)。

3. 滑移强度和劈裂强度

高温变温养护条件下的滑移强度和劈裂强度随养护温、湿度的变化规律相似：同一养护湿度条件下，滑移强度和劈裂强度均随养护温度增大而降低，而养护温度相同时，滑移强度和劈裂强度均随养护湿度的提高而增大。这主要是由于滑移强度反映了化学胶结力的大小，劈裂强度则与灌浆体自身强度相关，两者对温湿度变化的响应规律相似。通过对试验数据的总结和分析，得到滑移强度和劈裂强度与极限黏结强度成正比关系，其相应的位移特征值与极限黏结强度位移量也成线性关系。通过回归分析后可得到：

$$\tau_s = 0.3\tau_u \tag{3-45}$$
$$\tau_{cr} = 0.85\tau_u \tag{3-46}$$
$$s_s = 0.15s_u \tag{3-47}$$
$$s_{cr} = 0.7s_u \tag{3-48}$$

式中，τ_s 为滑移强度(MPa)；τ_{cr} 为劈裂强度(MPa)；s_s 为滑移强度位移量(mm)；s_{cr} 为劈裂强度位移量(mm)；T 为养护温度(℃)；H 为养护湿度(%)。

3.5.5 锚固系统复合界面黏结滑移本构方程

综上分析，在不同温、湿度养护条件下，锚固系统 28d 龄期试件破坏模式有所不同，标准养护锚固系统试件 28d 龄期破坏模式为 F_3，而高温变温养护条件下表现为 F_2、F_3 两种破坏模式，28d 龄期试件均不发生 F_1 破坏。锚固系统极限拉拔力也随养护条件、破坏模式等发生改变。通过归纳总结高温变温养护条件下锚杆拉拔试验结果可得出典型 F_2、F_3 试验曲线如图 3-42 所示。

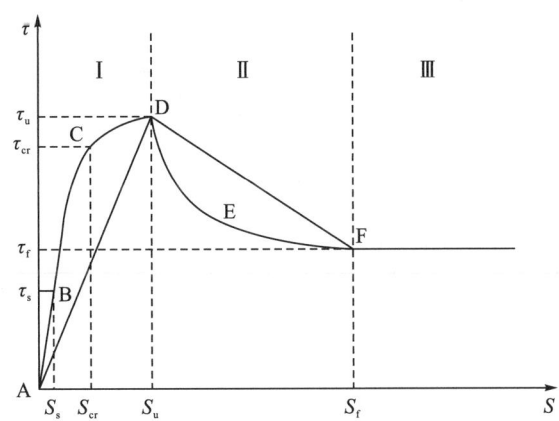

图 3-42 高温变温养护条件下锚杆拉拔试验的典型 F_2、F_3 破坏曲线

注：灌浆体劈裂破坏 F_2(ABCDF)；灌浆料-岩石界面黏结滑移破坏(第二界面)F_3(ADEF)

灌浆体劈裂破坏 F_2 可采用《混凝土结构设计规范》(GB 50010—2010)中钢筋混凝土黏结-滑移本构模型，主要与滑移强度 τ_s、劈裂强度 τ_{cr}、极限黏结强度 τ_u、残余黏结强度 τ_f、滑移强度位移量 s_s、劈裂强度位移量 s_{cr}、极限黏结强度位移量 s_u 和残余黏结强度位移量 s_f 有关。灌浆料-岩石界面黏结滑移破坏 F_3 可采用 Grassellli 双曲线模型，主要与极限黏结强度 τ_u、残余黏结强度 τ_f；极限黏结强度位移量 s_u，残余黏结强度位移量 s_f 有关。本构模型表达式如下。

a. 高温变温养护条件下灌浆料-岩石界面黏结滑移(ADEF)模型：

$$\begin{cases} \tau = \dfrac{\tau_u}{s_u} \cdot s & 0 < s \leqslant s_u \\ \tau = \tau_f + (\tau_u - \tau_f)\dfrac{s_u}{s} & s_u < s \leqslant s_f \\ \tau = \tau_f & s > s_f \end{cases} \quad (3\text{-}49)$$

b. 高温变温养护条件下灌浆体劈裂破坏(ABCDF)模型：

$$\begin{cases} \tau = \dfrac{\tau_s}{s_s} \cdot s & 0 < s \leqslant s_s \\ \tau = \dfrac{\tau_{cr}(\sqrt[4]{s} - \sqrt[4]{s_s}) - \tau_s(\sqrt[4]{s} - \sqrt[4]{s_{cr}})}{\sqrt[4]{s_{cr}} - \sqrt[4]{s_s}} & s_s < s \leqslant s_{cr} \\ \tau = \tau_u - \dfrac{(s - s_u)^2}{(s_u - s_{cr})^2}(\tau_u - \tau_{cr}) & s_{cr} < s < s_u \\ \tau = \tau_u - (s - s_u)\dfrac{\tau_u - \tau_f}{s_f - s_u} & s_u < s \leqslant s_f \\ \tau = \tau_f & s > s_f \end{cases} \quad (3\text{-}50)$$

基于本章中的试验成果，高地温隧道变温养护条件下锚杆-灌浆料-岩石界面黏结滑移本构模型特征点参数取值可按表 3-21。

表 3-21 高温变温养护条件下锚杆-灌浆料-围岩界面黏结应力-滑移曲线的参数值

特征点	滑移(s)		劈裂(cr)		峰值(u)		残余(r)	
黏结应力/(N/mm²)	τ_s	$0.3\tau_u$	τ_{cr}	$0.85\tau_u$	τ_u	τ_u	τ_f	τ_f
相对滑移/mm	s_s	$0.15s_u$	s_{cr}	$0.75s_u$	s_u	s_u	s_f	s_f

注：表中 τ_u，s_u 分别为变温养护条件下极限黏结强度(N/mm²)和极限黏结强度位移量(mm)，τ_f，s_f 分别为变温养护条件下残余黏结强度(N/mm²)和残余黏结强度位移量(mm)，取值参考公式(3-30)—(3-33)。

通过计算变温养护条件下锚固系统拉拔特征强度和特征位移量并代入高地温隧道变温养护条件下锚杆-灌浆料-岩石界面黏结滑移本构模型对不同养护条件下的锚杆拉拔试件应力-位移曲线进行验证。选取 4 种典型工况进行对比，计算所得拟合曲线与试验实测曲线如图 3-43，可见本构方程拟合效果良好。

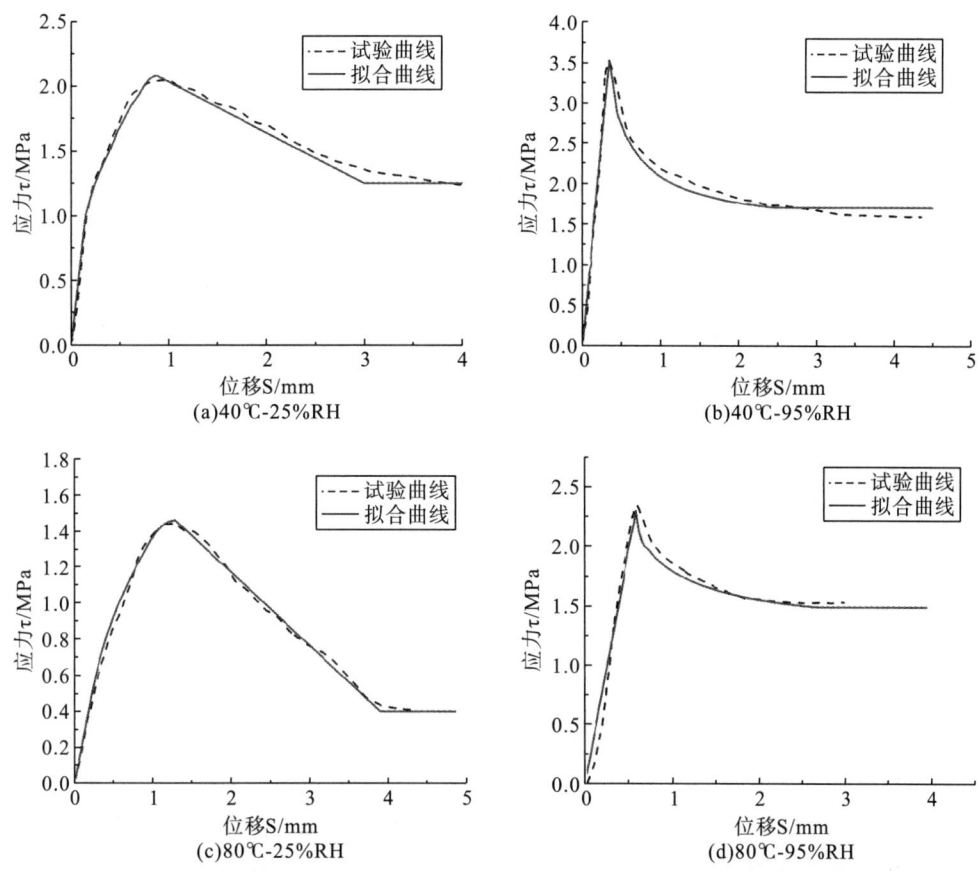

图 3-43 高温变温养护条件下锚杆－灌浆料－岩石界面黏结滑移本构模型验证

第 4 章 高地温隧道初期支护力学特性及计算模型

当隧道开挖经过高地温区域时会引起洞内环境温度的快速上升,从而产生作用于隧道支护结构及材料的高温效应。其中,支护结构除了受支护材料的温变特性影响外,还会受到高温引起的附加应力等影响。一方面围岩深部经支护结构不断向洞内释放热量,另一方面施工降温在洞壁附近不断发生热交换,由此引发的温度差效应对结构的稳定性也会产生较为不利的影响。

4.1 隧道初期支护结构力学特性研究

4.1.1 常温隧道初期支护力学特性研究

为了对比分析高地温隧道与常温隧道在结构受力方面存在的差异,本节通过有限元计算软件建立了隧道开挖模型与支护模型。模型中围岩热物参数,隧道尺寸,衬砌结构厚度、力学参数与开挖进尺等都与隧道实际情况相同,按 1∶1 建立数值模型。

1. 计算模型

计算模型中隧道围岩为Ⅴ级,埋深(Z 向)100m,隧道宽 8.26m,高 10.43m,隧道模型底部围岩厚 30m,左右两侧宽度(X 向)取为 5 倍的隧道跨度约 40m,纵向(Y 向)长度为 35m,纵向开挖长度为 30m,纵向单元长度 1m,环向单元尺寸由隧道中心向外逐渐扩大,初期支护为喷射混凝土。计算模型见图 4-1。

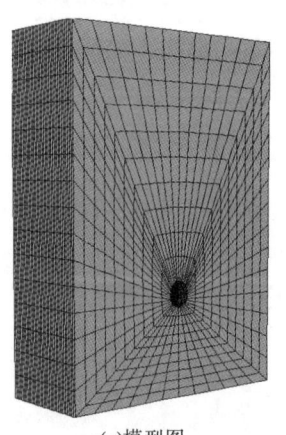

(a)模型图　　　　　　　(b)初期支护图

图 4-1　数值计算模型图

2. 计算参数

根据《(TB10003-2016)铁路隧道设计规范》《铁路工程设计技术手册(隧道)》(1995),现场的勘测资料以及相关文献调研成果,数值计算中各组单元对应的围岩、支护结构基本力学强度参数取值如表4-1。模型计算时,仅考虑重力场,原始围岩无温度场。选择隧道轴向2m处作为分析断面。

表4-1 计算力学参数表

名称	重度(kN/m3)	弹性模量(GPa)	泊松比	粘聚力(MPa)	内摩擦角(°)
围岩	20	1.5	0.4	0.1	24
初期支护	22	23	0.2	—	—

3. 结构受力变形分析

通过数值计算,获得了仅考虑重力场时隧道初期支护结构最大拉应力云图、最大压应力云图、支护变形云图以及围岩塑性区的云图,如图4-2～图4-5所示。将数值分析结果进行归纳总结可得出表4-2。仅考虑重力场时,初期支护结构受到的最大拉应力为0.5MPa,分布在墙角处,最大压应力为9.82MPa,分布在两侧边墙处。拱顶沉降量最大约为3.96mm。开挖后洞周及掌子面塑性区贯通,有变形趋势。通过对比C25喷射混凝土强度力学参数可知,常温隧道初期支护结构设计在仅考虑重力场时能满足要求,且有较大安全储备。

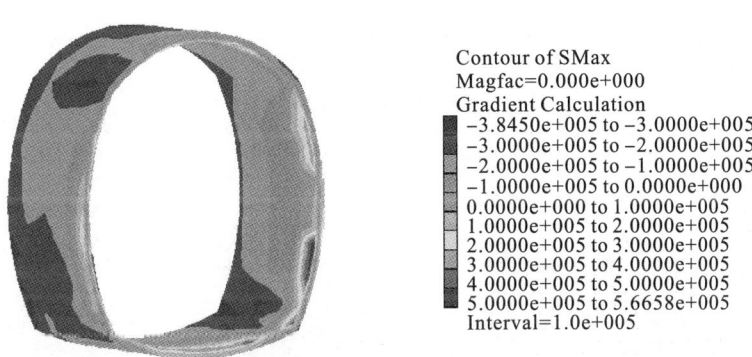

图4-2 初期支护最大拉应力

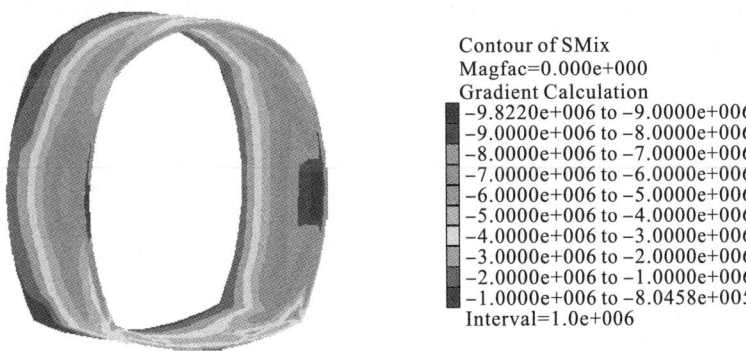

图4-3 初期支护最大压应力

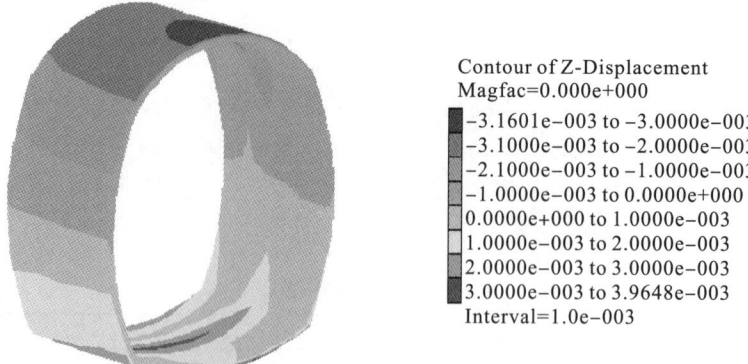

图 4-4　初期支护变形

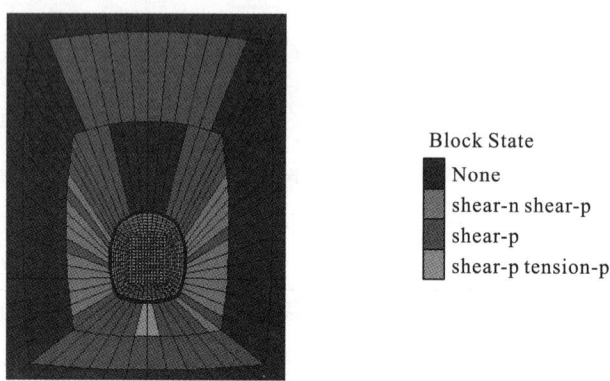

图 4-5　隧道洞周塑性区

表 4-2　常温隧道初期支护力学特性

最大拉应力		最大压应力		初支最大位移		围岩塑性区
数值	位置	数值	位置	数值	位置	掌子面和边墙外侧围岩均为塑性区，塑性区深度为4m。
0.5MPa	墙脚	9.82MPa	边墙	3.96mm	拱顶	

4.1.2　高温隧道初期支护力学特性研究

1. 初期支护现场测试试验

针对桑珠岭隧道 D1K175+103 及 D1K175+125 两个断面开展了初期支护应力及温度的现场测试工作。

1) 钢架内力监测数据与分析

针对桑珠岭隧道两个试验断面拱架进行内力监测，测点分别位于左边墙、左拱腰、拱顶、右拱腰和右边墙，拱架内外侧各布设 1 个应力应变计，每个断面安装 10 个测点计，并按照设计频率对数据进行采集，现场安装如图 4-6 和图 4-7 所示。

图 4-6 钢筋计焊接

图 4-7 内外侧钢筋计安装

桑珠岭隧道初期支护断面钢架外侧应力与内侧应力时程曲线图以及横断面分布图分别如图 4-8~图 4-11 所示。由以上图表可知：D1K175+103 试验断面处钢架应力在前 12 天随时间增加变化较快，第 15 天基本稳定。钢架最大压应力为 34.95MPa，位于右边墙，小于钢材屈服强度 300MPa，安全。D1K175+125 试验断面处钢架应力在前 12 天随时间增加变化较快，第 17 天基本稳定。钢架最大应力为 37.54MPa，位于右拱腰，小于钢材屈服强度 300MPa，安全。

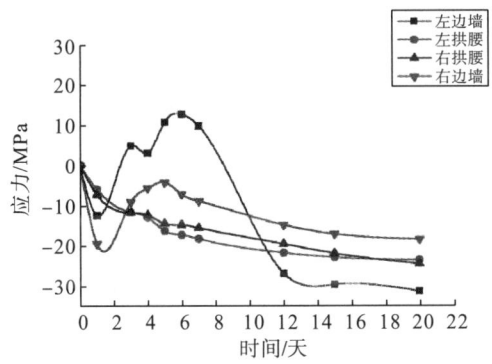

图 4-8 D1K175+103 初期支护断面钢架外侧应力时程曲线

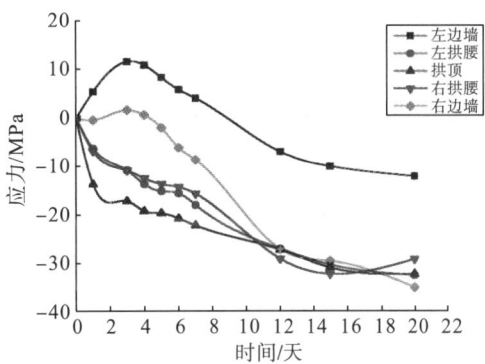

图 4-9 D1K175+103 初期支护断面钢架内侧应力时程曲线

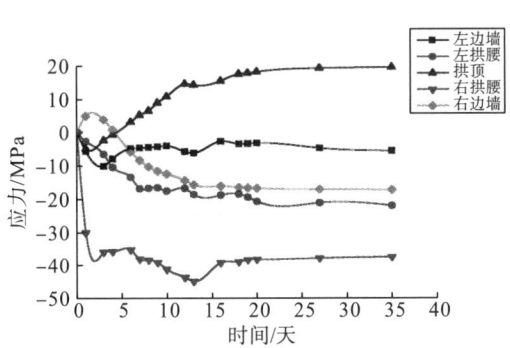

图 4-10 D1K175+125 断面钢架外侧应力时程曲线

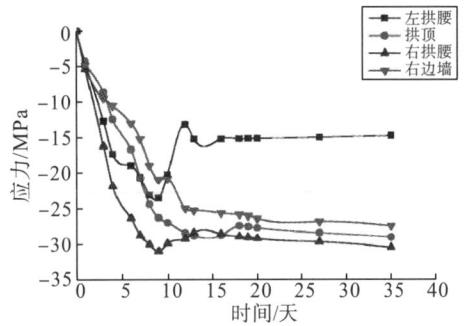

图 4-11 D1K175+125 断面钢架内侧应力时程曲线

2)初期支护混凝土内力监测数据与分析

针对桑珠岭隧道两个试验断面喷射混凝土进行内力监测,测点分别位于左边墙、左拱腰、拱顶、右拱腰和右边墙,测点位于喷射混凝土中部,每个断面安装 5 个测点计,并按照设计频率对数据进行采集,现场安装如图 4-12 和图 4-13 所示。

图 4-12 混凝土应变计绑扎

图 4-13 混凝土应变计示意图

桑珠岭隧道初期支护断面喷射混凝土应力时程曲线图以及横断面分布图分别如图 4-14 和图 4-15 所示。D1K175+103 处喷混凝土应力在前 7 天变化较快,7 天后变化速率降低,15 天后基本稳定。喷混凝土左、右边墙处受压,其余部位受拉,最大压应力为 8.83MPa,位于左边墙,最大拉应力为 1.18MPa,位于左拱腰。D1K175+125 喷混凝土应力在前 12 天变化较快,12 后变化较慢,18 天后基本稳定。喷混凝土除左拱腰处受拉外,其余各部位均受压。最大压应力为 9.90MPa,位于右边墙,最大拉应力为 0.94MPa,位于左拱腰。

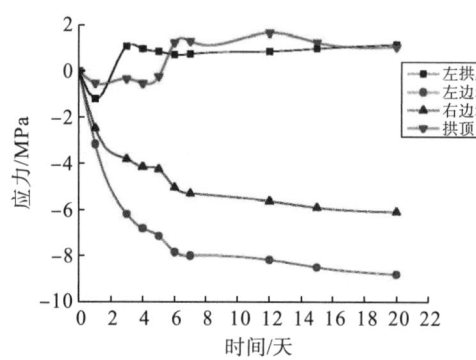
图 4-14 D1K175+103 初期支护断面喷混凝土应力时程曲线

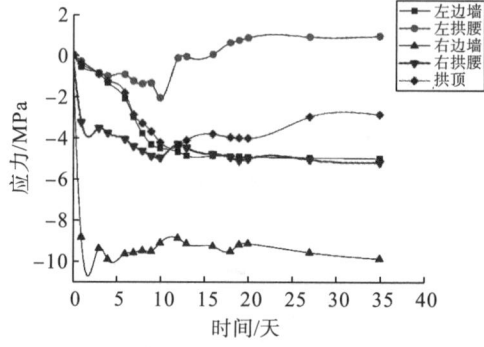
图 4-15 D1K175+125 初期支护断面喷混凝土应力时程曲线

3)初期支护混凝土温度监测数据与分析

针对桑珠岭隧道两个试验断面初期支护混凝土进行温度监测,测点对称安装,断面 1 的测点位于左边墙、左拱腰、拱顶;断面 2 的测点位于右边墙、右拱腰和拱顶。温度计预埋于喷射混凝土内部,每个断面各埋设 3 个,并按照一定频率对数据进行采集,现场安装如图 4-16 和图 4-17 所示。

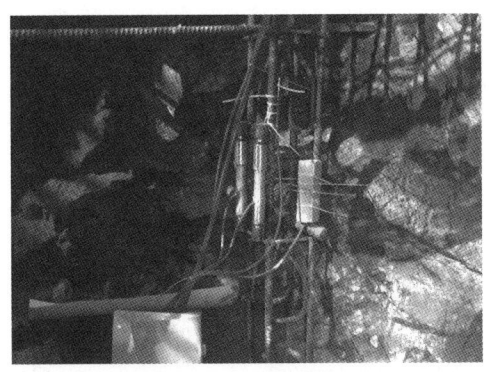
图 4-16 边墙处温度计

图 4-17 拱顶处温度计

根据测试数据作出温度随时间的时程曲线图，如图 4-18 所示。由图可知，各部位测点温度变化规律基本一致，初期支护温度在 5 天内呈快速降低，5 天后温度波动变化并呈现缓慢降低趋势，D1K175+103 断面初期支护各部位稳定温度为：拱顶处 37.3℃、右拱腰处 37.1℃、右边墙处 36.8℃；D1K175+125 断面初期支护各部位稳定温度为：拱顶处约 36.7℃、左拱腰处约 36.5℃、左边墙处约 35.8℃。

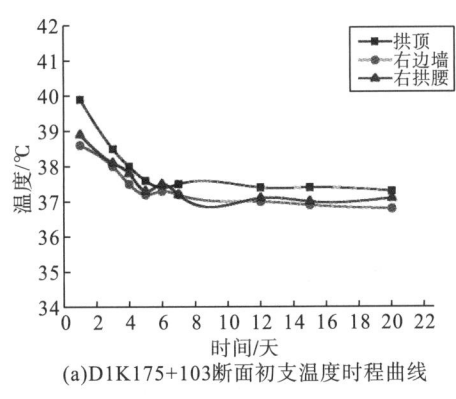
(a)D1K175+103 断面初支温度时程曲线

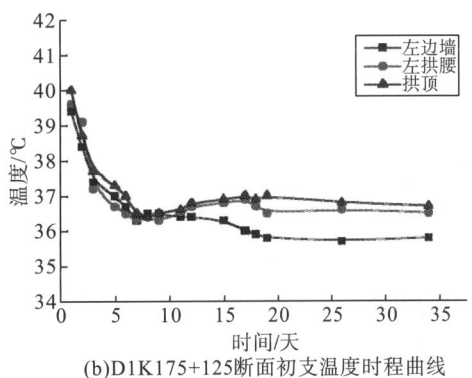
(b)D1K175+125 断面初支温度时程曲线

图 4-18 初期支护温度时程曲线

2. 初期支护数值模拟

1) 计算模型

计算模型中隧道围岩为Ⅴ级，模型中围岩和支护结构尺寸与常温初期支护模型相同，相关物理力学参数同表 4-1，计算模型见图 4-19。高温模型与常温模型的区别在于高温模型使用了热-力-计算单元，采用了热力-耦合计算方法。模型中所涉及地相关热力学参数如表 4-3。将边界条件和围岩初始条件设为一致，其中热力学边界设为与工况对应的温度值且恒定不变。根据规范隧道开挖后的洞内空气温度设为 28℃保持不变。取隧道轴向 2m 长度的支护结构做受力分析。

表 4-3 热力学参数表

名称	导热系数 /[W/(m·℃)]	线膨胀系数/℃	比热容 /[J/(kg·℃)]
围岩	2.30	6×10^{-7}	707
喷射混凝土	1.60	1.02×10^{-5}	911

(a)正面图

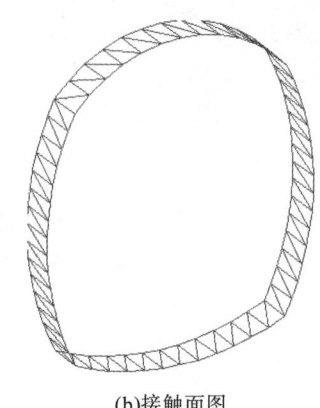
(b)接触面图

图 4-19 数值计算模型图

2)计算工况

针对高地温隧道分别进行了结构受力和荷载的计算分析,基于既有高地温隧道的温度分布范围,共设置 4 种计算工况(40~80℃),每种工况均开挖两次,每次开挖 2 米。不同工况下仅围岩初始温度存在差异,具体参数见表 4-4。

表 4-4 结构受力及荷载计算工况统计表

编号	1	2	3	4
围岩初始温度/℃	40	50	60	80

3)模型合理性验证

除了上述四种工况外,为了验证数值计算模型及参数选取的合理性,应将现场实测的初期支护受力情况与该对应温度下数值模拟结果进行对比。现场实测围岩温度为 45℃,因此首先将数值计算对应工况结果(围岩温度为 45℃)与现场实测的初期支护应力进行对比,如图 4-20。

表 4-5 的对比结果表明,数值计算所得初期支护结构的应力分布与现场实测所得应力分布大体一致,其中拉应力主要集中在拱腰和拱顶的位置,而压应力则主要出现在边墙。通过数值比较可以发现,数值模拟中计算所得拉压应力均相对偏大,其中压应力和拉应力分别比实测数据提高了 10% 和 4%,这主要是由于数值模型中无法充分考虑施工、地形等多方面的原因。综上,现场实测与初期支护计算所得结果表明,支护结构应力在分布和大小上大体相同,因此该数值计算模型能够较好地反映实际情况。

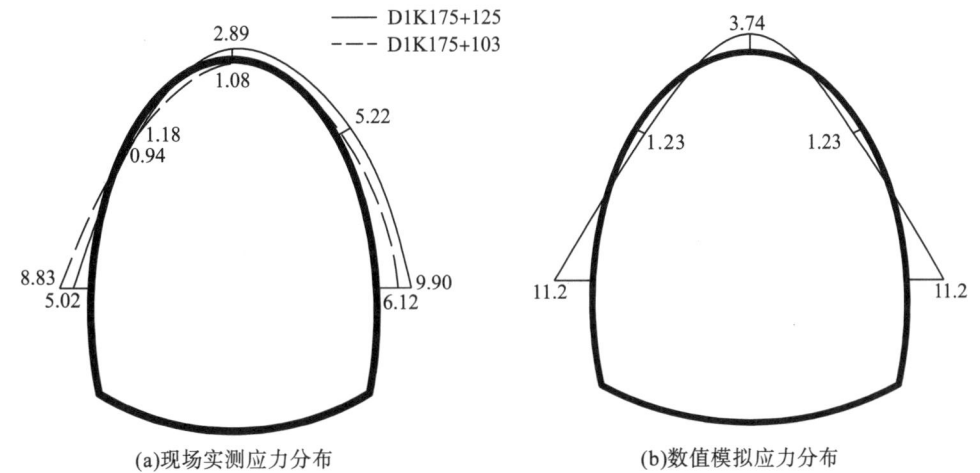

(a) 现场实测应力分布　　　　　　(b) 数值模拟应力分布

图 4-20　45℃条件下应力对比图

表 4-5　实测结果与数值模拟结果对比

研究方法	拉应力分布	拉应力$_{max}$/MPa	压应力分布	压应力$_{max}$/MPa	对比结果
现场试验	拱腰、拱顶	1.18	边墙	9.90	拉应力偏大4%，压应力偏大10%。
数值模拟	拱腰	1.23	边墙、拱腰	11.20	

4）结构受力变形分析

通过有限元软件进行数值计算后，获得了 4 种工况下初期支护最大拉应力、最大压应力、温度场以及变形的分布情况。例举初始温度为 40℃时的结构受力云图如图 4-21。综合无温度以及 40~80℃共计 5 种工况下应力计算结果并进行统计分析，获得各工况下支护结构拉压应力统计如表 4-6 和表 4-7。可以看出初始地温的升高，使得初期支护结构的最大拉压应力范围均不断扩大。其中最大拉应力随着温度的升高，由拱脚、拱肩逐步向拱顶等部位转移。最大压应力则由边墙向拱腰处延伸。在应力数值上，随着围岩温度的升高，支护结构受到的最大拉压力均不断上升。

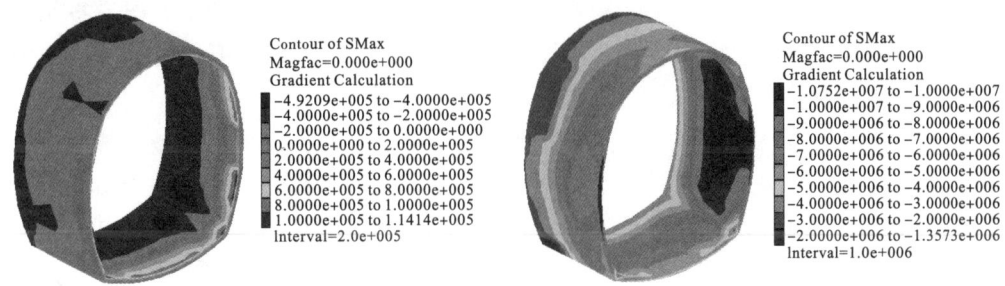

(a) 初期支护最大拉应力　　　　　　(b) 初期支护最大压应力

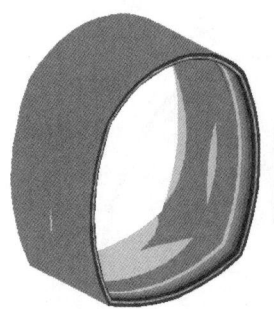 

(a)初期支护温度场　　　　　　　　　　(b)初期支护变形

图 4-21　40℃初期支护云图

表 4-6　初期支护内侧应力

工况	压应力分布	压应力 max(MPa)/位置	拉应力分布	拉应力 max(MPa)/位置
无温度	边墙	9.82/边墙	墙脚	0.5/墙脚
40℃	边墙、拱腰	10.8/边墙	墙脚、拱肩	1.14/拱肩
50℃	边墙、拱腰	12.6/边墙	墙脚、拱肩	1.75/拱肩
60℃	边墙、拱腰	15.7/边墙	墙脚、拱肩、拱顶	2.5/拱肩
80℃	边墙、拱腰	22.7/边墙	墙脚、拱肩、拱顶	4/拱肩

表 4-7　初期支护外侧应力

工况	压应力分布	压应力 max(MPa)/位置	拉应力分布	拉应力 max(MPa)/位置
无温度	边墙	8.68/边墙	墙脚	0.5/墙脚
40℃	边墙	9.52/边墙	墙脚	1.03/拱肩
50℃	边墙、拱腰	12.6/边墙	墙脚、拱肩	1.75/拱肩
60℃	边墙、拱腰	14.9/边墙	墙脚、拱肩	2.37/拱肩
80℃	边墙、拱腰	21.8/边墙	墙脚、拱肩	4/拱肩

根据数值计算所得结果，综合仅考虑重力场和考虑了高温条件的多工况支护结构受力特征，总结归纳出最大拉压应力大小及分布规律如表 4-8，以无温度场时的应力为参照，获得拉压应力扩大系数如图 4-22。随着初始围岩温度的上升，支护结构受到的最大拉压应力均明显提高，并且表现出温度越高，应力增速越快。支护结构最大拉压应力比与围岩温度满足二次函数关系。相比于最大压应力，支护结构最大拉应力受温度影响更显著。例如当围岩温度为 50℃，最大拉应力相比不考虑温度场工况下提高了 3.5 倍，最大压应力也有 28.3% 的提升。初期支护会在拱肩或墙脚处出现较大拉应力，呈现受拉破坏的趋势，因此当围岩温度高于 50℃时，需对隧道拱肩或墙脚处进行局部补强。

表 4-8　各工况应力云图统计

工况	无温度场	40℃	50℃	60℃	80℃
初支最大拉应力/MPa	0.5	1.14	1.75	2.5	4

续表

工况	无温度场	40℃	50℃	60℃	80℃
位置	墙脚	墙脚、拱肩	墙脚、拱肩	墙脚、拱肩	墙脚、拱肩、仰拱
初支最大压应力/MPa	9.82	10.8	12.6	15.7	22.7
位置	边墙	边墙	边墙、拱腰	边墙、拱腰	边墙、拱腰

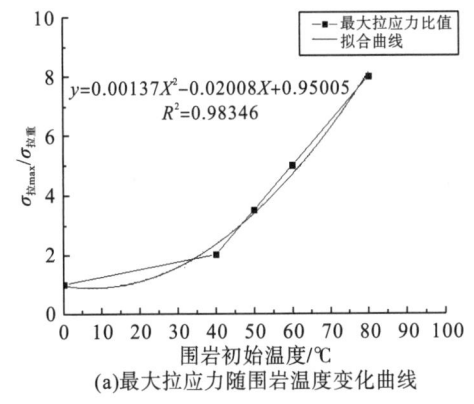
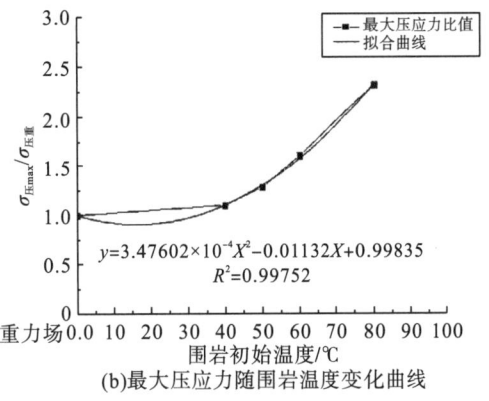

(a)最大拉应力随围岩温度变化曲线　　(b)最大压应力随围岩温度变化曲线

图 4-22　初期支护最大拉、压应力随围岩温度变化曲线

通过计算及数据分析可以得出,初期支护最大拉应力值随围岩温度 t 升高而增大。拉应力扩大系数 m 可表示为

$$m = 1.37 \times 10^{-3} t^2 - 2.00 \times 10^{-2} t + 0.95 \quad (4\text{-}1)$$

初期支护最大压应力值也随围岩温度 t 升高而增大。压应力扩大系数 n 可表示为

$$n = 3.48 \times 10^{-4} t^2 - 1.13 \times 10^{-2} t + 0.998 \quad (4\text{-}2)$$

4.2　高地温隧道温度荷载计算模型

4.2.1　基本原理

高地温隧道支护结构设计中除了考虑围岩荷载、结构自重、静水压力等荷载外,还应考虑高地温引起的支护结构附加应力的影响。由于支护结构在热-应力耦合作用下受力计算较为复杂,因此,为了便于实际工程的应用,又充分考虑温度对支护结构受力的影响,提出了荷载—温度等效方法,即将支护结构温度引起的附加应力等效为外部附加荷载作用产生的应力,从而根据温度计算出附加荷载,对荷载进行修正。

4.2.2　模型建立方法

通过不同温度工况下初期支护和围岩之间的接触面,提取接触面接触点处压力(共

47个节点),该点的压应力近似等效为该节点左右单元各取一半范围内的均布压力。提取范围为隧道墙脚至拱顶。接触面压力方向是沿断面轮廓切线的法线方向。将接触力沿水平和垂直方向进行分解,具体如图 4-23。将起拱线以上部分的垂直方向的分力作为隧道所受的竖向压力,将拱脚至拱顶的水平方向的分力作为水平压力,并通过面积等效转化为均布荷载。

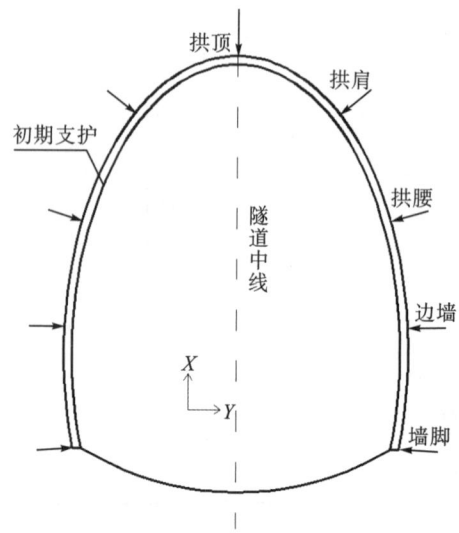

图 4-23 初期支护与围岩间接触压力

以无温度场的工况作为参照对象,将有温度场的计算模型总荷载值与之比较,进而得出在有温度场情况下的荷载变化系数。荷载提取后,将荷载以垂直均布压力和水平均布压力的形式进行表示。5 种工况下,垂直均布压力与水平均布压力如表 4-9。

表 4-9 各工况下围岩压力

	无温度场	40℃	50℃	60℃	80℃
衬砌温度/℃	—	38.2	46.7	55.3	72.7
垂直压力符号	q_1	q_2	q_3	q_4	q_5
水平压力符号	e_1	e_2	e_3	e_4	e_5
q/MPa	0.191	0.197	0.213	0.236	0.299
e/MPa	0.057	0.058	0.073	0.098	0.204
垂直均布压力	q	$1.04q$	$1.11q$	$1.23q$	$1.56q$
水平均布压力	$0.30q_1$	$0.30q_2$	$0.34q_3$	$0.42q_4$	$0.68q_5$
e_i/e_1	1	1.067	1.284	1.712	3.659

如图 4-24 和图 4-25 所示,随着围岩温度 t 的升高,水平及垂直附加荷载均不断增大,仿一般围岩水平荷载表达方式,水平附加荷载采用侧压力系数表达,即水平附加荷载和竖直荷载比值,侧压力系数随着围岩温度的升高而缓慢增加,当温度超过 50℃时,侧压力系数增速明显提升。为了便于工程应用,引入温度等效荷载增量系数 k(即 k_1 为垂

直等效荷载增量系数，k_2 为侧压力系数增量系数），通过大量分析和统计，获得了高地温隧道荷载计算模型：

（1）垂直均布荷载修正公式：

$$q = 0.45 \times (1+k_1) \times 2^{s-1}\gamma\omega \tag{4-3}$$

$$k_1 = 1.61 \times 10^{-4}t^2 - 5.93 \times 10^{-3}t + 0.01 \tag{4-4}$$

（2）水平均布荷载修正公式：

$$e = (1+k_2) \cdot q \tag{4-5}$$

$$k_2 = 1.10 \times 10^{-6}t^3 - 1.28 \times 10^{-5}t^2 - 1.08 \times 10^{-3}t - 0.71 \tag{4-6}$$

式中，s 为围岩级别；γ 为围岩重度（kg/m³）；ω 为宽度影响系数；t 为围岩温度（℃）。

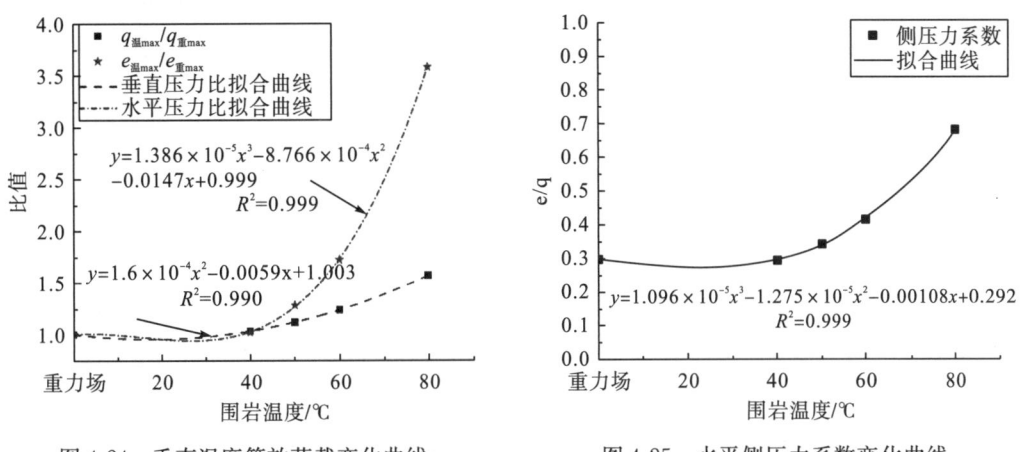

图 4-24 垂直温度等效荷载变化曲线　　图 4-25 水平侧压力系数变化曲线

综上可以得到：随着围岩温度升高，水平及垂直围岩压力均不断增大。随着温度的增加，水平均布压力比竖直压力的增速及增幅都更大。侧压力系数以 50℃ 为界，呈现先缓慢增加后快速增加的趋势。对于Ⅴ级围岩的普通隧道而言，侧压力系数通常取 0.30~0.50。而研究成果表明，当围岩温度为 80℃ 时，侧压力系数增大至 0.68。该变化情况说明，高地温引起的侧压力增长效应更为显著。因此，高地温隧道的边墙处应进行特殊化处理。

此外，复合式衬砌的施作，应考虑时间效应，但是，运用弹塑性理论计算时，难以考虑时间效益；按黏弹塑性有限元计算时，又过于复杂，且岩层物理力学特性难以确定。因此二次衬砌按荷载-结构模型进行计算。根据我国复合式衬砌围岩压力现场量测数据和模型试验，并参考国内外有关资料，二次衬砌承受 30%~50% 的围岩压力。以更安全的方法进行设计，二次衬砌荷载分担比取 0.5。有温度场情况下，二次衬砌安全性计算荷载的取值可以依据上述公式为基础。

4.3　高地温隧道有限元计算模型

因为隧道支护结构为超静定结构，因此温度变化会在其内部产生温度应力，所以高地温隧道支护结构应力的数值计算模拟需要综合考虑力学和热学因素，需要采用有限元计算软件中的热-力耦合模块。

4.3.1 计算原理

有限元热-力分析基于由能量守恒原理导出的热平衡方程。方程表达式如公式4-7：

$$-q_{i,j} + q_v = \rho C_v \frac{\alpha T}{\alpha t} \tag{4-7}$$

式中，$q_{i,j}$为热流量向量（W/m²）；q_v为体热源强度（W/m³）；ρ为密度；C_v为在定体积中的热量[J/(kg·℃)]；T为温度（℃）；t为时间（s）。

计算过程中，有限元软件的热力耦合计算为单向模型，即温度的变化可改变单元的应变，从而引起应力的变化；但单元应力的变化却不能改变温度的分布。热力耦合模型采用循环算法，即在每一较小温度时段计算后，必须完成相应的力学计算才能进行下一阶段的热力学模拟。

4.3.2 边界条件及热力参数

热-力模型计算中，边界条件和热力参数的取值十分重要。其中边界条件除了常规的位移边界和应力边界，还需添加温度边界条件。对于地层-结构模型，调温圈以外的围岩温度需固定为围岩初始温度，同时支护结构临空面应根据现场实测来设定内边界温度。支护结构和调温圈内围岩的温度则根据传热学原理进行温度变化，并最终达到平衡。热力参数主要有比热容、线膨胀系数，涉及对象有围岩、混凝土和空气，在条件允许的情况下可通过试验进行参数测定。

4.4 高地温隧道温度应力计算模型

4.4.1 基本假设及原理

高地温隧道初期支护是超静定结构，受混凝土水化热、围岩温度和洞内通风降温的影响会经历短暂升温并降温的过程，进而在其内部产生温度应力。升温过程短暂快速，且喷射混凝土未较好成型，弹性模量很小，产生温度应力很小，因此忽略不计。施工过程中，温度骤变区域集中于掌子面附近，而该区域内初期支护只施做上半部分，未能闭合成环。因此，初期支护因温度降低会沿隧道环向，径向和轴向进行收缩。轴向因为存在上一环初期支护及围岩约束，影响较小；径向，由于支护厚度相对较小且混凝土自身为一个整体结构，其变形同样可忽略。所以仅考虑环向收缩，简化为平面应变问题进行讨论。环向收缩时，初期支护外表面由于受到围岩的约束会在接触面产生与收缩方向相反的摩擦力。同时，根据现场施工情况，初期支护拱脚处无法提供弯矩，模型进一步抽象为双脚拱半圆模型，模型简化过程如图4-26所示。

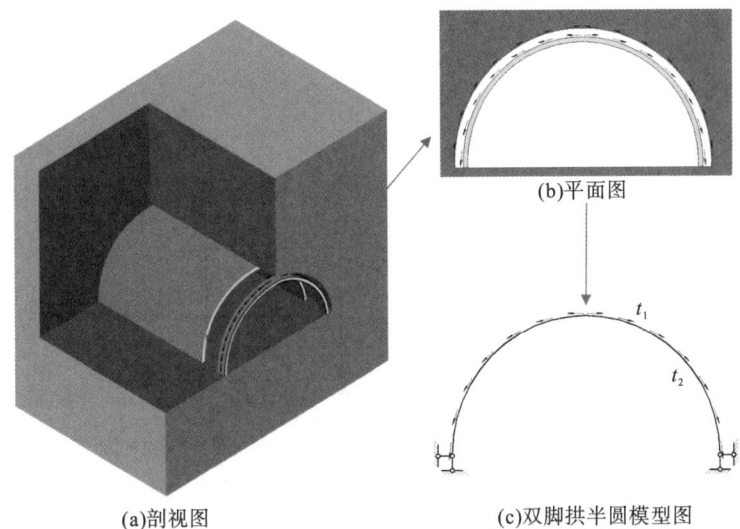

(a)剖视图　　　　　　　　　(c)双脚拱半圆模型图

图 4-26　模型建立示意图

该温度应力计算模型进行基本假设如下：
(1)围岩视为巨大刚体，虽有温度变化但不发生变形。
(2)初期支护混凝土与围岩密贴。
(3)沿隧道纵向的温度差不考虑，纵向取单位长度，将问题视为平面应力问题。
(4)初期支护中性轴保持不变。
(5)初期支护整个断面沿环向无温差，初期支护外侧温度差取为 t_1，内侧温度差为 t_2。
(6)拱轴线为半圆形。

4.4.2　模型建立方法

1. 初期支护与围岩间的摩擦力

温度降低时，初期支护内外侧会沿环向进行收缩。由于围岩约束，外表面无法产生自由的收缩变形，并会在初期支护和围岩之间产生摩擦力。相关计算参数如表 4-10 所示。

表 4-10　模型参数取值表

结构类型	外侧温度差/℃	线膨胀系数/(1/℃)	接触面剪切模量/GPa	纵向长度/mm
初期支护	t_1	α	K	dz

根据王明年等对高温变温环境下喷射混凝土－岩石界面剪切特性的研究可知，

$$\tau = K\mu \tag{4-8}$$

其中，τ 为围岩和初期支护界面剪切力(kN)；μ 为剪切位移(mm)；K 为剪切模量(GPa)。由图 4-26(c)可知，结构和受力均对称，因此仅考虑右半部分。右侧外表面因温度变化产生的变形为：$\alpha t_1 \dfrac{\pi}{2} R$，该变形会在接触面产生摩擦力。假设接触面等效线荷载为 q (N/m)，则考虑支护结构外侧因温度变形而产生的摩擦力可得：

$$q \cdot \frac{\pi}{2} R = \alpha t_1 K \cdot \frac{\pi}{2} R \mathrm{d}z \tag{4-9}$$

$$q = \alpha t_1 K \mathrm{d}z \tag{4-10}$$

由于接触面摩擦力的存在，初期支护外侧不会产生变形。因此，初期支护的温度变形效应可由外侧温差 t_1(℃)，内侧温差 t_2(℃)，等效为仅有内侧温差 t_2(℃)，而外部无温差的情况如图 4-27。

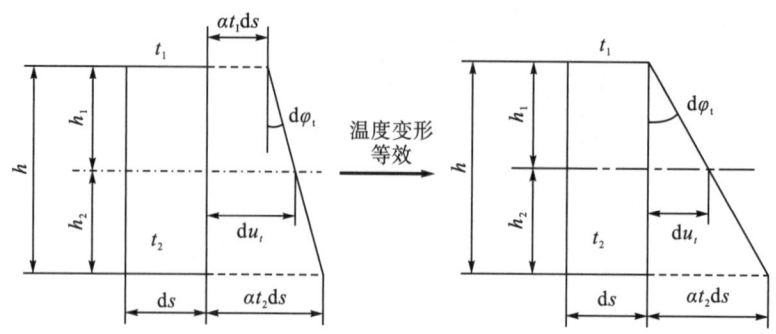

图 4-27 温度变形等效

2. 初期支护自身结构应力

基于虚功原理求解双脚拱半圆模型，如图 4-28 所示。采用力法，去掉一处约束，用 X_1 代替。方向规定如下：当实际温度变形与虚拟内力方向一致时其乘积为正。因此，对于温度变化，若规定以升温为正，降温为负，则轴力 $\overline{F}_N$ 以拉为正，压为负；$\overline{M}$ 则以 t_2 边受拉为正，反之为负。

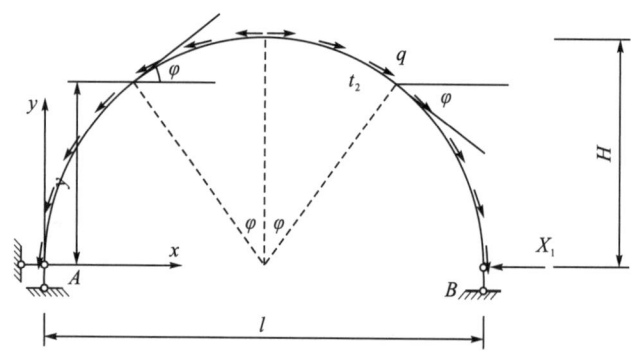

图 4-28 双脚拱半圆计算模型

如图 4-28, $\varphi \in \left(-\frac{\pi}{2}, \frac{\pi}{2}\right)$，逆时针旋转为负，顺时针旋转为正。因为是半圆形结构，所以有

$$H = R, \quad l = 2R, \quad y = R\cos\varphi \tag{4-11}$$

采用力法求解该结构的温度应力，弯矩和轴力产生的变形为主要因素，剪力的影响忽略不计，协调方程可表示为：

$$\delta_{11} X_1 + \Delta_{1P} = 0 \tag{4-12}$$

$$\overline{M} = R\cos\varphi, \quad \overline{F}_N = \cos\varphi \tag{4-13}$$

$$\delta_{11} = \int \frac{\overline{M}_1^{\,2}}{EI}\mathrm{d}s + \int \frac{\overline{F}_N^{\,2}}{EA}\mathrm{d}s = \int \frac{R^2\cos^2\varphi}{EI}\mathrm{d}s + \int \frac{\cos^2\varphi}{EA}\mathrm{d}s \tag{4-14}$$

因为

$$\mathrm{d}s = R \cdot \mathrm{d}\varphi,\ \varphi \in \left(-\frac{\pi}{2}, \frac{\pi}{2}\right) \tag{4-15}$$

协调方程可以化解为：

$$\delta_{11} = \int_{-\frac{\pi}{2}}^{\frac{\pi}{2}} \frac{R^2\cos^2\varphi R}{EI}\mathrm{d}\varphi + \int_{-\frac{\pi}{2}}^{\frac{\pi}{2}} \frac{\cos^2\varphi R}{EA}\mathrm{d}\varphi = \frac{R^3}{EI}\int_{-\frac{\pi}{2}}^{\frac{\pi}{2}}\cos^2\varphi\mathrm{d}\varphi + \frac{R}{EA}\int_{-\frac{\pi}{2}}^{\frac{\pi}{2}}\cos^2\varphi\mathrm{d}\varphi$$

$$= \frac{\pi}{2}\left(\frac{R^3}{EI} + \frac{R}{EA}\right) \tag{4-16}$$

根据虚功原理和结构左右弯矩轴力对称分布，则表达式可表示为：

$$\Delta_{1p} = \sum\int \overline{M}\mathrm{d}\varphi_p + \sum\int \overline{F}_N\mathrm{d}\mu_p \tag{4-17}$$

其中，$\mathrm{d}\varphi_p$ 和 $\mathrm{d}\mu_p$ 是在 q 均布荷载和温度变化共同作用下产生的角度变形和长度变形。为求解方程，需首先求出支座沿 X、Y 方向的力。

X 方向：

$$F_{Ax} = 0 \tag{4-18}$$

Y 方向：

$$2\int_0^{\frac{\pi}{2}} q\cos\varphi R\mathrm{d}\varphi + F_{Ay} + F_{By} = 0 \tag{4-19}$$

$$F_{Ay} = F_{By} = -Rq \tag{4-20}$$

对于截面 φ，假设截面弯矩和轴力分别为 M_q 和 F_q，如图 4-29。

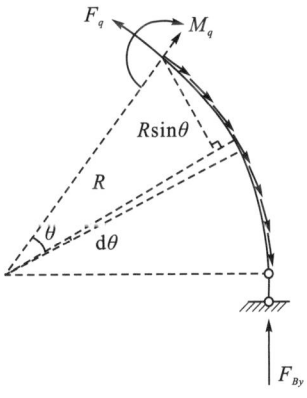

图 4-29 截面 φ 受力图

均布荷载 q 对该截面产生的弯矩：

$$\int_0^{\frac{\pi}{2}-\varphi}(R-R\cos\theta)Rq\mathrm{d}\theta = R^2q\int_0^{\frac{\pi}{2}-\varphi}(1-\cos\theta)\mathrm{d}\theta = R^2q(\theta-\sin\theta)\Big|_0^{\frac{\pi}{2}-\varphi} = R^2q\left(\frac{\pi}{2}-\varphi-\cos\varphi\right) \tag{4-21}$$

截面 φ 的弯矩平衡方程可列为：

$$F_{By} \cdot R(1-\sin\varphi) = M_q + R^2q\left(\frac{\pi}{2}-\varphi-\cos\varphi\right) \tag{4-22}$$

$$M_q = R^2 q \left(1 - \frac{\pi}{2} + \varphi - \sin\varphi + \cos\varphi\right) \quad \varphi \in \left[0, \frac{\pi}{2}\right] \tag{4-23}$$

对于截面 φ，均布荷载 q 对该截面产生的轴力为

$$\int_0^{\frac{\pi}{2}-\varphi} \cos\theta Rq\,d\theta = Rq\int_0^{\frac{\pi}{2}-\varphi} \cos\theta\,d\theta = Rq\sin\theta\Big|_0^{\frac{\pi}{2}-\varphi} = Rq\cos\varphi \tag{4-24}$$

轴力的平衡方程可列为：

$$F_q + F_{By}\sin\varphi = Rq\cos\varphi \tag{4-25}$$

$$F_q = Rq(\cos\varphi - \sin\varphi) \quad \varphi \in \left[0, \frac{\pi}{2}\right] \tag{4-26}$$

根据对称性，对于 $\varphi \in \left[-\frac{\pi}{2}, 0\right]$

$$M'_q = R^2 q \left(1 - \frac{\pi}{2} - \varphi + \sin\varphi + \cos\varphi\right) \tag{4-27}$$

$$F'_q = Rq(\sin\varphi + \cos\varphi) \tag{4-28}$$

因此，$d\varphi_p$ 和 $d\mu_p$ 可表示为：

$$d\varphi_p = \frac{M_q}{EI}ds + \frac{\alpha\Delta t}{h}ds = \left(\frac{M_q}{EI} + \frac{\alpha\Delta t}{h}\right)ds \tag{4-29}$$

$$d\mu_p = \frac{F_q}{EA}ds + \alpha t\,ds = \left(\frac{F_q}{EA} + \alpha t\right)ds \tag{4-30}$$

其中 $t = \frac{t_1 + t_2}{2}$，$\Delta t = t_2 - t_1$，h 为截面高度。截面中心处温度 t 体现的是因温度变化而产生的轴力影响，而 Δt 体现的是因内外侧温度变化差异而引起的弯矩效应。

所以，根据式(4-22)～(4-28)

$$\Delta_{1p} = \sum\int \overline{M}d\varphi_p + \sum\int \overline{F}_N d\mu_p = \int_0^{\frac{\pi}{2}} \overline{M}\left(\frac{M_q}{EI} + \frac{\alpha\Delta t}{h}\right)ds + \int_{-\frac{\pi}{2}}^0 \overline{M}\left(\frac{M'_q}{EI} + \frac{\alpha\Delta t}{h}\right)ds$$

$$+ \int_0^{\frac{\pi}{2}} \overline{F}_N\left(\frac{F_q}{EA} + \alpha t\right)ds + \int_0^{\frac{\pi}{2}} \overline{F}_N\left(\frac{F'_q}{EA} + \alpha t\right)ds \tag{4-31}$$

为便于计算，假设

$$A = \int_0^{\frac{\pi}{2}} \overline{M}\left(\frac{M_q}{EI} + \frac{\alpha\Delta t}{h}\right)ds + \int_{-\frac{\pi}{2}}^0 \overline{M}\left(\frac{M'_q}{EI} + \frac{\alpha\Delta t}{h}\right)ds \tag{4-32}$$

$$B = \int_0^{\frac{\pi}{2}} \overline{F}_N\left(\frac{F_q}{EA} + \alpha t\right)ds + \int_{-\frac{\pi}{2}}^0 \overline{F}_N\left(\frac{F'_q}{EA} + \alpha t\right)ds \tag{4-33}$$

计算 A：

$$A = \int_0^{\frac{\pi}{2}} \overline{M}\left(\frac{M_q}{EI} + \frac{\alpha\Delta t}{h}\right)ds + \int_{-\frac{\pi}{2}}^0 \overline{M}\left(\frac{M'_q}{EI} + \frac{\alpha\Delta t}{h}\right)ds$$

$$= \int_0^{\frac{\pi}{2}} \overline{M}\frac{M_q}{EI}ds + \int_{-\frac{\pi}{2}}^0 \overline{M}\frac{M'_q}{EI}ds + \int_{-\frac{\pi}{2}}^{\frac{\pi}{2}} \overline{M}\frac{\alpha\Delta t}{h}ds \tag{4-34}$$

根据对称性可得：

$$A = 2\int_0^{\frac{\pi}{2}} \overline{M}\frac{M_q}{EI}ds + \int_{-\frac{\pi}{2}}^{\frac{\pi}{2}} \overline{M}\frac{\alpha\Delta t}{h}ds \tag{4-35}$$

代入相关表达式可得：

$$A = 2\int_0^{\frac{\pi}{2}} (-R\cos\varphi)\frac{R^2 q\left(1 - \frac{\pi}{2} + \varphi - \sin\varphi + \cos\varphi\right)}{EI} R\,\mathrm{d}\varphi + \int_{-\frac{\pi}{2}}^{\frac{\pi}{2}} (-R\cos\varphi)\frac{\alpha\Delta t}{h}R\,\mathrm{d}\varphi$$

$$= -2 \times \frac{R^4 q}{EI}\left(-\frac{1}{2} + \frac{\pi}{4}\right) - 2 \times \frac{\alpha\Delta t}{h}R^2$$

$$= -\frac{R^4 q}{EI}\left(-1 + \frac{\pi}{2}\right) - \frac{2\alpha\Delta t}{h}R^2 \tag{4-36}$$

计算 B：

$$B = \int_0^{\frac{\pi}{2}} \overline{F}_N\left(\frac{F_q}{EA} + \alpha t\right)\mathrm{d}s + \int_{-\frac{\pi}{2}}^0 \overline{F}_N\left(\frac{F'_q}{EA} + \alpha t\right)\mathrm{d}s$$

$$= \int_0^{\frac{\pi}{2}} \overline{F}_N \frac{F_q}{EA}\mathrm{d}s + \int_{-\frac{\pi}{2}}^0 \overline{F}_N \frac{F'_q}{EA}\mathrm{d}s + \int_{-\frac{\pi}{2}}^{\frac{\pi}{2}} \overline{F}_N \alpha t\,\mathrm{d}s \tag{4-37}$$

根据对称性

$$B = 2\int_0^{\frac{\pi}{2}} \overline{F}_N \frac{F_q}{EA}\mathrm{d}s + \int_{-\frac{\pi}{2}}^{\frac{\pi}{2}} \overline{F}_N \alpha t\,\mathrm{d}s \tag{4-38}$$

代入相关表达式可得：

$$B = 2\int_0^{\frac{\pi}{2}} \cos\varphi \frac{Rq(\cos\varphi - \sin\varphi)}{EA} R\,\mathrm{d}\varphi + \int_{-\frac{\pi}{2}}^{\frac{\pi}{2}} \cos\varphi \alpha t R\,\mathrm{d}\varphi = \left(\frac{\pi}{2} - 1\right)\frac{R^2 q}{EA} + 2\alpha tR \tag{4-39}$$

综合可以得出：

$$\Delta_{1P} = A + B = -\frac{R^4 q}{EI}\left(-1 + \frac{\pi}{2}\right) - \frac{2\alpha\Delta t}{h}R^2 + \left(\frac{\pi}{2} - 1\right)\frac{R^2 q}{EA} + 2\alpha tR \tag{4-40}$$

$$X_1 = -\frac{\Delta_{1P}}{\delta_{11}} \tag{4-41}$$

3. 综合受力计算分析

采用荷载代替法，去掉一个约束，用力 F 代替，力 F 等于 X_1。超静定结构转化为在均布荷载 q 和集中力 F 作用下的静定结构，如图 4-30。

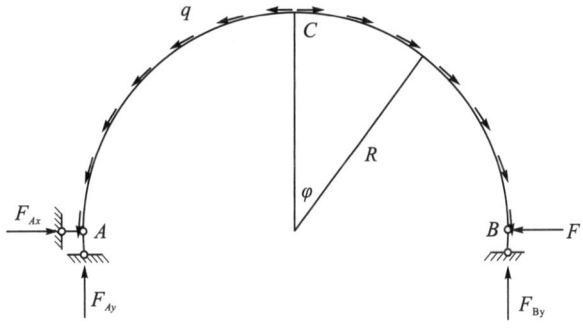

图 4-30 模型综合受力示意图

由上图可计算出外力

$$Y\text{ 方向}: F_{Ay} = F_{By} = Rq(\text{方向向上}) \tag{4-42}$$

$$X \text{ 方向}: F_{Ax} = -F \text{(方向与 } F \text{ 方向相反)} \tag{4-43}$$

设截面 φ 处弯矩为 $M_{总}$（顺时针），轴力 $F_{总}$（压力）。对截面取弯矩，可得平衡方程：

$$M_{总} + FR\cos\varphi + R^2 q\left(\frac{\pi}{2} - \varphi - \cos\varphi\right) = F_{By} R(1-\sin\varphi) \quad \varphi \in \left[0, \frac{\pi}{2}\right] \tag{4-44}$$

$$M_{总} + FR\cos\varphi + R^2 q\left(\frac{\pi}{2} - \varphi - \cos\varphi\right) = R^2 q(1-\sin\varphi) \quad \varphi \in \left[0, \frac{\pi}{2}\right] \tag{4-45}$$

同时，在截面 φ 处，沿环向方向列轴力平衡方程：

$$F_{总} + F\cos\varphi + F_{By}\sin\varphi = qR\cos\varphi \quad \varphi \in \left[0, \frac{\pi}{2}\right] \tag{4-46}$$

$$F_{总} + F\cos\varphi + Rq\sin\varphi = qR\cos\varphi \quad \varphi \in \left[0, \frac{\pi}{2}\right] \tag{4-47}$$

$\varphi \in \left[-\frac{\pi}{2}, 0\right]$ 范围内的弯矩和轴力可以通过对称获得。基于求得的 $M_{总}$ 和 $F_{总}$，截面的应力可表示为：

$$\sigma_{M\max} = \frac{M_{总} y}{I} \tag{4-48}$$

$$\sigma_c = \frac{F_{总}}{A} \tag{4-49}$$

4. 模型参数讨论

相关研究表明，喷射混凝土初期硬化阶段，弹性模量是随时间增长并最终稳定于设计值。该时间段初期支护温度变化明显，是温度应力产生的主要阶段，因此，有必要对温度应力计算中弹性模量的变化进行详细考虑。

参考 P. P. Oreste 等的研究成果，喷射混凝土弹性模量随时间的变化规律可表示为

$$E_{\text{shot},t} = E_{\text{shot},0}(1 - e^{-\alpha t}) \tag{4-50}$$

式中，$E_{\text{shot},0}$ 为喷射混凝土最终弹性模量值；α 为时间常数。

因为弹性模量随时间变化，所以温度应力计算时，需对温度和弹性模量变化的时间段进行分段。每个时间段都对应一个温度差和平均弹性模量值，二者决定该时间段内产生的温度应力值。最终总的温度应力等于各时间段温度应力之和。

4.5 二次衬砌施作后初期支护温度场和应力场变化分析

4.5.1 初期支护温度场变化分析

现场针对 3 个不同初始温度（常温、42℃和63℃）的试验断面进行了初期支护温度场的长期测试。其中，第 50 天因施作二次衬砌，初期支护温度场会发生波动。选取初期支护温度场 50 天后的温度变化数据做出初期支护受二次衬砌施作影响后的温度变化时程曲线如图 4-31。

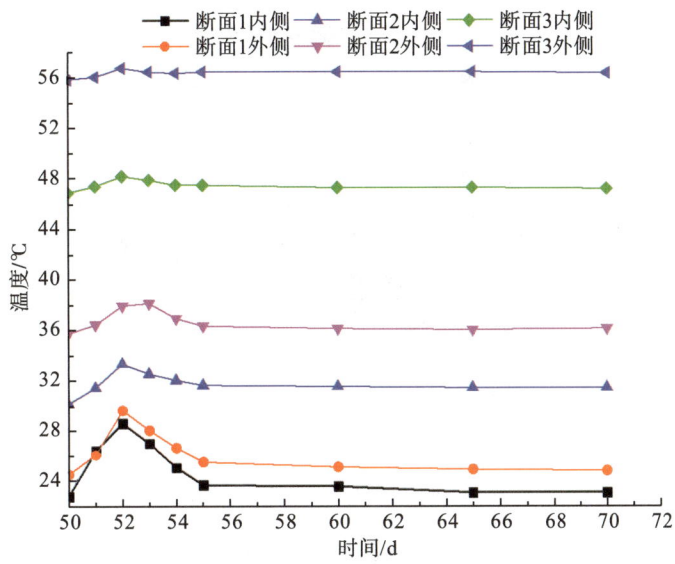

图 4-31 初期支护受二次衬砌施作影响后的温度变化规律

由图 4-31 可知，二次衬砌水化热会对初期支护温度场产生影响，影响时间主要集中于二次衬砌施作后的 5 天，初期支护温度会小幅度温度提升然后降低最终再次稳定，影响程度随围岩初始温度的升高而降低。断面 1 是常温试验断面，第一阶段稳定时的初期支护温度较低，因而受二次衬砌水化热影响较大。断面 1 内侧增幅可达 5.8℃，峰值在二次衬砌施作后的第 2 天达到，接着温度开始降低并于 5 天后稳定，再次稳定时的温度会略高于二次衬砌施作前的稳定温度。断面 1 外侧增幅为 4.1℃，低于内侧增幅。二次衬砌施作对断面 2 影响小于对断面 1 的影响，断面 2 内外侧最大增幅分别为 3.2℃ 和 2.2℃。断面 3 的初期支护温度场则几乎不受二次衬砌施作的影响。各断面内外侧温度变化规律显示内侧温度变化会先于外侧温度的变化，同时再次稳定后，内外侧温差会有所降低。

4.5.2 初期支护应力场变化分析

二次衬砌施作后，初期支护温度场的变化会进一步引起初期支护应力场的变化。以现场温度实测数据为基础，运用上节中建立的初期支护温度应力计算模型计算初期支护在二次衬砌施作后产生的应力。此时，初期支护自身内部水化热早已消失，因此不用通过高温工况与常温工况之差来消除初期支护自身水化热的影响。同时，喷射混凝土的弹性模量也早已稳定。

选取二次衬砌施作后的 5 天时间来研究初期支护应力的变化情况，以 1 天为 1 个时间段，共 5 个，每个时间段均有内外侧温度变化量，通过温度变化量计算该段时间内初期支护产生的温度应力。计算得到 5 天时间内，3 个试验断面的拱顶，拱腰和边墙在各时间段内产生的温度应力，如图 4-32，其中正应力表示受拉，负应力表示受压。

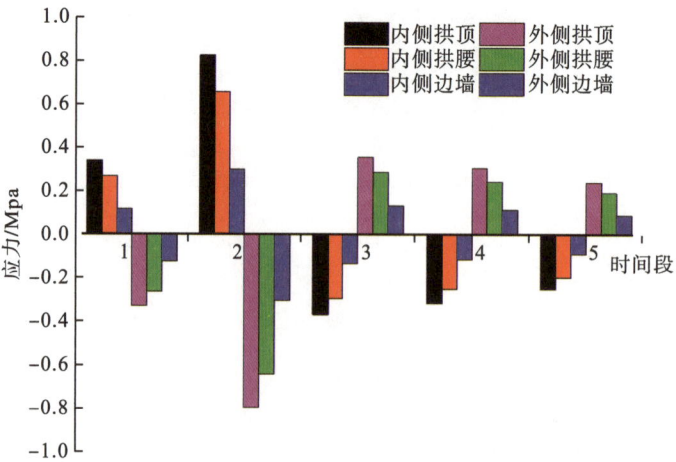

(a)断面1初期支护在各时间段内产生的温度应力

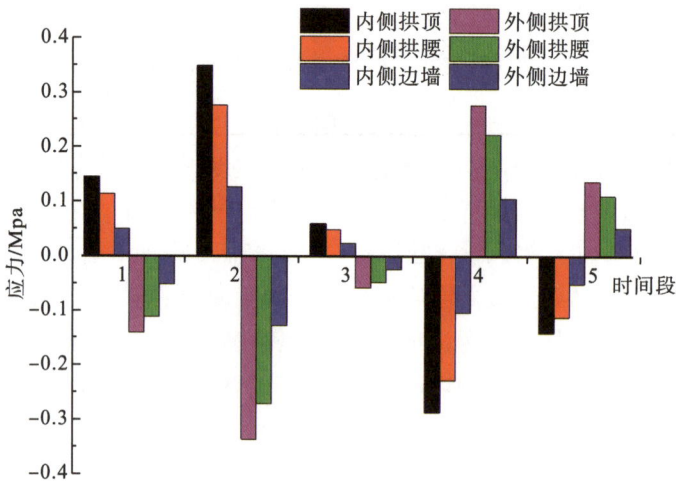

(b)断面2初期支护在各时间段内产生的温度应力

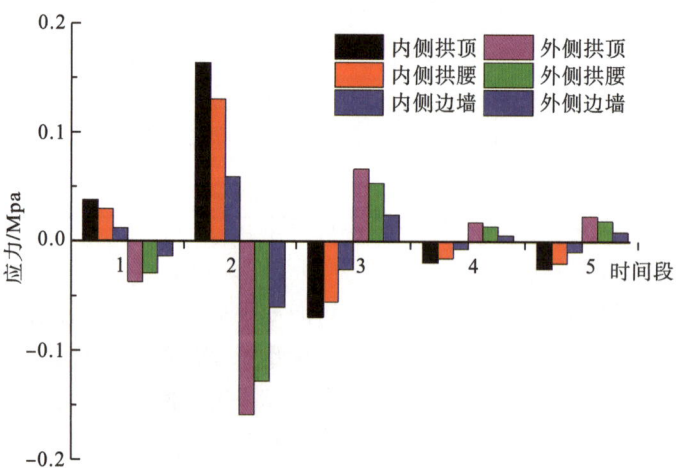

(c)断面3初期支护在各时间段内产生的温度应力

图4-32 二次衬砌施作后初期支护温度应力变化规律

由图 4-32 可知，虽然 3 个试验断面产生的温度应力数值大小存在差异，但是变化规律较为相同。初期支护内侧在前两天时间内会产生拉应力，且第二天产生的拉应力值最大，第 3 天开始产生压应力，并随着温度的稳定，产生的应力越来越少。外侧则呈现出不同应力特性，前两天产生压应力，后三天产生拉应力。从应力大小分布上进行分析，可以发现，拱顶>拱腰>边墙。第 2 个时间段产生的温度应力最大，其原因应该是该段时间内二次衬砌水化热放热最严重，致使初期支护温度应力最为显著。

因为温度变化是一个连续过程，因此将各时间段温度应力逐一累加获得初期支护受二次衬砌影响而产生的温度应力的时程曲线图。

第5章 高地温隧道二次衬砌力学特性及设计方法

5.1 隧道二次衬砌结构力学特性研究

5.1.1 常温隧道二次衬砌力学特性研究

运用有限元计算软件,基于荷载-结构原理,针对常温铁路隧道,分别建立平面模型和三维模型来研究隧道衬砌应力应变特性、裂缝和安全系数。

1. 常温隧道应力应变特性

针对常温隧道的二次衬砌进行应力特性研究,利用有限元计算软件,建立三维荷载-结构模型。

1)计算模型

采用有限元计算软件进行模拟,建立二次衬砌的三维荷载结构模型。二次衬砌运用SOLID65进行模拟,可以计算出衬砌结构的应力。弹簧采用Spring进行模拟,且认为围岩只承受压力不承受拉力。模型高10.43m,宽8.26m,纵向宽度1m,衬砌厚度0.45m。模型环向每1m划分一个单元,模型径向分为6层,模型纵向分为4层。模型的外层,即施加荷载面上,每一径向处会形成5个节点,围岩均布荷载平均分布于5个节点上,模型如图5-1所示。

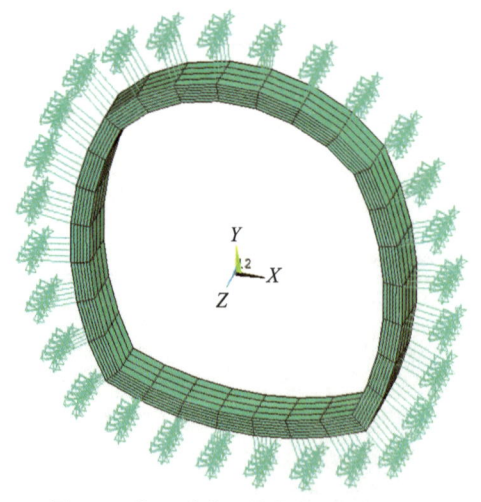

图5-1 常温隧道三维荷载-结构模型

2)计算参数

二次衬砌采用 C35 混凝土，钢筋采用 HRB400，二次衬砌建筑材料参数见表 5-1。

表 5-1　建筑材料参数表

二衬建筑材料	γ /(kN/m³)	E_c /GPa	R_a /MPa	R_1 /MPa	计算强度 /MPa
C35 混凝土	23	32.5	25.7	2.4	—
HRB400 钢筋	78.5	200	—	—	400

结构计算中，钢筋混凝土采用等效弹模。因为衬砌结构主要是偏心受压，所以采用抗弯刚度进行弹模等效，计算公式为

$$E_{效} = \frac{E_1 I_1 + E_2 I_2}{I} \tag{5-1}$$

式中，E_1 为混凝土弹性模量(GPa)；I_1 为混凝土截面惯性矩(m⁴)；E_2 为钢筋弹性模量(GPa)；I_2 为钢筋截面惯性矩(m⁴)；I 为截面总惯性矩(m⁴)。

根据表 5-1 和计算公式以及《铁路隧道设计规范》(TB 10003—2016)可以计算得出二次衬砌的材料参数见表 5-2。

表 5-2　C35 钢筋混凝土参数表

二次衬砌	等效弹性模量/GPa	密度/(kN/m³)	泊松比
数值	33.9	2500	0.2

围岩级别为 V 级围岩。围岩参数根据《铁路隧道设计规范》(TB 10003—2016)取值，见表 5-3。

表 5-3　围岩的物理力学指标

围岩级别	重度 γ /(kN/m³)	弹性反力系数 K /(MPa/m)	变形模量 E/GPa	泊松比 v	内摩擦角 /°	粘聚力 C /MPa	计算摩擦角 /°
V	20	200	1.5	0.40	24	0.1	40

3)计算荷载

桑珠岭隧道高地温段为深埋，根据《铁路隧道设计规范》(TB 10003—2016)计算隧道衬砌荷载，计算结果如表 5-4 所示。在每处环向单元的交界处，沿隧道纵向共有 4 层单元，形成 5 个节点，均布荷载通过乘以相邻节点处相应的面积，将均布荷载转换为集中力平均施加于 5 个节点上。

表 5-4　荷载计算表

荷载	围岩垂直均布荷载	围岩水平均布荷载	二衬垂直均布荷载	二衬水平均布荷载
取值/kPa	190.944	76.3776	95.472	38.189

4) 衬砌应力特性分析

通过计算，获得了常温隧道衬砌结构的应力。选取衬砌结构的最大拉应力和最大压应力进行分析，分别获得应力云图，如图 5-2、图 5-3 所示。

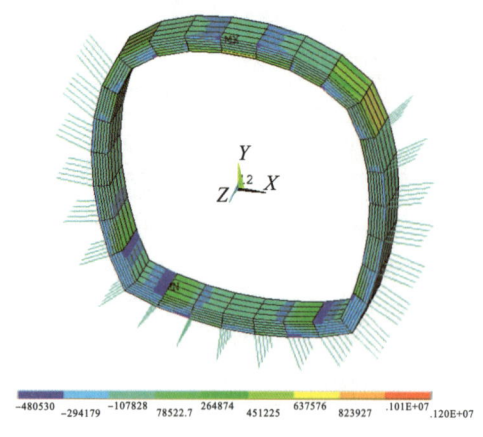

图 5-2　常温隧道第一主应力云图　　　　图 5-3　常温隧道第三主应力云图

提取衬砌结构内外侧墙脚、边墙、拱腰、拱肩和拱顶处的应力作出衬砌结构内外侧的横断面应力分布图，如图 5-4 和图 5-5 所示。

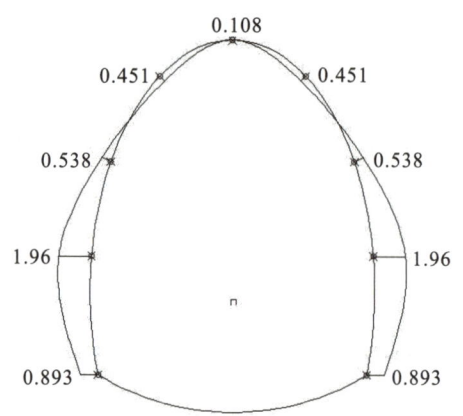 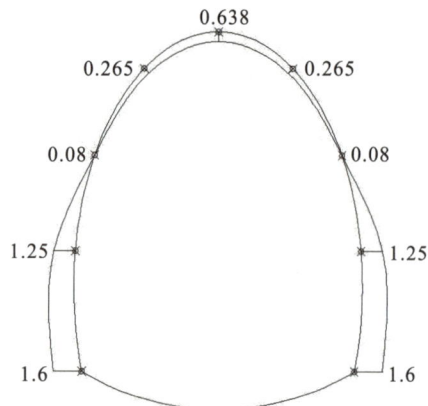

图 5-4　常温隧道二次衬砌外侧应力（单位：MPa）　　图 5-5　常温隧道二次衬砌内侧应力（单位：MPa）

由图 5-4、图 5-5 可知，基于数值计算的结果，常温隧道二次衬砌的内外侧在墙脚和边墙处主要受到压应力，最大值为边墙二次衬砌的外侧的压应力，达到了 1.96MPa。由边墙向拱部过渡，衬砌结构从受压状态变为受拉状态，二次衬砌外侧的最大拉应力位于拱肩处，为 0.451MPa，二次衬砌内侧的最大拉应力位于拱顶处，为 0.638MPa。由于模型尺寸对称且荷载对称，所以二次衬砌的应力情况对称。

2. 常温隧道安全系数及裂缝

针对常温隧道的二次衬砌进行安全系数和衬砌裂缝研究，利用有限元计算软件，建立二维荷载-结构模型。

安全系数和裂缝宽度分析

(1)结构受力分析。

通过有限元软件数值计算,获得了结构的弯矩、轴力和剪力图,如图5-6~图5-8所示。

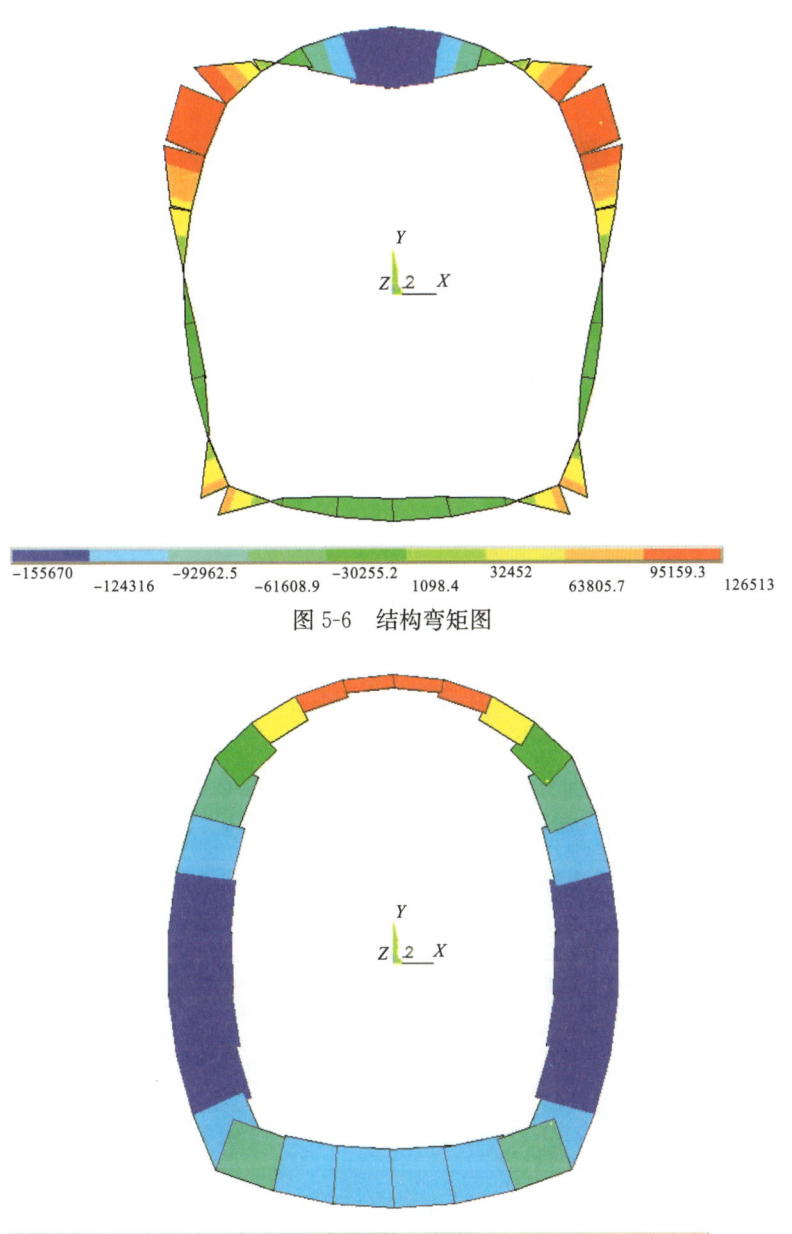

图 5-6 结构弯矩图

图 5-7 结构轴力图

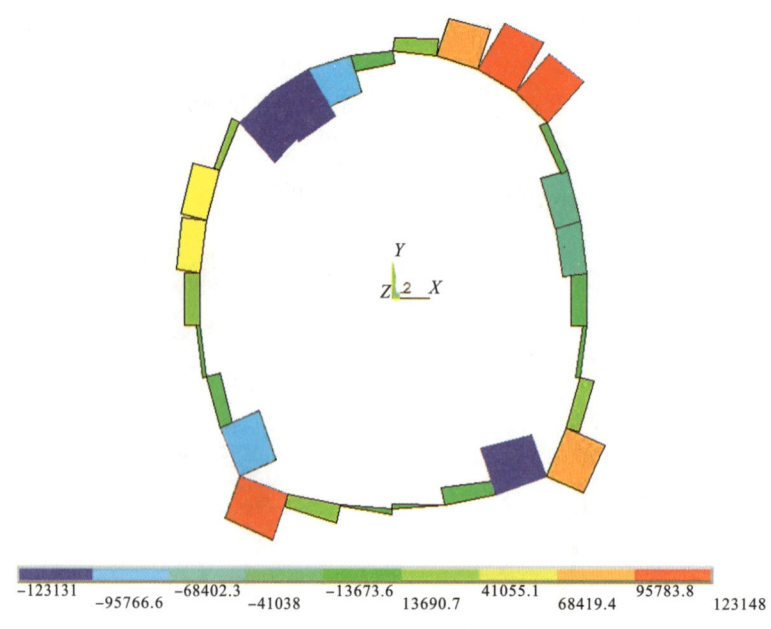

图 5-8 结构剪力图

对图 5-6～图 5-8 进行分析,可得出如下结论:

① 二次衬砌拱顶和拱肩受到较大弯矩。拱顶外侧受压内侧受拉,最大弯矩为 0.15MN·m,拱肩为内侧受压外侧受拉,弯矩为 0.13MN·m。

② 二次衬砌边墙处轴力为最大值,为 0.48MN。

(2)结构安全系数分析。

已知结构轴力、弯矩和剪力,根据《铁路隧道设计规范》(TB 10003—2016),采用破损阶段法计算衬砌结构的安全系数,并统计右墙脚、右边墙、右拱腰、右拱肩、拱顶、左拱肩、左拱腰、左边墙和左墙脚的安全系数值,见表 5-5。

表 5-5 安全系数表

位置	右墙脚	右边墙	右拱腰	右拱肩	拱顶	左拱肩	左拱腰	左边墙	左墙脚
安全系数	11.34	20.17	4.56	26.47	3.58	8.48	5.33	25.93	28.92
偏心类型	大偏心	小偏心	大偏心	大偏心	大偏心	大偏心	大偏心	小偏心	小偏心
控制标准	受拉控制	受压控制	受拉控制	受拉控制	受拉控制	受拉控制	受拉控制	受压控制	受压控制
节点编号	1	4	7	9	11	24	12	15	18
安全判断	安全	安全	安全	安全	安全	安全	安全	安全	安全

(3)结构裂缝分析。

根据《铁路隧道设计规范》(TB 10003—2016),钢筋混凝土衬砌结构构件,考虑长期荷载作用的影响进行计算时,表面裂缝计算宽度限制不应大于 0.2mm。根据上述规范计算。隧道衬砌混凝土最大裂缝宽度,见表 5-6。

表 5-6 裂缝宽的统计表

位置	右墙脚	右边墙	右拱腰	右拱肩	拱顶	左拱肩	左拱腰	左边墙	左墙脚
节点编号	1	4	7	9	11	24	12	15	18
裂缝宽度/mm	0.038	0.022	0.069	0.016	0.166	0.038	0.136	0.142	0.055

5.1.2 高温隧道二次衬砌力学特性研究

本节针对高地温隧道二次衬砌开展了现场工作，并进行有限元数值模拟，研究了隧道二次衬砌在围岩高温下的力学特性。第 3 章中，基于现场测试和数值模拟，已经提出了高地温隧道的荷载计算模式。在本章中予以运用，并进一步通过二次衬砌的现场测试结果验证其实用性。以此为基础，进行不同温度的高地温隧道二次衬砌的数值模拟，研究高地温隧道二次衬砌的应力特性、安全系数和裂缝宽度的变化规律。

1. 二次衬砌现场测试试验

针对桑珠岭隧道 D1K175+176 及 D1K175+188 两个断面开展了二次衬砌应力及温度的现场测试工作。

1）混凝土内力监测数据与分析

针对两个二次衬砌断面进行内力的监测，每个断面分别在二次衬砌左边墙、左拱腰、拱顶、右拱腰和右边墙内外侧各布设 1 个应力应变计，每个断面安装 10 个测点计，并按照设计频率对数据进行采集，现场安装如图 5-9、图 5-10 所示。

图 5-9 应力应变计安装

图 5-10 拱顶应力应变计

桑珠岭隧道二次衬砌混凝土内外侧应力时程曲线图以及横断面分布图分别如图 5-11～图 5-14 所示。通过对结果的分析可以得出：

(1) D1K175+176 试验断面处混凝土外侧应力在前 8 天随时间增加变化较快，8 天后随时间增加变化较慢，12 天后基本稳定；混凝土内侧应力在前 6 天随时间增加变化较快，6 天后随时间增加变化减慢，12 天后基本稳定。

(2) D1K175+176 试验断面处混凝土外侧左拱腰和拱顶受拉，其余各部位受压，最大压应力为 2.08MPa，位于右边墙，最大拉应力为 0.56MPa，位于拱顶；混凝土内侧除拱顶受拉外，其余各部位均受压，最大压应力为 1.46MPa，位于左边墙，最大拉应力为 0.62MPa，位于拱顶。

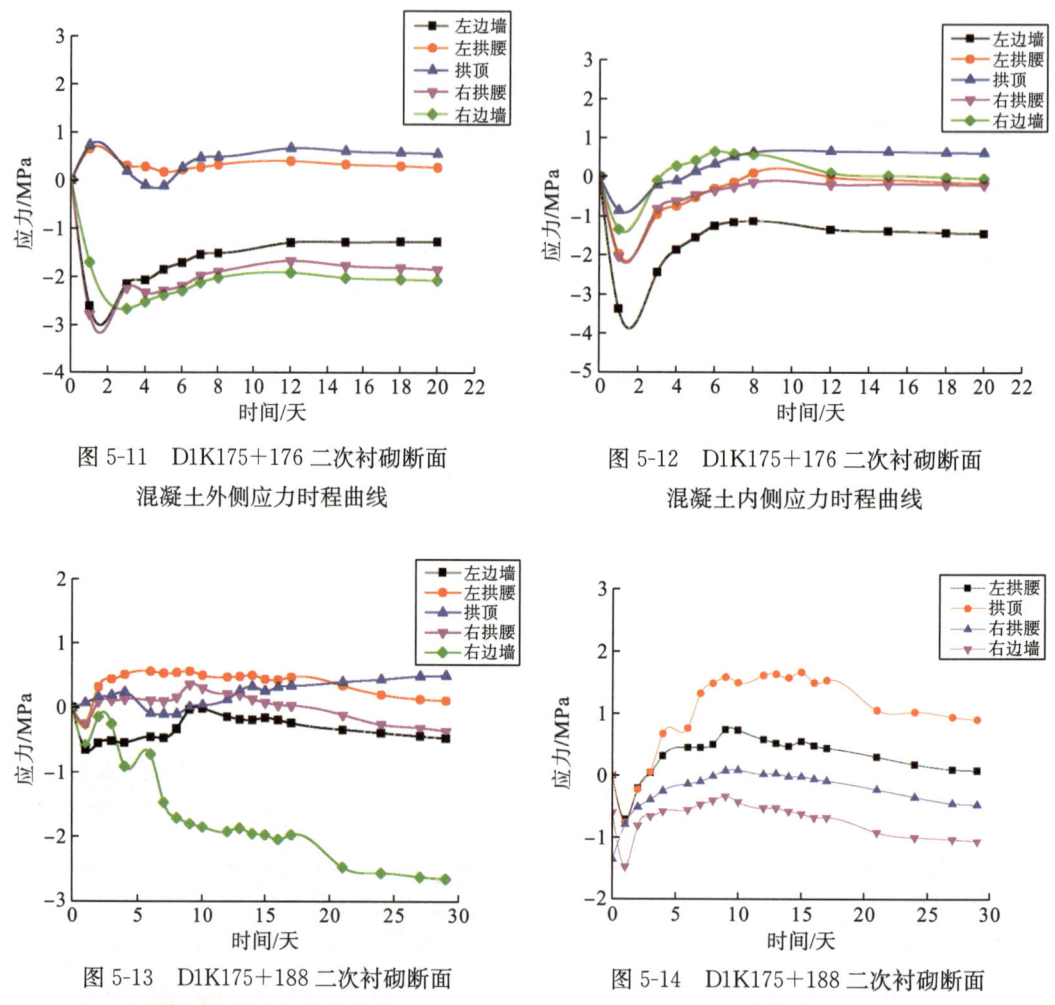

图 5-11　D1K175+176 二次衬砌断面混凝土外侧应力时程曲线

图 5-12　D1K175+176 二次衬砌断面混凝土内侧应力时程曲线

图 5-13　D1K175+188 二次衬砌断面混凝土外侧应力时程曲线

图 5-14　D1K175+188 二次衬砌断面混凝土内侧应力时程曲线

(3) D1K175+188 试验断面处混凝土外侧应力在前 10 天随时间增加变化较快，10 天后随时间增加变化较慢，20 天后基本稳定；混凝土内侧应力在前 10 天随时间增加变化较快，10 天后随时间增加变化较慢，20 天后基本稳定。

(4) D1K175+188 试验断面处混凝土外侧左拱腰和拱顶处受拉，其余各部位受压，最大压应力为 2.65MPa，位于右边墙，最大拉应力为 0.50MPa，位于拱顶；混凝土内侧除左拱腰和拱顶受拉外，其余各部位均受压，最大压应力为 1.06MPa，位于右边墙，最大拉应力为 0.90MPa，位于拱顶。

2)混凝土温度监测数据与分析

对桑珠岭隧道两个试验断面二次衬砌进行温度监测,因为二次衬砌各点温度较为均匀,所以每个断面只安装了 1 个温度计,断面 1 的测试点位于左边墙处,断面 2 的测试点位于右边墙处。温度计埋于喷射混凝土内部,并按照设计频率对数据进行采集,现场安装如图 5-15、图 5-16 所示。

图 5-15　温度计走线

图 5-16　温度计埋设

根据测试数据作出温度变化的时程曲线,如图 5-17、图 5-18 所示。

由图 5-17、图 5-18 可以得出以下结论:

(1) D1K175+176 试验断面处二次衬砌温度在 5 天内呈线性快速降低,第 12 天后温度趋于稳定。

(2) D1K175+188 试验断面处二次衬砌温度在 5 天内呈线性快速降低,5 天后降温速率变缓,15 天后温度趋于稳定。

(3) 由两个试验断面的温度测试结果可以得出,二次衬砌混凝土在浇筑后的 1 天时间内受到混凝土水化热的影响并且达到峰值,温度可达 55~60℃。

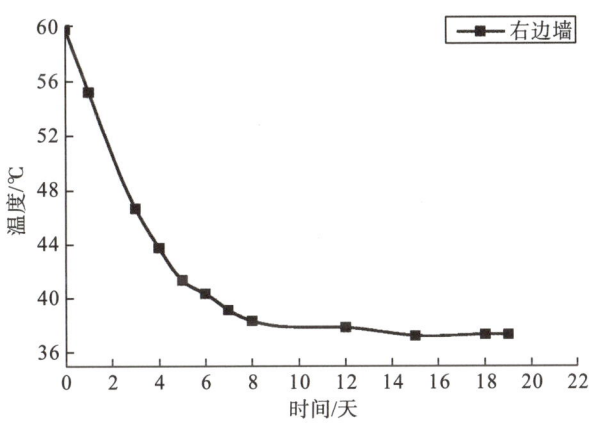

图 5-17　D1K175+176 二次衬砌温度时程曲线

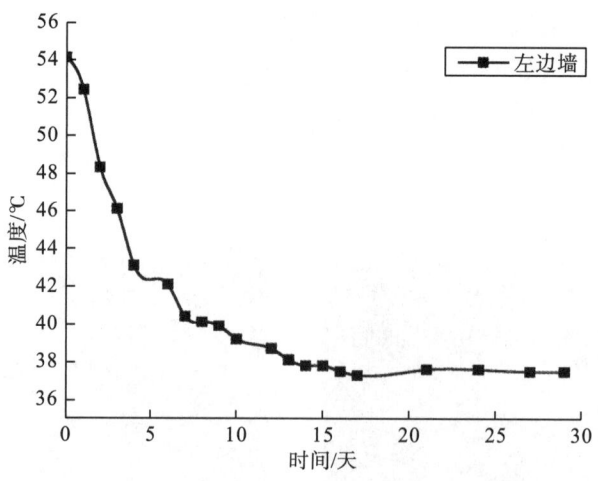

图 5-18　D1K175+188 二次衬砌温度时程曲线

2. 高温隧道应力应变特性

基于第 3 章中的高地温荷载修正公式,对三维的荷载-结构模型施加荷载,数值计算得出现场情况下的衬砌结构应力,并与现场二次衬砌的实测结果进行对比,进一步证明高地温围岩荷载计算模型的可行性。以此为基础,研究其余温度下,高地温隧道二次衬砌的应力并研究其变化规律。

1) 计算工况

采用高地温隧道温度等效荷载计算模型选取工况为无温度场、40℃、45℃、50℃、60℃ 和 80℃。其中无温度场时的荷载计算方法采用规范中的荷载计算方法。经过计算可得各工况下的二次衬砌所承受的垂直荷载和均布荷载。因围岩为Ⅴ级围岩,依据规范,取二次衬砌的荷载分担比为 0.5。计算工况如表 5-7 所示。

表 5-7　工况统计表

编号	1	2	3	4	5
围岩初始温度	无温度场	40℃	50℃	60℃	80℃
垂直荷载/kPa	95.472	98.336	106.929	117.430	148.936
垂直荷载修正系数	无	1.03	1.12	1.23	1.56
水平均布压力系数	0.4	0.29	0.34	0.42	0.68
水平荷载/kPa	38.189	28.517	36.356	49.321	101.277

2) 荷载公式合理性验证

现场测试时,试验断面围岩的初始温度为 45℃。现场试验项目中,选取了两个试验断面对二次衬砌的左拱腰、左拱肩、拱顶、右拱肩和右拱腰处混凝土的内侧和外侧进行应力测试。选取工况 3(围岩初始温度为 45℃)的数值计算结果与现场应力测试结果进行比较,见图 5-19~图 5-22。

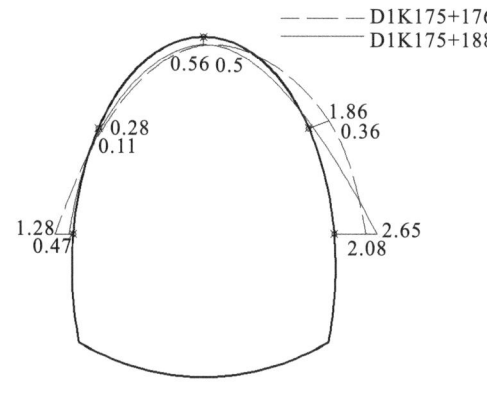

图 5-19　二次衬砌现场测试外
侧应力图（单位：MPa）

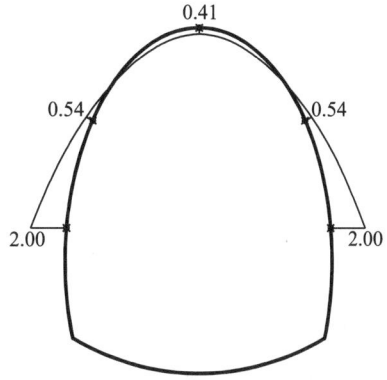

图 5-20　数值模拟外侧应力图
（单位：MPa）

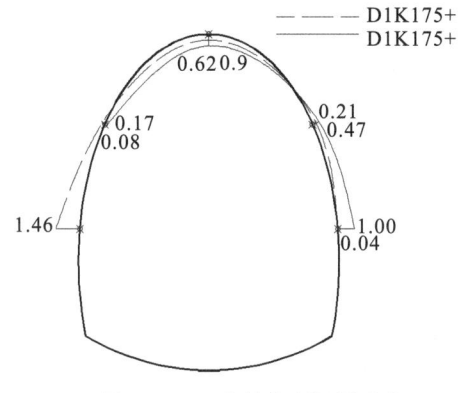

图 5-21　二次衬砌现场测试内
侧应力图（单位：MPa）

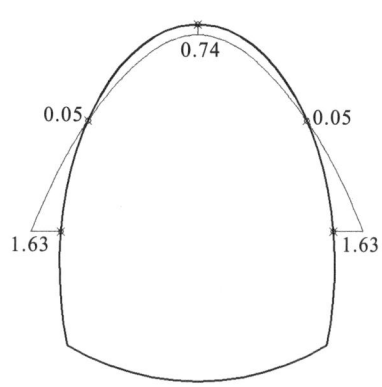

图 5-22　二次衬砌数值模拟内侧应力图
（单位：MPa）

由图可知，二次衬砌边墙外侧受到压应力，由边墙向拱顶，受力逐渐从受压转变为受拉。两个断面最大压应力均出现在边墙处，分别为 2.08MPa 和 2.65MPa。拱顶处出现最大拉应力，分别为 0.56MPa 和 0.5MPa。对应温度场的数值计算结果中，衬砌结构呈现出相同的应力分布特征，即边墙处受压，由边墙逐渐向拱顶，压应力趋势逐渐减小。衬砌结构压应力的最大值为 2MPa，出现在边墙处，最大拉应力为 0.41MPa，出现在拱顶处。数值计算结果与两个现场测试断面相比，最大压应力分别相差 3.8% 和 24.5%，平均相差百分比为 14.1%；最大拉应力分别相差 18% 和 26.7%，平均相差 22%。

D1K175+188 试验断面左边墙内侧的应力传感器试验过程中破损，未能测得有效数据。由现场所测得各点应力可知，二次衬砌内侧混凝土边墙处受压，拱顶处受拉，两个试验断面最大压应力出现在边墙处，分别为 1.46MPa 和 1MPa。最大压应力出现在拱顶处，分别为 0.62MPa 和 0.9MPa。对应工况的数值计算结果也呈现出相同的应力变化趋势，即边墙受压，由边墙向拱顶，衬砌的应力状态逐渐从受压变为受拉。数值计算中，最大压应力出现在边墙处，为 1.63MPa，与现场实测两个断面的最大压应力值分别相差 10.43% 和 38.6%，平均为 24.51%。最大拉应力出现在拱顶处，为 0.74MPa，与现场实测的最大拉应力值分别相差 16.2% 和 17.8%，平均为 17%。

将隧道衬砌结构现场测试和数值计算果进行统计，得表 5-8。二次衬砌内外侧应力的对比结果表明，数值计算结果与现场实测结果的误差在可接受范围内。这也再次证明了前述提出的高地温隧道温度等效荷载计算模型的合理性。

表 5-8　二次衬砌现场实测与数值模拟对比

二次衬砌外侧应力					
研究方式	拉应力分布	最大拉应力/MPa	压应力分布	最大压应力/MPa	对比结果
现场试验	拱腰、拱顶	0.56/0.5	边墙、拱腰	2.08/2.65	压应力平均偏差14.1%，拉应力平均偏差22%
数值模拟	拱顶	0.41	边墙、拱腰	2.00	
二次衬砌内侧应力					
研究方式	拉应力分布	最大拉应力/MPa	压应力分布	最大压应力/MPa	对比结果
现场试验	拱腰、拱顶	0.62/0.9	边墙、拱腰	1.46/1.00	压应力平均偏差24.51%，拉应力平均偏差17%
数值模拟	拱腰、拱顶	0.74	边墙、拱腰	1.63	

3) 结构受力变形分析

针对各个工况进行数值计算，获得了各种工况下衬砌结构墙脚、边墙、拱腰、拱肩和拱顶处，内外侧混凝土的应力。综合不考虑温度场的计算结果，将二次衬砌外侧混凝土应力进行统计并绘制于同一横断面图上，受压的点作在轮廓线外，受拉的点作在轮廓线内，进而获得图 5-23、图 5-24。

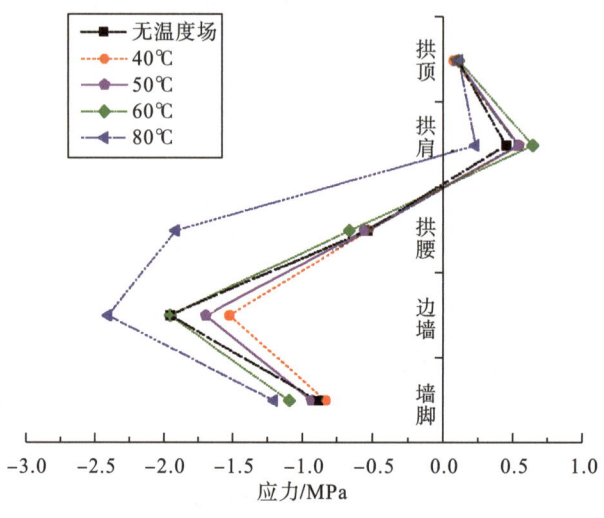

图 5-23　各工况下二次衬砌外侧应力

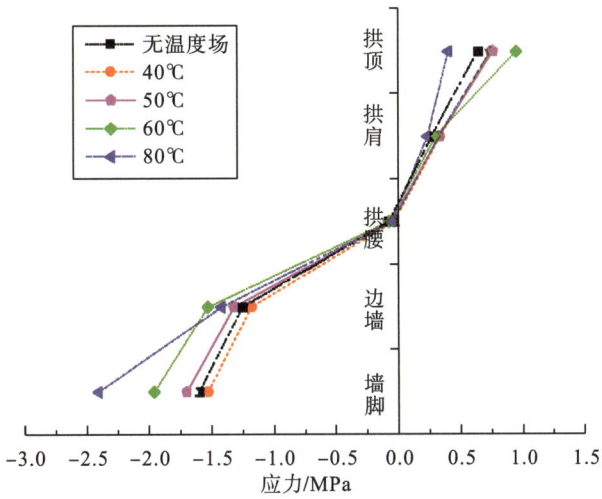

图 5-24 各工况下二次衬砌内侧应力

由图 5-23 可知，各计算工况，二次衬砌外侧在墙脚和边墙处均受压，且在边墙处取得压应力最大值。由边墙向拱顶的过程中，衬砌结构的应力逐渐由受压变成受拉。最大拉应力出现在拱肩处，拱顶处受拉较小。无温度场的计算工况，边墙处的最大压应力值较大，原因是无温度场的计算工况中，侧向均布压力系数是依据规范和经验进行选取的，取值较大，因而对数值计算结果的影响较大。由计算结果可得，衬砌结构压应力值随温度升高呈现出增大趋势，但各点增大速率存在一定的差异。拉应力值随温度的增长呈现出一种波动性变化。

由图 5-24 可知，各计算工况中，二次衬砌内侧在墙脚和边墙处均受压，且在墙脚处取得压应力最大值。由墙脚向拱顶的过程中，衬砌结构的应力逐渐由受压变成受拉。应力类型变化点通常出现在拱腰与拱肩之间。拱顶处出现最大拉应力值。由计算结果可得，衬砌结构压应力值随温度升高呈现出增大趋势，但各点增大速率存在一定的差异。拉应力值随温度的增长呈现出增大趋势但同时存在一定的波动。将各工况下拉压应力的分布及其数值进行统计，进而获得表 5-9、表 5-10。根据表格汇总的内容，绘制出最大拉压应力值随围岩温度的变化规律。

表 5-9 二次衬砌外侧应力统计表

工况	压应力分布	最大压应力/MPa/位置	拉应力分布	最大拉应力/MPa/位置
无温度	墙脚、边墙、拱腰	1.96/边墙	拱肩、拱顶	0.451/拱肩
40℃	墙脚、边墙、拱腰	1.53/边墙	拱肩、拱顶	0.540/拱肩
50℃	墙脚、边墙、拱腰	1.70/边墙	拱肩、拱顶	0.540/拱肩
60℃	墙脚、边墙、拱腰	1.96/边墙	拱肩、拱顶	0.642/拱肩
80℃	墙脚、边墙、拱腰	2.41/边墙	拱肩、拱顶	0.231/拱肩

表 5-10　二次衬砌内侧应力统计表

工况	压应力分布	最大压应力/MPa/位置	拉应力分布	最大拉应力/MPa/位置
无温度	墙脚、边墙	1.60/墙脚	拱腰、拱肩、拱顶	0.738/拱顶
40℃	墙脚、边墙	1.53/墙脚	拱腰、拱肩、拱顶	0.745/拱顶
50℃	墙脚、边墙	1.70/墙脚	拱腰、拱肩、拱顶	0.756/拱顶
60℃	墙脚、边墙	1.96/墙脚	拱腰、拱肩、拱顶	0.945/拱顶
80℃	墙脚、边墙	2.41/墙脚	拱腰、拱肩、拱顶	0.403/拱顶

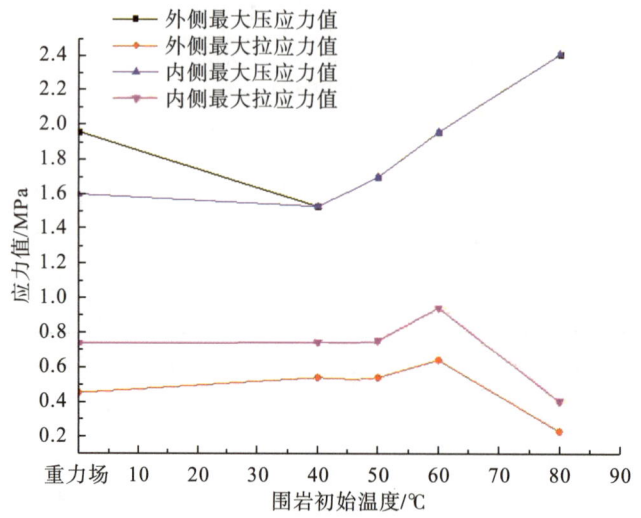

图 5-25　二次衬砌应力值随围岩初始温度变化

由统计表 5-9、表 5-10 和图 5-25 可知，衬砌结构内外侧最大压应力分别出现在墙脚和边墙处。最大压应力体现出的趋势均是随着围岩温度的升高而升高。对于只有重力场的计算工况，由于均布侧压力系数按规范取值为 0.4，大于围岩初始温度为 40~50℃ 工况下的均布侧压力系数，只有重力工况下的最大压应力值较大。当围岩初始温度大于 60℃ 后，侧压力系数大于无温度场时侧压力系数并继续增大，因而压应力增大幅度更加明显。

内外侧最大拉应力值变化趋势一致，分别位于拱顶和拱肩，内侧拉应力大于外侧拉应力。拉应力值随温度波动性变化，40~60℃，拉应力值随温度升高有轻微的增大。但在 80℃ 时，拉应力值较大幅度减小。原因是随着围岩初始温度升高，围岩垂直荷载增大，但同时围岩的侧压力系数也在增大，而且增大幅度比垂直荷载的更大，进而使得衬砌内拉应力值上下波动并最终减小。

3. 高温隧道安全系数及裂缝

针对高温隧道的二次衬砌进行安全系数和衬砌裂缝研究，利用有限元计算软件，建立二维荷载-结构模型如图 5-26。计算工况、设计荷载、材料参数选取以及模型尺寸大小等均与前述三维模型相同。结构截面安全系数计算方法参考《铁路隧道设计规范》(TB10003—2016)，隧道钢筋混凝土衬砌按破损阶段检算构件截面强度时，根据结构所受的不同荷载组合，混凝土达到极限抗压强度时结构安全系数取 1.7，达到抗拉极限强度时结构安全系数取 2.0。钢筋混凝土衬砌结构构件表面裂缝计算宽度限值不应大于 0.2mm。

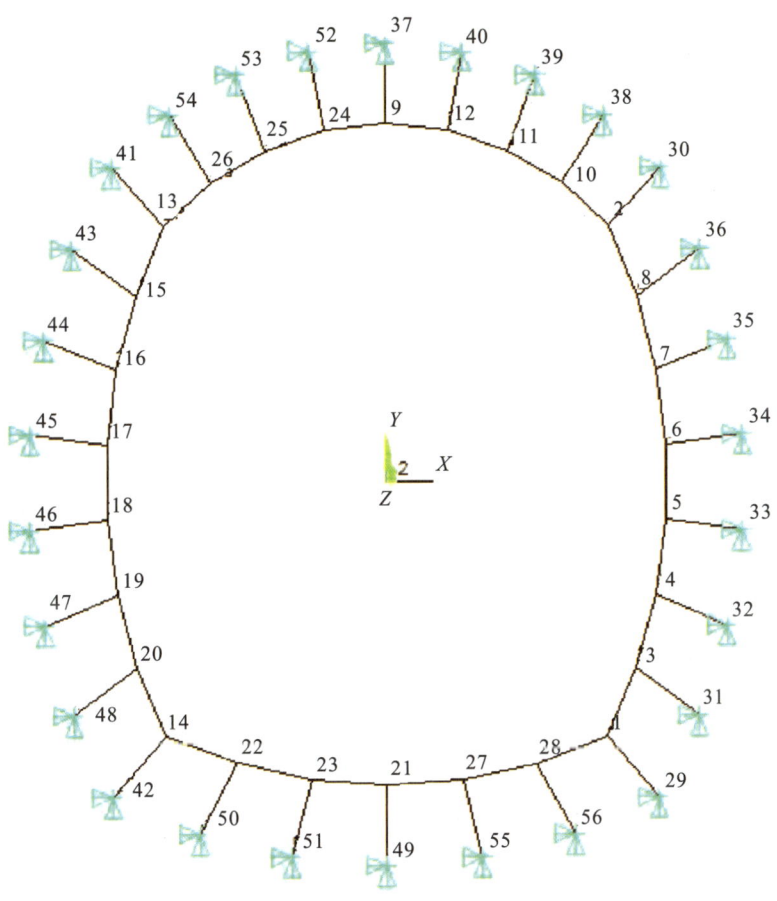

图 5-26　数值计算模型

1) 结构力学特性分析

通过数值计算获得了各工况下衬砌结构的弯矩、轴力和剪力如图 5-27。综合无温度场和高温条件下的结构受力特征，计算获得相应的结构裂缝和安全系数。

(1)结构受力分析。

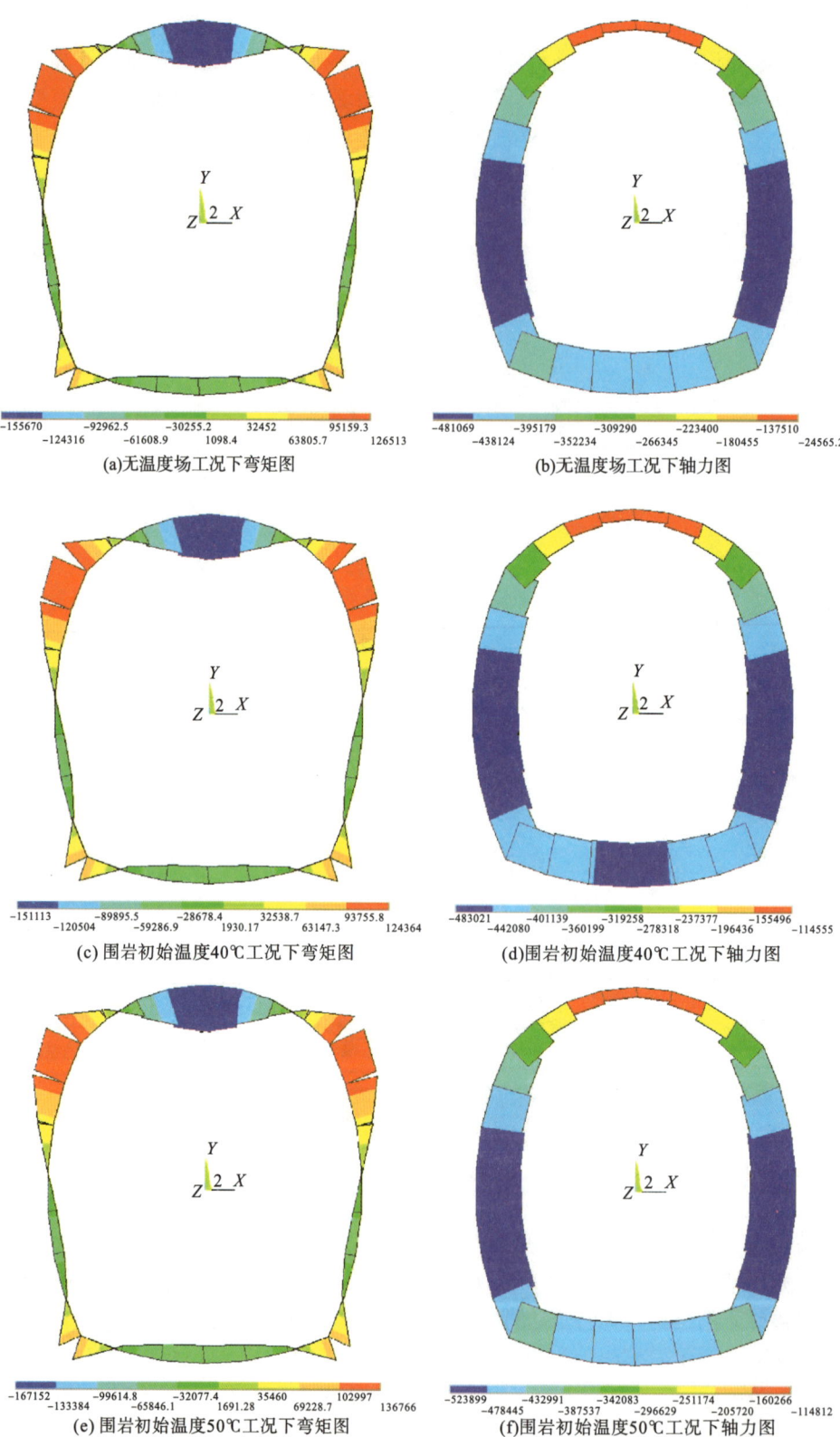

(a)无温度场工况下弯矩图　(b)无温度场工况下轴力图
(c)围岩初始温度40℃工况下弯矩图　(d)围岩初始温度40℃工况下轴力图
(e)围岩初始温度50℃工况下弯矩图　(f)围岩初始温度50℃工况下轴力图

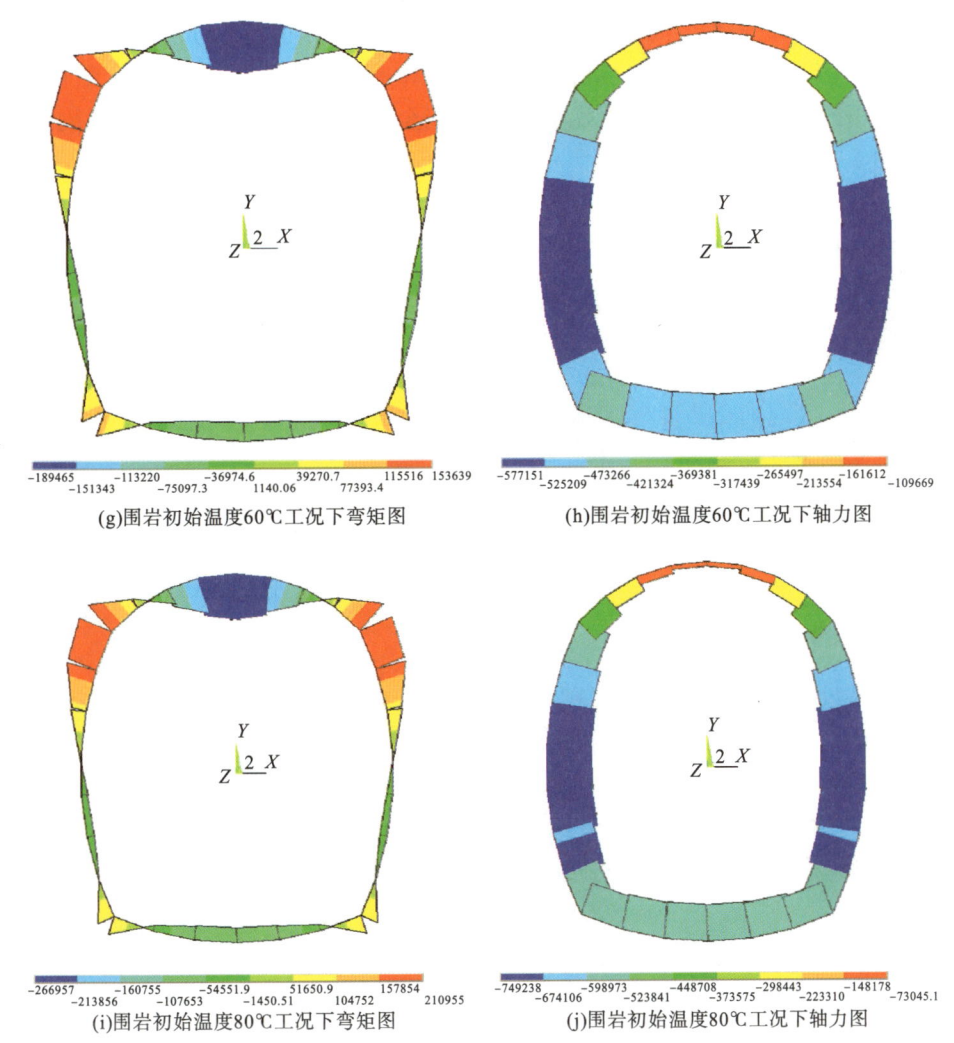

图 5-27 各计算工况下弯矩图和轴力图

由计算结果可知,各计算工况下衬砌结构的受力状态相同,均在拱肩和拱顶处受到较大弯矩,拱顶处受力状态为内侧受拉外侧受压。边墙处轴力为最大值。

(2) 结构安全系数分析。

通过轴力和弯矩,计算出各工况下的安全系数,并进行统计,见表 5-11。

表 5-11 安全系数统计表

工况	右墙脚	右边墙	右拱腰	右拱肩	拱顶	左拱肩	左拱腰	左边墙	左墙脚
无温度场	11.34	20.17	4.56	26.47	3.58	8.48	5.33	25.93	28.92
40℃	10.7	19.85	4.97	27.56	3.26	10.12	5.57	26.17	27.89
50℃	10.08	18.42	4.41	24.76	3.15	8.6	5.17	23.96	26.28
60℃	9.7	16.91	3.78	21.27	2.43	6.86	4.72	21.5	24.58
80℃	8.73	13.46	2.42	12.06	1.39	3.64	3.79	16.02	20.87

由表 5-11 可知，每种工况下安全系数的最小值均出现在拱顶处。选取每种工况下的最小安全系数，得最小安全系数随温度的变化规律曲线。以无温度场时的工况为基准，将其余工况下的最小安全系数与无温度场时的安全系数进行比较，进行无量纲化处理，进而获得图 5-28、图 5-29。

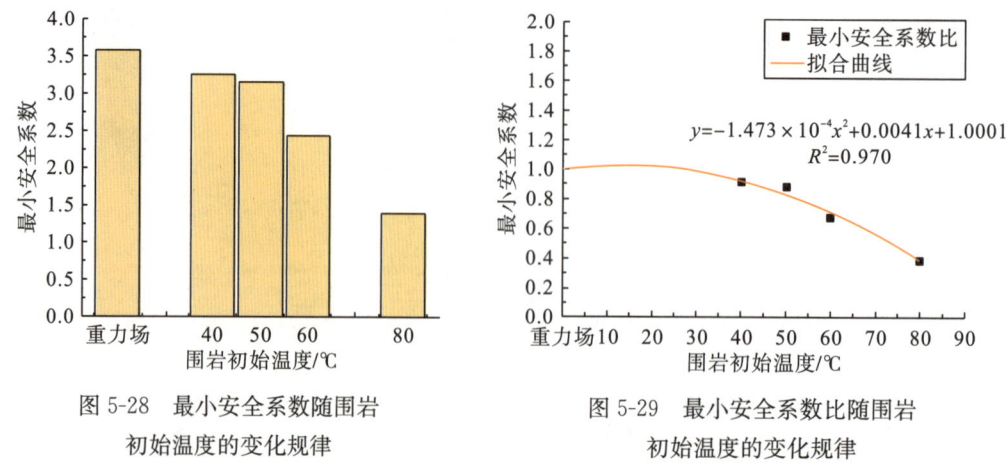

图 5-28　最小安全系数随围岩初始温度的变化规律

图 5-29　最小安全系数比随围岩初始温度的变化规律

由安全系数分布图可知，围岩温度会对衬砌结构安全系数造成影响，无温度场时的衬砌结构安全系数大于高温条件下衬砌结构的安全系数。有温度场时，最小安全系数随围岩初始温度升高而降低，当围岩初始温度在 50℃ 以前时，降低幅度较缓，50℃ 以后，安全系数的降低幅度增大。通过无量纲化处理后，对最小安全系数比随围岩初始温度的变化规律进行拟合，进而获得拟合公式为：

$$Q = -1.473 \times 10^{-4} t^2 + 0.0041 t + 1.0001 \tag{5-2}$$

式中，Q 为最小安全系数缩小比；t 为围岩初始温度（℃）

当围岩初始温度为 60℃ 时，最小安全系数为 2.43，且处于受拉状态，因此非常接近于安全系数限值 2。随着温度的升高，二次衬砌有破坏趋势。当围岩初始温度为 80℃ 时，最小安全系数为 1.39，已经无法满足规范要求。

（3）结构裂缝分析。

根据《铁路隧道设计规范》（TB 10003—2016），计算隧道衬砌混凝土的裂缝最大宽度，从而计算出各工况下的衬砌裂缝，并进行统计，得表 5-12。

表 5-12　各工况下裂缝宽度统计表　　　　　　　　　　　　（单位：mm）

工况	右墙脚	右边墙	右拱腰	右拱肩	拱顶	左拱肩	左拱腰	左边墙	左墙脚
无温度场	0.038	0.022	0.069	0.016	0.166	0.038	0.136	0.142	0.055
40℃	0.040	0.021	0.066	0.015	0.181	0.034	0.120	0.156	0.052
50℃	0.043	0.024	0.079	0.017	0.194	0.038	0.168	0.174	0.059
60℃	0.045	0.027	0.134	0.020	0.289	0.045	0.210	0.229	0.068
80℃	0.050	0.040	0.331	0.032	0.413	0.070	0.378	0.254	0.282

每种工况下的最大裂缝均出现在拱顶处。选取各工况下裂缝最大值，作出裂缝宽度最大值随围岩初始温度的变化情况。

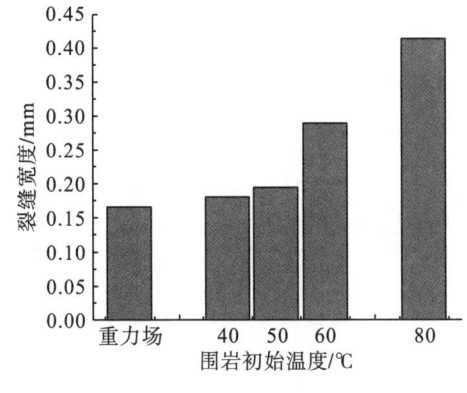

图 5-30　最大裂缝宽度随围岩
初始温度的变化规律

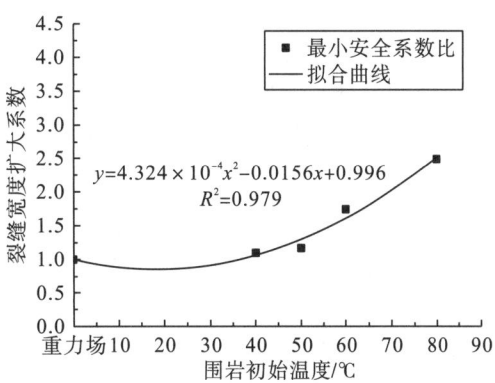

图 5-31　裂缝宽度扩大系数随围岩
初始温度的变化规律

由图 5-30、图 5-31 可知，随着围岩初始温度的升高，裂缝宽度呈现出增大趋势。当初始温度小于 50℃时，裂缝宽度的增幅不明显；当温度大于 50℃后，裂缝宽度随温度的升高的增大速度变大。从位置分布来看，重力场和围岩温度较低的情况下，最大裂缝出现在拱顶处，随着温度的升高，当温度达到 80℃时，拱顶和左右拱腰处的裂缝宽度均大于规范中 0.2mm，因此，随着温度的升高，裂缝的分布范围也存在扩大趋势。

通过无量纲化处理，将最大裂缝宽度比例与围岩初始温度的变化规律进行拟合，获得拟合函数。

$$l = 4.47 \times 10^{-4} t^2 - 0.0167 t + 0.9961 \tag{5-3}$$

式中，t 为围岩初始温度(℃)，l 为裂缝宽度扩大系数。

5.2　高地温隧道合理支护结构型式

5.2.1　隔热材料选择

在高地温隧道修建中，当围岩温度过高时，传统的"初期支护＋防水材料＋二次衬砌"的支护结构体系已不再适应，宜加入新的隔热材料并建立新的支护结构体系。通过资料调研和应用调查，初步选取硅酸盐复合绝热材料和硬质聚氨酯隔热保温材料，并对其隔热效果进行研究。

1. 硅酸盐复合隔热材料

硅酸盐复合隔热材料是一种固体基质联结的封闭微孔网状结构材料，是由含铝、镁、硅酸盐的非金属矿质海泡石为基料，按比例复合加入一定数量的辅助原料和填充料，再加入定量的化学添加剂，先将纤维松解，然后再经混合、搅拌而成的稠状浆体，涂敷在工作面上，干燥后作为隔热层的无机材料，施工方便。也可加工成板型，进行现场黏接施工。

硅酸盐复合隔热材料具有导热系数低、强度高、耐酸耐碱、适用温度范围广、工艺简单和环保阻燃等优点，被广泛应用于墙体保温、管道保温、冷库保温、陶瓷、玻璃及化工等领域。缺点主要表现为干燥周期长、施工过程受季节和气候影响大、抗冲击能力弱、与基体的黏接强度低、干燥收缩大、吸湿率大、装饰性差等。硅酸盐复合隔热材料的主要技术指标如表 5-13 所示。

表 5-13　硅酸盐复合隔热材料的主要技术指标

项目	单位	技术指标
外观	—	灰白色
表观密度	kg/m^3	80100
线收缩率(600℃，6h)	%	≤1.5
抗压强度	kPa	≥50
导热系数	$W/(m·K)$	≤0.045
燃烧性能	—	不燃 A 级
产品规格	mm	100×500×25

2. 硬质聚氨酯隔热保温材料

聚氨酯是一类含有重复的氨基甲酸酯链段的高分子化合物。建筑隔热保温行业主要使用的是硬泡的聚氨酯，施工时可以直接将预置的 PU 板材黏接并固定在隧道防水层表面，也可预留缝隙浇注成型。

硬质聚氨酯隔热保温材料具有优异的隔热性能、较高的结构强度、灵活的加工、极高的黏性、广泛的材料兼容性、有效隔绝蒸汽、质轻、耐酸耐碱等优点，也具有温度适应范围较小、价格较高等缺点，其主要技术指标如表 5-14 所示。

表 5-14　硬质聚氨酯隔热保温材料主要技术指标

项目	单位	技术指标
密度	kg/m^3	30~60
导热系数	$W/(m·K)$	≤0.027
抗拉强度	kg/m^2	2.5~3.5
闭孔率	%	93
吸水率	kg/m^2	0.25

3. 材料比选

采用有限元软件，建立包含隔热材料、初期支护和二次衬砌的二维平面模型，比较硅酸盐复合隔热材料和硬质聚氨酯隔热保温材料的隔热效果。

计算模型中隔热材料、初期支护和二次衬砌均选用 PLANE55 热传导单元。隔热层置于初期支护外侧。隔热层厚度取 10cm，初期支护厚度 25cm，二次衬砌厚 45cm。围岩初始温度定为80℃，内表面空气温度定为28℃。计算模型见图5-32，计算参数见表5-15。

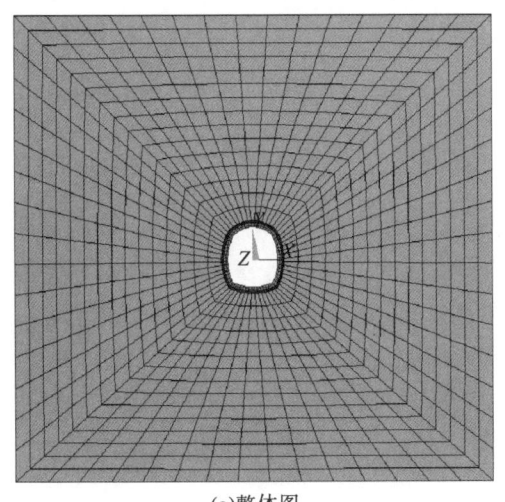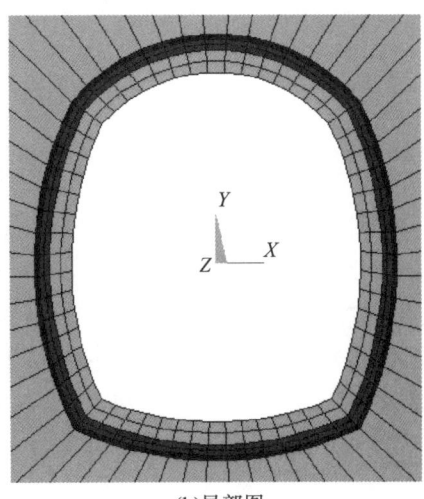

(a)整体图　　　　　　　　　　　　　　　(b)局部图

图 5-32　计算模型

表 5-15　建筑材料导热系数

建筑材料	导热系数/[W/(m·K)]
喷射混凝土	2.944
模筑混凝土	2.944
硅酸盐复合隔热层	0.045
硬质聚氨酯隔热层	0.027

分别在围岩离边墙10m和5m初期支护内、二次衬砌内建立监测点，通过数值计算获得相应的温度云图，如图5-33所示。通过提取监测点的温度，得到各点的温度，见表5-16。

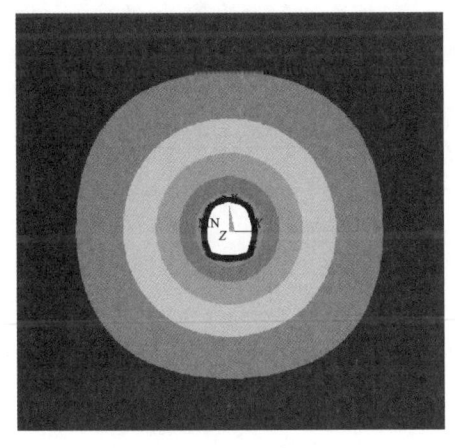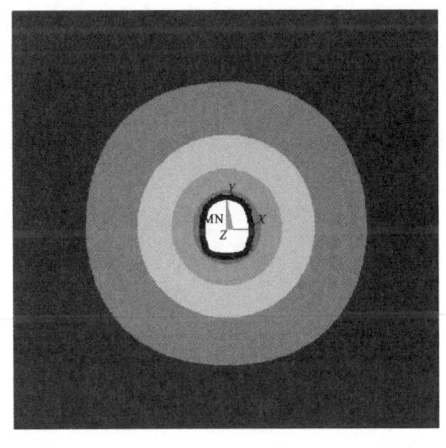

(a)硅酸盐复合隔热层　　　　　　　　　　　(b)硬质聚氨酯隔热层

图 5-33　温度云图

表 5-16 采用不同隔热材料的监测点处温度

隔热层	温度/℃				
	围岩 10m	围岩 5m	初期支护	二次衬砌	二衬内
硅酸盐复合隔热材料	65.3	59.9	33.6	30.8	28
硬质聚氨酯隔热保温材料	62.8	57.2	31.8	29.4	28

由云图中温度的分布范围可知：当采用硬质聚氨酯隔热保温材料时，隔热层外侧围岩温度高于采用硅酸盐复合隔热层时周围围岩的温度，原因是硬质聚氨酯隔热保温材料的导热系数更低，有效地阻挡了围岩热量的传入，保证了衬砌受高地温影响较小。从表格中定量地分析可以得知，采用硬质聚氨酯隔热保温材料时，衬砌温度较低，初期支护和二次衬砌分别降低了 5.4% 和 4.5%。同时，硬质聚氨酯材料的力学性能优于硅酸盐复合隔热材料。因此，选取硬质聚氨酯隔热保温材料作为高地温隧道的隔热材料。

5.2.2 隔热层厚度选择

本模型旨在确认隔热层合理的厚度。隔热层在实际运用中，并非越厚越好。找到合适的隔热层厚度，不仅能够有效地降温隔热还能提高经济性。在此作进一步分析，通过计算确定隔热层厚度和冷能补给量之间的关系。模型以聚氨酯作为隔热层材料，隔热层设置在初期支护和二次衬砌之间，通过改变隔热层厚度，研究隔热层厚度对于支护结构降温效果的影响。

1. 模型和计算参数

计算模型中隔热材料、初期支护和二次衬砌均选用 PLANE55 热传导单元。隔热层置于初期支护和二次衬砌之间。初期支护厚度 25cm，二次衬砌厚 45cm，隔热层位置依据计算工况进行设置。围岩初始温度定为 100℃，内表面空气温度定为 28℃。计算模型见图 5-32，计算参数见表 5-17。

表 5-17 材料性能

材料	喷射混凝土	模筑混凝土	硬质聚氨酯板	围岩
导热系数/[W/(m·K)]	2.944	2.944	0.027	2.300

2. 计算工况

共设置 5 种不同的隔热层厚度以探究隔热层厚度对隔热效果的影响程度。选取初始地温为 100℃，降至工作温度 28℃，工况统计表见表 5-18。

表 5-18 工况统计表

工况号	1	2	3	4	5
隔热层厚度/cm	0	2	5	10	15

3. 计算结果

为将隧道内温度降至 28℃，需要对隧道洞内进行冷能补给以达到降温的效果，通过对前述 5 种工况进行多次试算和比较，可以基本确定其对应的冷能补给值，即单位面积功率值，并乘上隧道周界边长，进而获得了单位长度的冷能补给功率。冷能补给量与隔热层厚度统计如表 5-19 所示。

表 5-19 不同隔热层厚度和冷能补给量

隔热层厚度/cm	0	2	5	10	15
补给冷能/(W/m)	638	513	392	284	223

由图 5-34、图 5-35 可知，冷能补给量随着隔热层厚度增加而逐渐降低，并且降低速率随着厚度的增加而逐渐变缓。厚度由 0 增加到 2cm 的阶段，冷能平均厚度折减量为 62.50W/(m·cm)，厚度由 5cm 增加到 10cm 时，平均折减量为 21.60W/(m·cm)，厚度由 10cm 增加到 15cm 时，平均折减量为 12.20W/(m·cm)。由变化速率可以看出，厚度从 0 变化到 10cm 时，降低速率较快，而当厚度从 10cm 变化到 15cm 时，变化速率变缓。10cm 隔热层能够在合理的冷能供给量下达到隔热降温的效果，而当厚度大于 10cm 后，

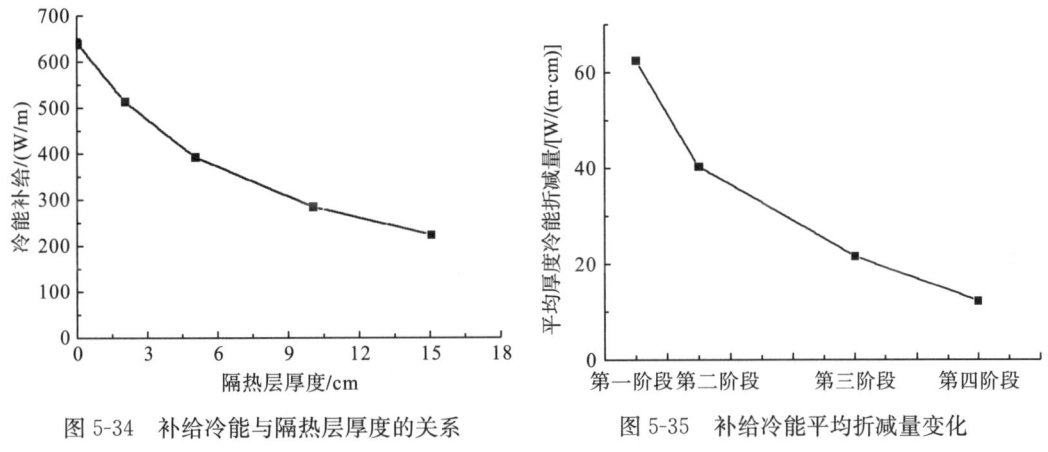

图 5-34 补给冷能与隔热层厚度的关系　　图 5-35 补给冷能平均折减量变化

虽然依旧能增加降温效果但是效果已不明显，且会增加经济成本，因此将 10cm 作为合理的隔热层厚度。

5.2.3 支护结构形式选择

针对不同的温度工况，首先通过有限元软件中的传热模型，计算不同类型支护结构稳定后的温度特性，并借助模块试验得出的结论获得支护材料相关力学参数。然后采用前面所研究的荷载计算公式，计算出所受荷载并通过有限差分软件 3D 和有限元计算软件进行初期支护和二次衬砌的安全性计算。最后，以支护结构的安全性能和降温能力为评判依据，针对不同的热害等级，给出不同的支护结构形式。

1. 支护结构体系隔热效果比选

1)支护结构体系模型及参数

计算模型中隔热材料、初期支护和二次衬砌均选用PLANE55热传导单元。初期支护厚度25cm，二次衬砌厚45cm，隔热层材料选用硬质聚氨酯，厚度定为10cm，隔热层数量和位置依据计算工况进行设置。围岩初始温度定为40℃、60℃和80℃，内表面空气温度定为28℃。每个模型在离边墙10m、5m初期支护内以及二次衬砌内设置温度监测点。材料参数见表5-20。

表 5-20　材料参数

材料	喷射混凝土	模筑混凝土	硬质聚氨酯板	围岩
厚度/cm	25	45	10	—
导热系数/[W/(m·K)]	2.944	2.944	0.027	2.300

2)计算工况

将初期支护、二次衬砌以及隔热层进行组合，并计算各支护结构体系的降温效果。支护结构体系共设置8种工况，温度共设置3种工况，并进行组合，一共得到24种工况，工况说明和组合分别如表5-21~表5-23所示。

表 5-21　支护结构工况表

编号	支护结构体系
1	(围岩+)喷射混凝土+模筑混凝土
2	(围岩+)喷射混凝土+隔热材料+模筑混凝土
3	(围岩+)隔热材料+喷射混凝土+模筑混凝土
4	(围岩+)喷射混凝土+模筑混凝土+隔热材料
5	(围岩+)隔热材料+喷射混凝土+隔热材料+模筑混凝土
6	(围岩+)喷射混凝土+隔热材料+模筑混凝土+隔热材料
7	(围岩+)隔热材料+喷射混凝土+模筑混凝土+隔热材料
8	(围岩+)隔热材料+喷射混凝土+隔热材料+模筑混凝土+隔热材料

表 5-22　温度工况

工况	A	B	C
围岩温度/℃	40	60	80

表 5-23　工况汇总

工况	A				B				C			
支护结构体系	1	2	3	4	1	2	3	4	1	2	3	4
	5	6	7	8	5	6	7	8	5	6	7	8

3)结果分析

通过数值计算获得各工况下支护结构以及围岩的温度场分布云图,列举80℃温度下8种支护体系温度场分布云图,如图5-36所示。

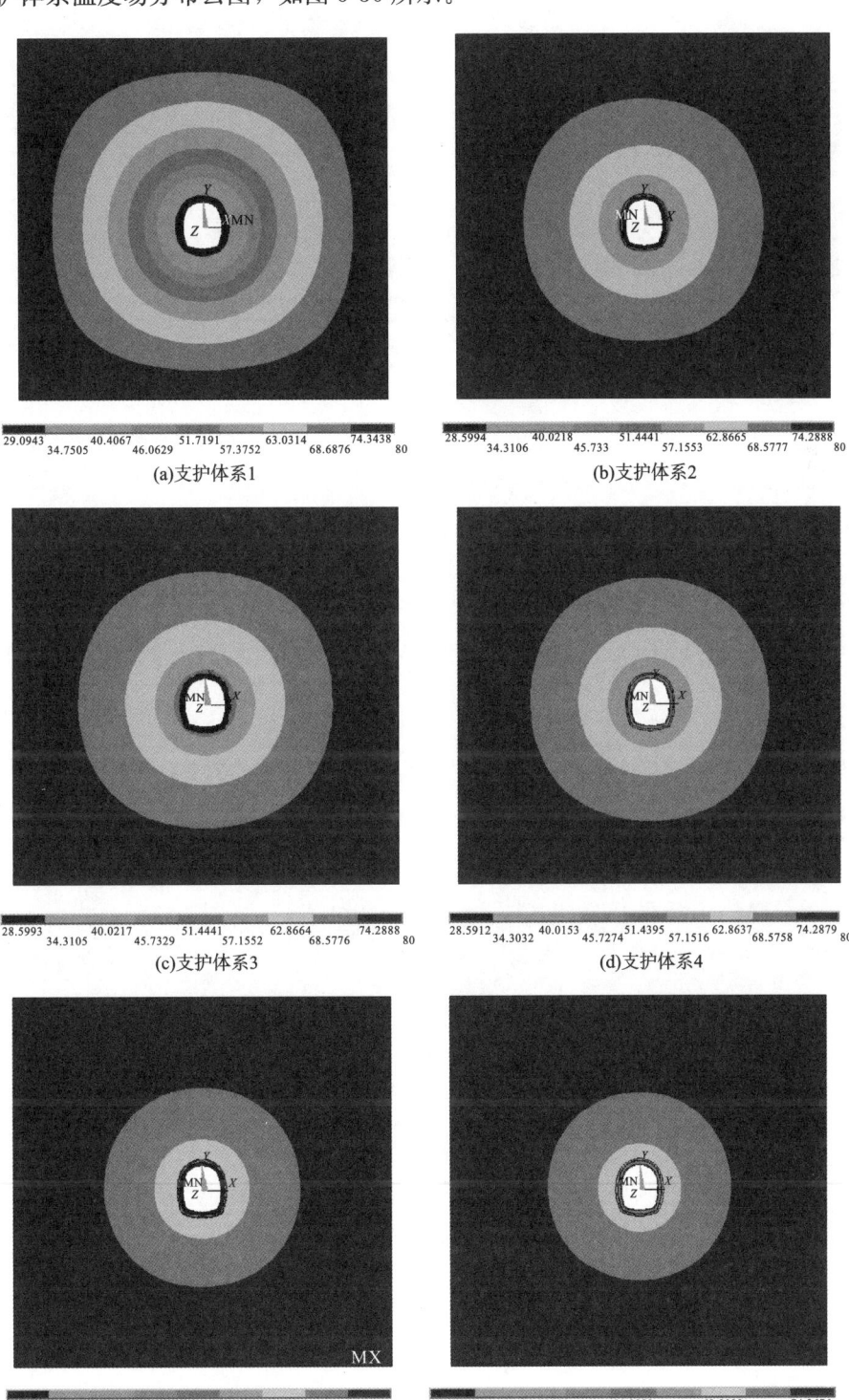

(a)支护体系1　　(b)支护体系2

(c)支护体系3　　(d)支护体系4

(e)支护体系5　　(f)支护体系6

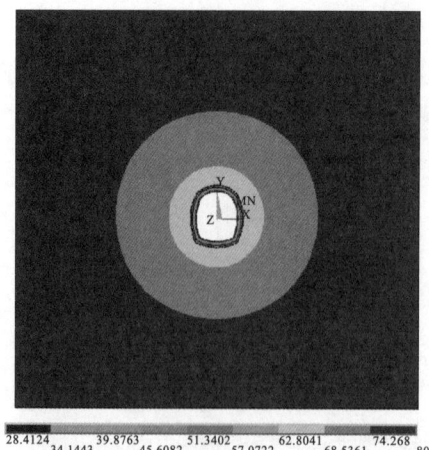 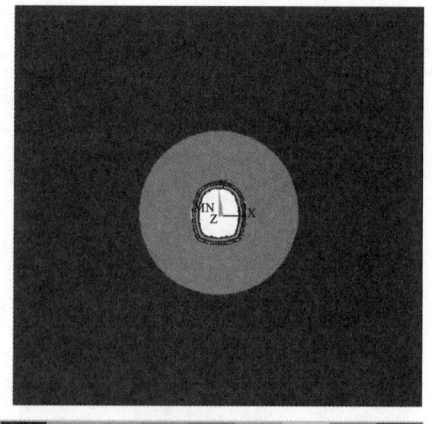

(g)支护体系7　　　　　　　　　　　(h)支护体系8

图 5-36　围岩温度 80℃下各支护体系温度云图

获得了各工况下各监测点的温度，统计如表 5-24 所示。根据表格内容作出各工况下测点温度变化趋势图，如图 5-37~图 5-39 所示。

表 5-24　各工况测点温度统计　　　　　　　　　　（单位：℃）

支护体系	工况 1	工况 2	工况 3	工况 4	工况 5	工况 6	工况 7	工况 8
围岩温度 40℃								
围岩 10m	33.47	35.8	36.1	36.8	37.35	37.8	37.1	38.2
围岩 5m	32.16	34.7	33.4	34.4	36.1	35.6	36.1	37.3
初期支护	29.1	33.4	28.9	34.2	32.1	35.4	32.8	33.4
二次衬砌	28.3	28.1	28.1	33.4	28.1	32.1	32.3	30.7
围岩温度 60℃								
围岩 10m	44.3	49.5	49.9	50.2	52.3	52.9	52.6	52.9
围岩 5m	39.1	45.9	46.1	45.9	49.4	49.8	49.2	50.4
初期支护	29.1	42.4	29.4	44.8	38.8	47.8	39.8	42.3
二次衬砌	28.6	28.3	28.3	42.8	28.3	36.9	37.6	35.3
围岩温度 80℃								
围岩 10m	51.7	61.8	62.86	62.4	68.54	68.9	68.4	68.5
围岩 5m	40.4	56.8	57.2	57.1	62.5	62.8	62.9	65.3
初期支护	34	51	29.3	56	45.61	60.4	45.6	51.3
二次衬砌	29	28	28.6	50.2	28.41	48.2	42.3	39.8

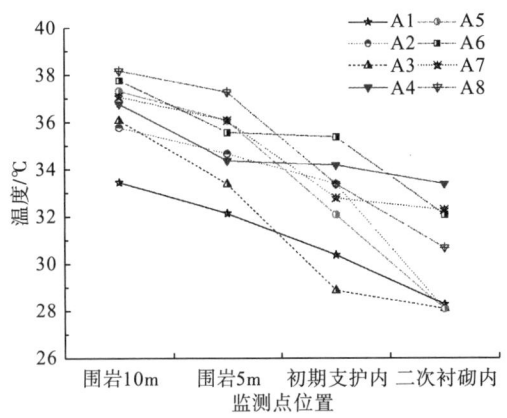

图 5-37 围岩 40℃下各支护体系温度变化

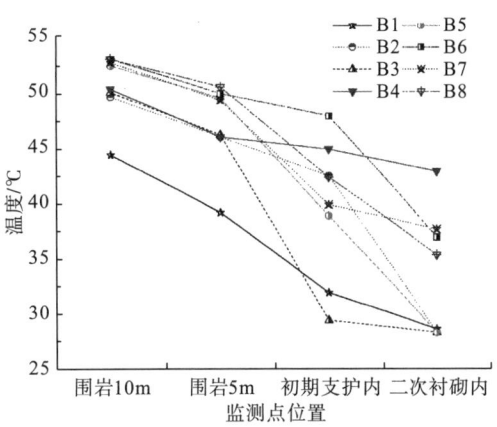

图 5-38 围岩 60℃下各支护体系温度变化

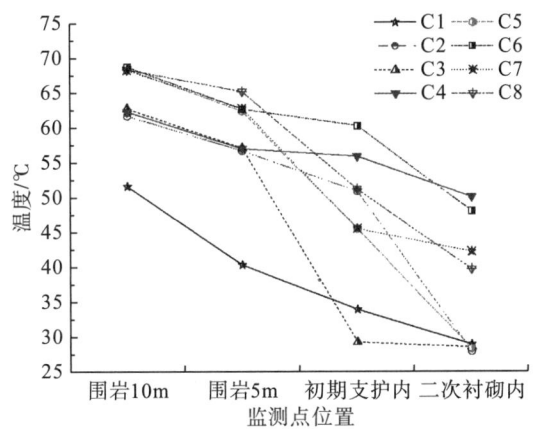

图 5-39 围岩 80℃下各支护体系温度变化

由数值计算结果可知，各工况下呈现出的总体变化规律为随着离洞内越近空气温度越低，但是隔热层的分布会对衬砌温度的分布产生较为显著的影响。由数值计算工况可知，当不设置隔热层时，高温围岩直接通过初期支护和二次衬砌进行散热，支护结构吸收温度使得支护结构温度升高。当支护结构设置于初期支护外侧时，可以有效地降低围岩对初期支护的传热，达到隔热降温的目的。当初期支护和二次衬砌之间设置有隔热层时，初期支护的温度会明显升高，但能够有效地保护二次衬砌的温度。总观以上所有工况，支护体系 3，即隔热层+初期支护+二次衬砌结构体系能够有效地降低支护结构体系中初期支护和二次衬砌的温度。根据衬砌温度以及高温变温下喷射混凝土和模筑混凝土的力学特性总结各支护体系工况下材料的力学特性参数，见表 5-25，其中弹性模量是针对 5 天凝期的。

表 5-25　各工况下材料特性

支护体系	工况 1	工况 2	工况 3	工况 4	工况 5	工况 6	工况 7	工况 8
围岩温度 40℃								
初支温度/℃	29.9	33.4	28.9	34.2	32.1	35.4	32.8	33.4
抗压强度/MPa	24.90	24.48	25.02	24.39	24.64	24.24	24.55	24.48
抗拉强度/MPa	1.97	1.87	2.00	1.85	1.91	1.82	1.89	1.87
弹性模量/GPa	27.75	27.66	27.78	27.64	27.70	27.61	27.68	27.66
二衬温度/℃	28.3	28.1	28.1	33.4	28.1	32.1	32.3	30.7
抗压强度/MPa	39.80	39.91	39.91	37.19	39.91	37.83	37.73	38.54
抗拉强度/MPa	2.25	2.25	2.25	2.18	2.25	2.20	2.20	2.22
弹性模量	33.98	34.01	34.01	33.21	34.01	33.40	33.37	33.61
围岩温度 60℃								
初支温度/℃	32.4	42.4	29.4	44.8	38.8	47.8	39.8	42.3
抗压强度/MPa	24.60	23.42	24.96	23.14	23.84	22.79	23.72	23.43
抗拉强度/MPa	1.90	1.64	1.99	1.59	1.73	1.53	1.70	1.65
弹性模量	27.69	27.41	27.77	27.34	27.51	27.25	27.49	27.41
二衬温度/℃	28.6	28.3	28.3	42.8	28.3	36.9	37.6	35.3
抗压强度/MPa	39.64	39.80	39.80	33.06	39.80	35.55	35.24	36.28
抗拉强度/MPa	2.25	2.25	2.25	2.05	2.25	2.13	2.12	2.15
弹性模量	33.94	33.98	33.98	31.99	33.98	32.73	32.63	32.94
围岩温度 80℃								
初支温度/℃	34	51	29.3	56	45.61	60.4	45.6	51.3
抗压强度/MPa	24.41	22.42	24.97	21.85	23.04	21.36	23.05	22.39
抗拉强度/MPa	1.85	1.47	1.99	1.39	1.57	1.34	1.58	1.47
弹性模量	27.65	27.16	27.77	27.00	27.32	26.86	27.32	27.15
二衬温度/℃	29	28	28.6	50.2	28.41	48.2	42.3	39.8
抗压强度/MPa	39.43	39.96	39.64	30.44	39.74	31.09	33.26	34.28
抗拉强度/MPa	2.24	2.26	2.25	1.94	2.25	1.97	2.05	2.09
弹性模量	33.87	34.03	33.94	31.22	33.97	31.41	32.05	32.35

2. 支护结构体系中初期支护安全性分析

通过室内的模块试验得知，初期支护混凝土和二次衬砌混凝土的强度和弹模受到养护中温度的影响。同时，支护结构的体系会影响初期支护和二次衬砌的温度场，进而影响衬砌结构的力学特性。

1)初期支护计算模型及参数

采用温度-应力耦合数值模拟技术,开展了高地温隧道支护结构受力数值模拟工作,研究了常温隧道和高地温隧道初期支护的力学规律并进行了对比,建立初期支护结构模型,如图 5-40 所示。

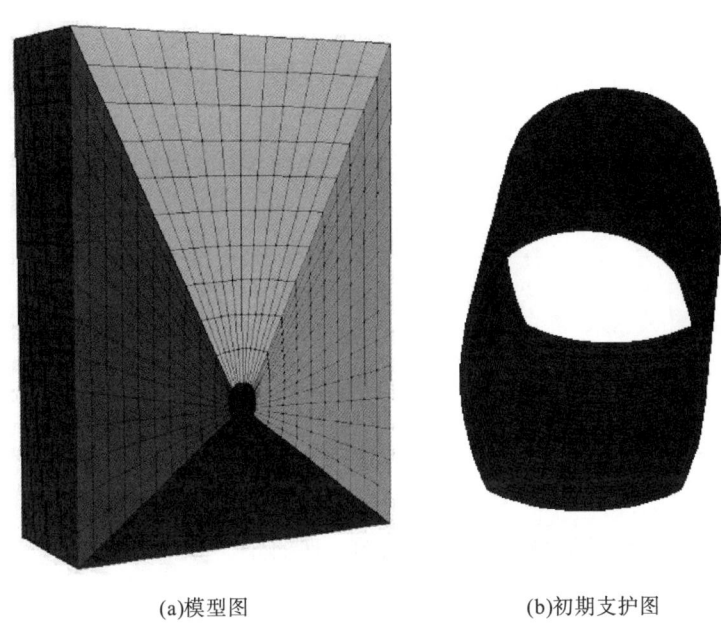

(a)模型图　　　　　　(b)初期支护图

图 5-40　数值计算图

计算模型中隧道围岩为 V 级,埋深(Z 向)100m,隧道宽 8.26m,高 10.43m,隧道模型底部围岩厚 30m,左右两侧宽度(X 向)取为 5 倍的隧道跨度约 40m,纵向(Y 向)长度为 35m,纵向开挖长度为 30m,纵向单元长度 1m,环向单元尺寸由隧道中心向外逐渐扩大,初期支护为喷射混凝土。

2)初期支护安全计算工况

针对各围岩初始温度下支护结构体系的初期支护进行数值计算,共设置 3 个温度段,每个温度段下设置 8 种支护体系,各工况下的材料参数如表 5-26 所示。每种计算工况,混凝土的弹性模量选用相应工况中的弹性模量,而最终的应力计算结果与同种工况下初期支护力学进行比较、检核。

表 5-26　初期支护安全计算工况

围岩温度 40℃								
支护体系	工况 1	工况 2	工况 3	工况 4	工况 5	工况 6	工况 7	工况 8
初支温度/℃	29.9	33.4	28.9	34.2	32.1	35.4	32.8	33.4
抗压强度/MPa	24.90	24.48	25.02	24.39	24.64	24.24	24.55	24.48
抗拉强度/MPa	1.97	1.87	2.00	1.85	1.91	1.82	1.89	1.87
弹性模量/GPa	27.75	27.66	27.78	27.64	27.70	27.61	27.68	27.66

续表

支护体系	工况1	工况2	工况3	工况4	工况5	工况6	工况7	工况8
围岩温度60℃								
初支温度/℃	32.4	42.4	29.4	44.8	38.8	47.8	39.8	42.3
抗压强度/MPa	24.60	23.42	24.96	23.14	23.84	22.79	23.72	23.43
抗拉强度/MPa	1.90	1.64	1.99	1.59	1.73	1.53	1.70	1.65
弹性模量/GPa	27.69	27.41	27.77	27.34	27.51	27.25	27.49	27.41
围岩温度80℃								
初支温度/℃	34	51	29.3	56	45.61	60.4	45.6	51.3
抗压强度/MPa	24.41	22.42	24.97	21.85	23.04	21.36	23.05	22.39
抗拉强度/MPa	1.85	1.47	1.99	1.39	1.57	1.34	1.58	1.47
弹性模量/GPa	27.65	27.16	27.77	27.00	27.32	26.86	27.32	27.15

3) 结果分析

通过数值计算，获得了衬砌结构受力云图，如图5-41所示。

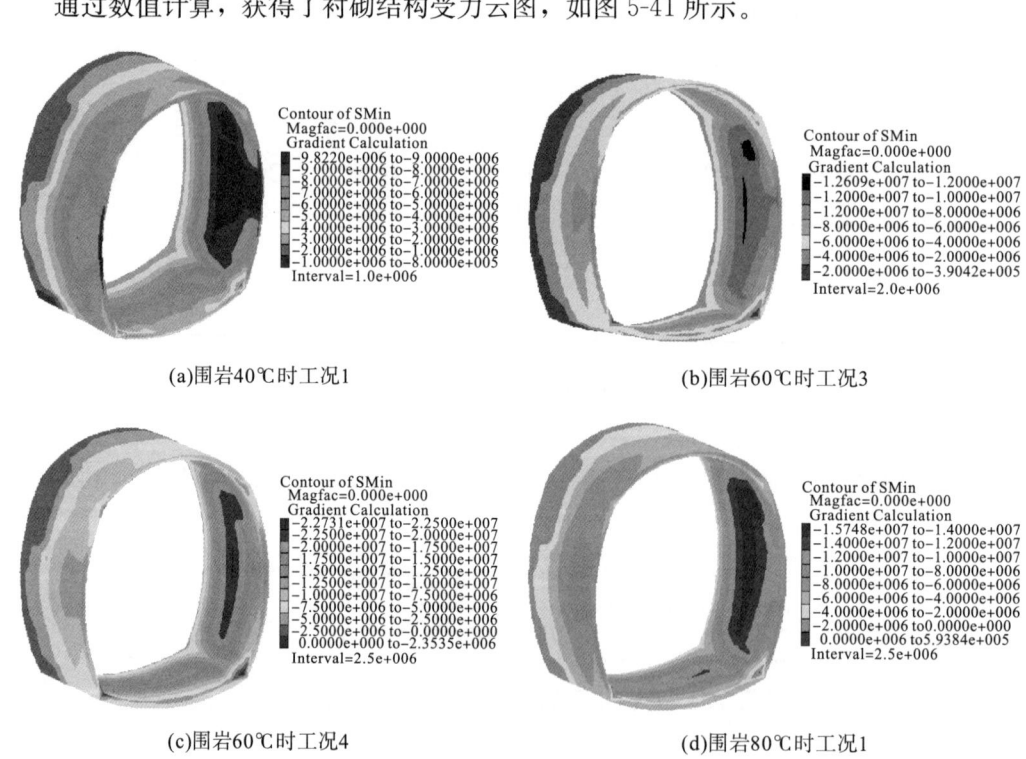

(a) 围岩40℃时工况1　　(b) 围岩60℃时工况3

(c) 围岩60℃时工况4　　(d) 围岩80℃时工况1

图 5-41　部分工况下支护结构受力云图

提取各工况下支护结构最大拉压应力值，统计见表5-27，并作出相应变化规律图，如图5-42～图5-47所示。

表 5-27　计算结果统计

支护体系	工况 1	工况 2	工况 3	工况 4	工况 5	工况 6	工况 7	工况 8
围岩温度 40℃								
初支温度/℃	29.9	33.4	28.9	34.2	32.1	35.4	32.8	33.4
抗压强度/MPa	24.90	24.48	25.02	24.39	24.64	24.24	24.55	24.48
最大压应力/MPa	11.87	15.03	10.91	15.69	13.90	16.66	14.51	15.03
抗拉强度/MPa	1.97	1.87	2.00	1.85	1.91	1.82	1.89	1.87
最大拉应力/MPa	1.01	1.17	0.96	1.21	1.11	1.28	1.14	1.17
是否满足强度要求	是	是	是	是	是	是	是	是
围岩温度 60℃								
初支温度/℃	32.4	42.4	29.4	44.8	38.8	47.8	39.8	42.3
抗压强度/MPa	24.60	23.42	24.96	23.14	23.84	22.79	23.72	23.43
最大压应力/MPa	14.16	21.41	11.39	22.70	19.15	24.06	19.82	21.36
抗拉强度/MPa	1.90	1.64	1.99	1.59	1.73	1.53	1.70	1.65
最大拉应力/MPa	1.12	1.86	0.98	2.17	1.51	2.69	1.59	1.84
是否满足强度要求	是	否	是	否	是	否	是	否
围岩温度 80℃								
初支温度/℃	34	51	29.3	56	45.61	60.4	45.6	51.3
抗压强度/MPa	24.41	22.42	24.97	21.85	23.04	21.36	23.05	22.39
最大压应力/MPa	17.53	25.21	11.30	26.38	23.09	26.78	23.09	25.30
抗拉强度/MPa	1.85	1.47	1.99	1.39	1.57	1.34	1.58	1.47
最大拉应力/MPa	1.20	3.42	0.98	5.01	2.30	6.95	2.30	3.50
是否满足强度要求	是	否	是	否	否	否	否	否

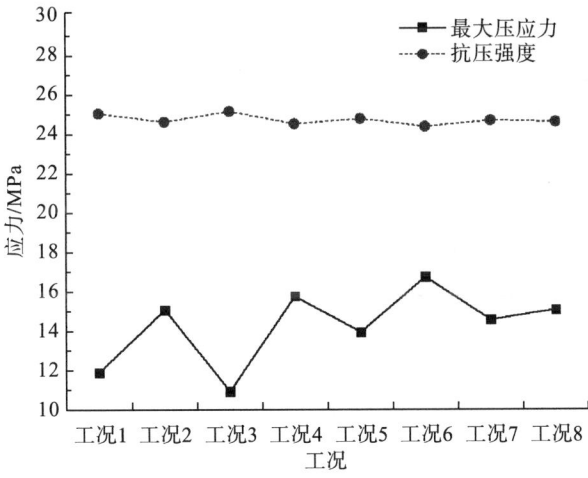

图 5-42　围岩温度 40℃下各工况初期支护最大压应力与抗压强度比较

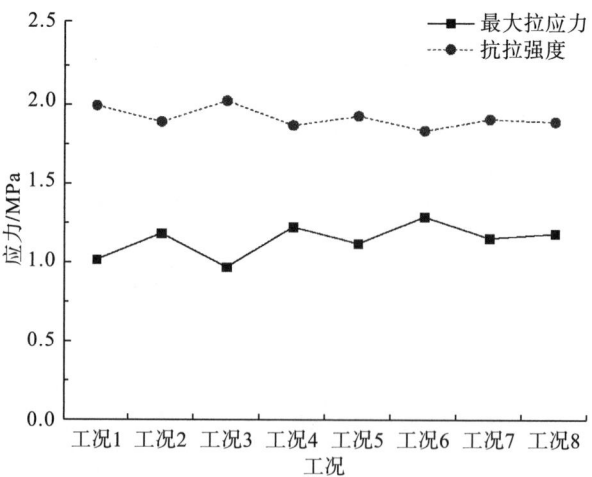

图 5-43　围岩温度 40℃下各工况初期支护最大拉应力与抗拉强度比较

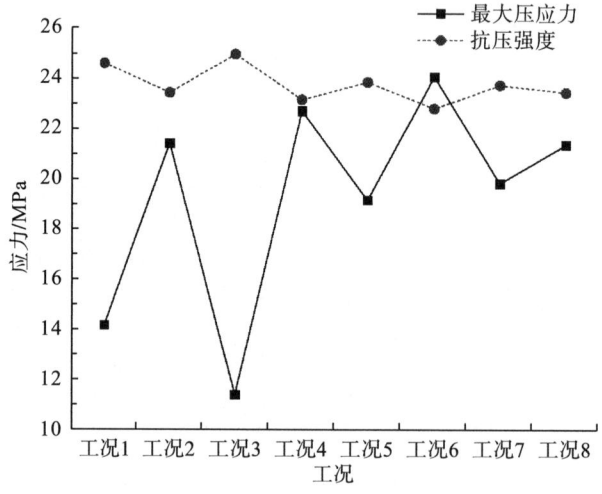

图 5-44　围岩温度 60℃下各工况初期支护最大压应力与抗压强度比较

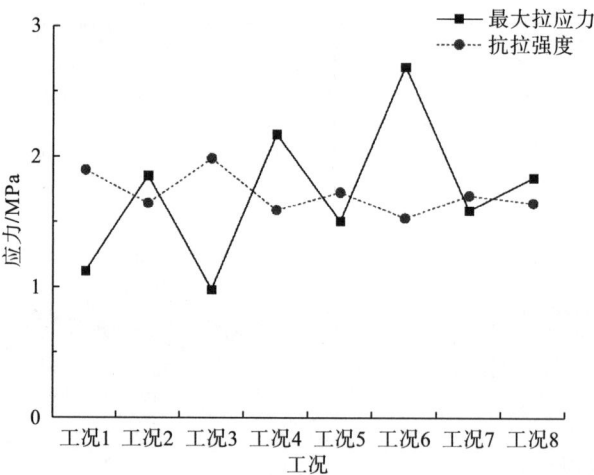

图 5-45　围岩温度 60℃下各工况初期支护最大拉应力与抗拉强度比较

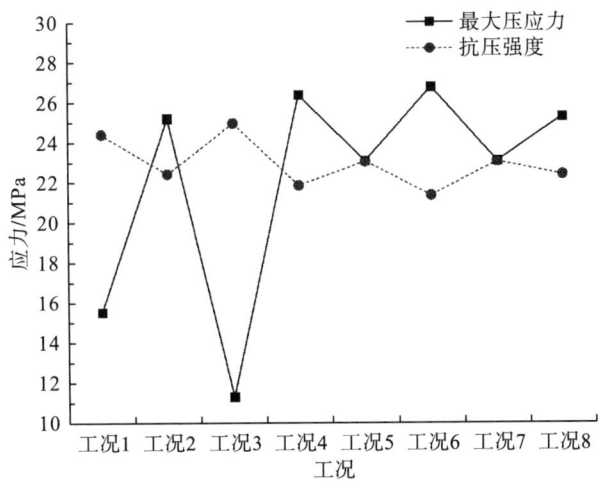

图 5-46　围岩温度 80℃ 下各工况初期支护最大压应力与抗压强度比较

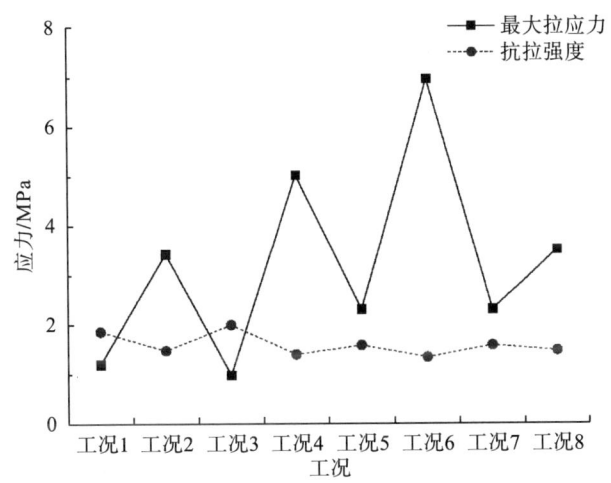

图 5-47　围岩温度 80℃ 下各工况初期支护最大拉应力与抗拉强度比较

由表 5-27 和图 5-42～图 5-47 可知，支护结构体系会对初期支护的应力和强度值造成影响，因此合理的支护结构形式会对结构的受力造成巨大的影响。

当围岩初始温度为 40℃ 时，8 种支护结构体系下初期支护的最大压应力值均满足对应条件下的抗压强度值。同时，拉应力也均满足抗拉强度。但该结论是建立在洞内空气温度为 28℃ 时，即洞内必须保证足够的通风降温措施。

当围岩初始温度为 60℃ 时，工况 6（喷射混凝土＋隔热材料＋模筑混凝土＋隔热材料）时，喷射混凝土的最大压应力值为 24.06MPa，大于抗压强度值 22.79MPa。在工况 2（喷射混凝土＋隔热材料＋模筑混凝土）、工况 4（喷射混凝土＋模筑混凝土＋隔热材料）和工况 8（隔热材料＋喷射混凝土＋隔热材料＋模筑混凝土＋隔热材料）情况下，最大压应力值虽然小于抗压强度，但是差距很小，偏差小于 10%，因此存在破坏趋势。而工况 3（隔热材料＋初期支护＋二次衬砌）初期支护受到温度影响最小，提供的安全储备也最多。同时，拉应力值也受到了巨大影响。工况 2、工况 4、工况 6 和工况 8 下的拉应力值均不能满足抗拉强度的要求,而工况5和工况7存在极大的受拉破坏趋势。

当围岩温度为80℃时,工况2(喷射混凝土+隔热材料+模筑混凝土)、工况4(喷射混凝土+模筑混凝土+隔热材料)、工况6(喷射混凝土+隔热材料+模筑混凝土+隔热材料)和工况8(隔热材料+喷射混凝土+隔热材料+模筑混凝土+隔热材料)情况下,最大压应力值均已超过最大抗压强度。工况5(隔热材料+喷射混凝土+隔热材料+模筑混凝土)和工况7(隔热材料+喷射混凝土+模筑混凝土+隔热材料),最大压应力值小于抗压强度,但数值接近,误差不超过5%,因此存在极大的受压破坏趋势。对于受拉特性,除工况1和工况3能满足材料的抗拉强度外,其余工况均不能满足抗拉要求。工况1(初期支护+二次衬砌)和工况3(隔热材料+初期支护+二次衬砌)在隔热降温中能够提供较大的安全储备,且工况3优于工况1。

3. 支护结构体系中二次衬砌安全性分析

1)二次衬砌计算模型及参数

模型为三维模型,计算模型中,二次衬砌运用SOLID65进行模拟,可以计算出衬砌结构的应力。弹簧采用Spring进行模拟,且认为围岩只承受压力不承受拉力。模型高10.43m,宽8.26m,纵向宽度1m,衬砌厚度0.45m。模型环向每1m划分一个单元,模型径向分为6层,模型纵向分为4层。模型的外层,即施加荷载面上,每一径向处会形成5个节点,围岩均布荷载平均分布于5个节点上,具体模型如图5-48所示。

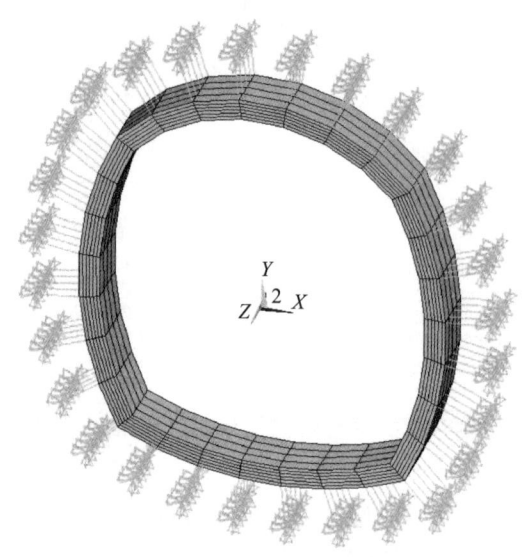

图5-48 二次衬砌三维荷载-结构模型

2)计算工况

针对各围岩初始温度下支护结构体系的二次衬砌进行数值计算,共设置3个温度段,每个温度段下设置8种支护体系,各工况下的材料参数见表5-28。每种计算工况中,首先根据前面的荷载计算公式,计算相应地温下的荷载,并施加于模型上。混凝土的弹性模量选用相应工况中的弹性模量,而最终的应力计算结果与同种工况下模筑混凝土的抗压强度进行比较，荷载计算见表5-29。

表5-28 计算工况

围岩温度40℃								
支护体系	工况1	工况2	工况3	工况4	工况5	工况6	工况7	工况8
二衬温度/℃	28.3	28.1	28.1	33.4	28.1	32.1	32.3	30.7
抗压强度/MPa	39.80	39.91	39.91	37.19	39.91	37.83	37.73	38.54
抗拉强度/MPa	2.25	2.25	2.25	2.18	2.25	2.20	2.20	2.22
弹性模量	33.98	34.01	34.01	33.21	34.01	33.40	33.37	33.61
围岩温度60℃								
支护体系	工况1	工况2	工况3	工况4	工况5	工况6	工况7	工况8
二衬温度/℃	28.6	28.3	28.3	42.8	28.3	36.9	37.6	35.3
抗压强度/MPa	39.64	39.80	39.80	33.06	39.80	35.55	35.24	36.28
抗拉强度/MPa	2.25	2.25	2.25	2.05	2.25	2.13	2.12	2.15
弹性模量	33.94	33.98	33.98	31.99	33.98	32.73	32.63	32.94
围岩温度80℃								
支护体系	工况1	工况2	工况3	工况4	工况5	工况6	工况7	工况8
二衬温度/℃	29	28	28.6	50.2	28.41	48.2	42.3	39.8
抗压强度/MPa	39.43	39.96	39.64	30.44	39.74	31.09	33.26	34.28
抗拉强度/MPa	2.24	2.26	2.25	1.94	2.25	1.97	2.05	2.09
弹性模量	33.87	34.03	33.94	31.22	33.97	31.41	32.05	32.35

表5-29 荷载计算

围岩初始温度/℃	40	60	80
垂直荷载/kPa	98.336	117.430	148.936
垂直荷载修正系数	1.03	1.23	1.56
水平均布压力系数	0.29	0.42	0.68
水平荷载/kPa	28.517	49.321	101.277

3) 结果分析

(1) 应力分析。

通过数值计算得出了各计算工况下二次衬砌最大压应力值，统计结果见表5-30，并作出相应变化规律图，如图5-49~图5-54所示。

表5-30 计算结果

围岩温度40℃								
支护体系	工况1	工况2	工况3	工况4	工况5	工况6	工况7	工况8
二衬温度/℃	28.3	28.1	28.1	33.4	28.1	32.1	32.3	30.7
抗压强度/MPa	39.80	39.91	39.91	37.19	39.91	37.83	37.73	38.54

续表

围岩温度 40℃								
支护体系	工况 1	工况 2	工况 3	工况 4	工况 5	工况 6	工况 7	工况 8
最大压应力值/MPa	1.53	1.54	1.54	1.52	1.53	1.55	1.55	1.57
抗拉强度/MPa	2.25	2.25	2.25	2.18	2.25	2.20	2.20	2.22
最大拉应力值/MPa	0.74	0.72	0.71	0.72	0.75	0.74	0.74	0.74
是否满足强度要求	是	是	是	是	是	是	是	是
围岩温度 60℃								
支护体系	工况 1	工况 2	工况 3	工况 4	工况 5	工况 6	工况 7	工况 8
二衬温度/℃	28.6	28.3	28.3	42.8	28.3	36.9	37.6	35.3
抗压强度/MPa	39.64	39.80	39.80	33.06	39.80	35.55	35.24	36.28
最大压应力值/MPa	1.96	1.97	1.96	2.09	1.98	1.95	1.95	1.94
抗拉强度/MPa	2.25	2.25	2.25	2.05	2.25	2.13	2.12	2.15
最大拉应力值/MPa	0.95	0.93	0.89	0.93	0.93	0.95	0.92	0.92
是否满足强度要求	是	是	是	是	是	是	是	是
围岩温度 80℃								
支护体系	工况 1	工况 2	工况 3	工况 4	工况 5	工况 6	工况 7	工况 8
二衬温度/℃	29	28	28.6	50.2	28.41	48.2	42.3	39.8
抗压强度/MPa	39.43	39.96	39.64	30.44	39.74	31.09	33.26	34.28
最大压应力值/MPa	2.41	2.43	2.44	2.56	2.44	2.52	2.50	2.50
抗拉强度/MPa	2.24	2.26	2.25	1.94	2.25	1.97	2.05	2.09
最大拉应力值/MPa	0.41	0.43	0.42	0.44	0.41	0.40	0.47	0.46
是否满足强度要求	是	是	是	是	是	是	是	是

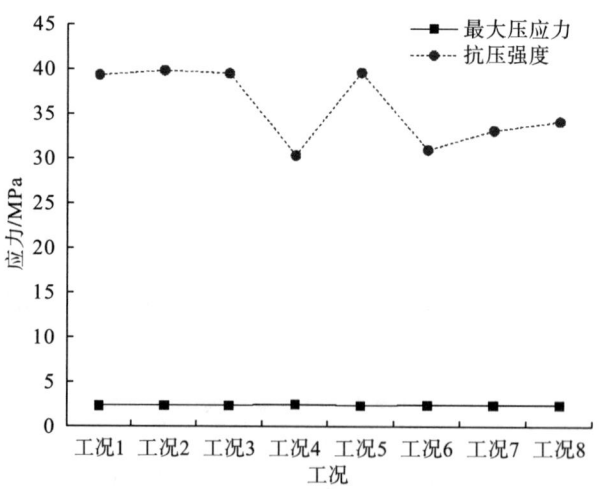

图 5-49 围岩温度 40℃下各工况二次衬砌最大压应力与抗压强度比较

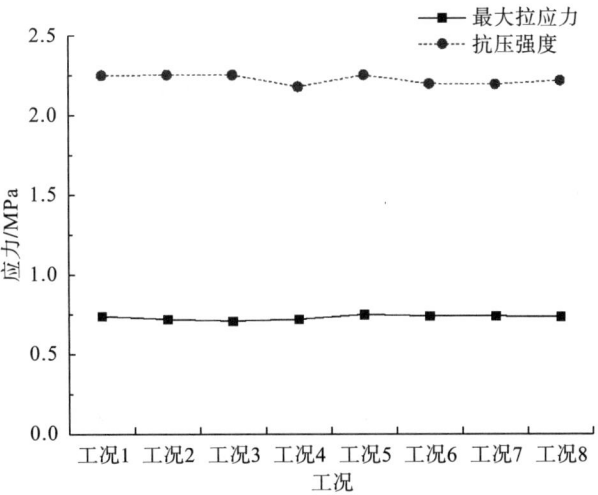

图 5-50 围岩温度 40℃下各工况二次衬砌最大拉应力与抗拉强度比较

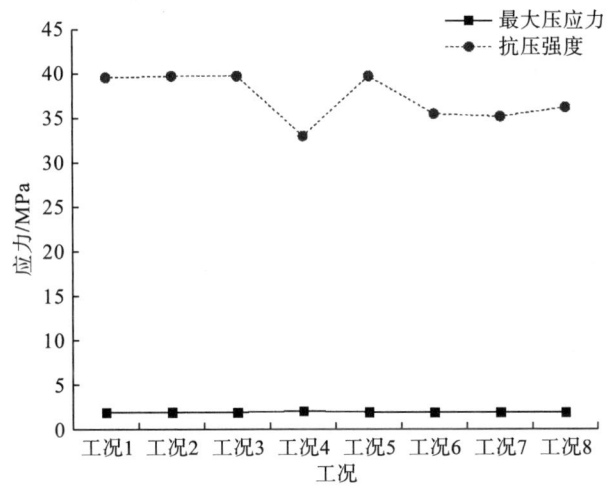

图 5-51 围岩温度 60℃下各工况二次衬砌最大压应力与抗压强度比较

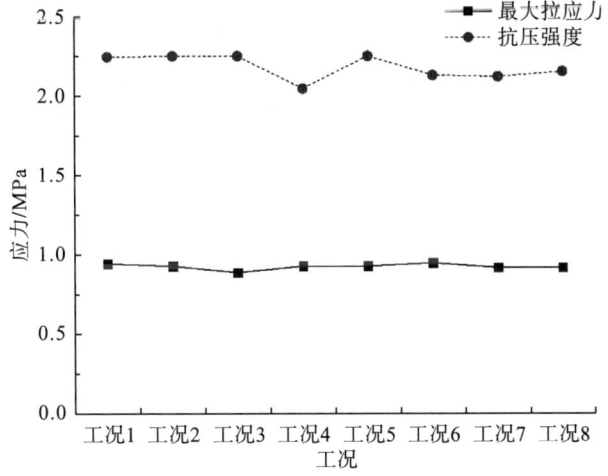

图 5-52 围岩温度 60℃下各工况二次衬砌最大拉应力与抗拉强度比较

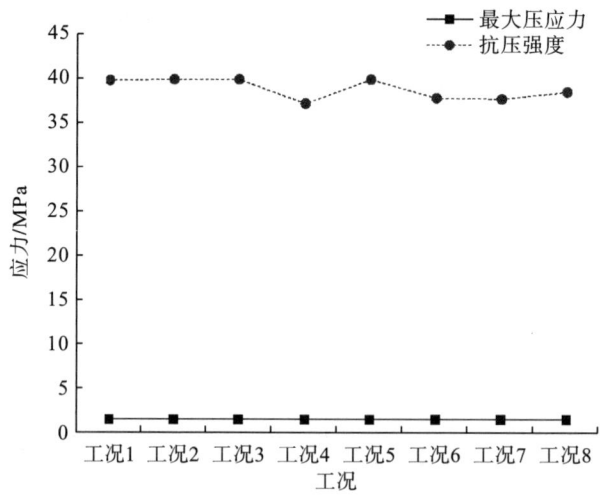

图 5-53　围岩温度 80℃下各工况二次衬砌最大压应力与抗压强度比较

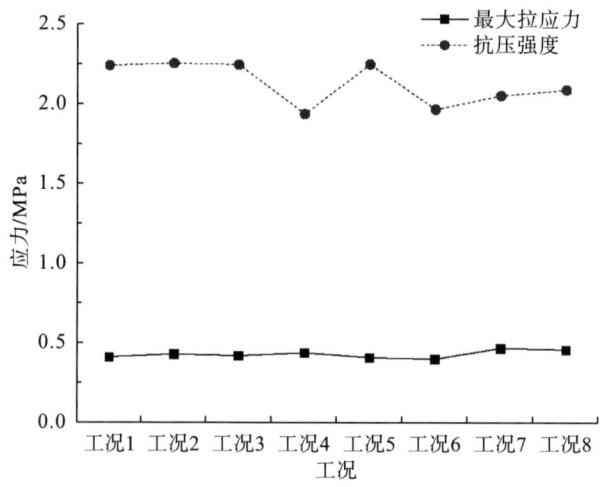

图 5-54　围岩温度 80℃下各工况二次衬砌最大拉应力与抗拉强度比较

通过数值计算和模块试验的结果可知，高地温隧道二次衬砌受到的压应力和拉应力均较小。虽然支护结构体系会影响温度，进而影响模筑混凝土的抗压强度和抗拉强度，造成一定的波动，但是二次衬砌的最大拉压应力值均能满足二次衬砌的强度要求。

(2) 安全系数分析。

通过数值计算获得各工况下分析点的安全系数，统计见表 5-31，安全系数变化见图 5-55。

表 5-31　安全系数统计表

位置	围岩初始温度 40℃							
	工况 1	工况 2	工况 3	工况 4	工况 5	工况 6	工况 7	工况 8
右墙脚	11.34	11.50	11.40	8.75	11.43	8.94	9.57	9.86
右边墙	21.04	21.34	21.15	16.24	21.21	16.59	17.75	18.29

续表

围岩初始温度 40℃								
位置	工况 1	工况 2	工况 3	工况 4	工况 5	工况 6	工况 7	工况 8
右拱腰	5.27	5.34	5.30	4.07	5.31	4.15	4.44	4.58
右拱肩	29.21	29.62	29.37	22.55	29.44	23.03	24.64	25.40
拱顶	3.45	3.50	3.47	2.67	3.48	2.72	2.91	3.00
左拱肩	10.73	10.88	10.78	8.28	10.81	8.46	9.05	9.33
左拱腰	5.90	5.99	5.94	4.56	5.95	4.66	4.98	5.13
左边墙	27.74	28.13	27.88	21.41	27.96	21.87	23.40	24.12
左墙脚	29.56	29.98	29.72	22.82	29.79	23.31	24.94	25.70
围岩初始温度 60℃								
位置	工况 1	工况 2	工况 3	工况 4	工况 5	工况 6	工况 7	工况 8
右墙脚	10.34	10.38	10.38	8.62	10.38	9.27	9.19	9.46
右边墙	18.02	18.09	18.09	15.03	18.09	16.16	16.02	16.49
右拱腰	4.03	4.04	4.04	3.36	4.04	3.61	3.58	3.69
右拱肩	22.66	22.76	22.76	18.90	22.76	20.33	20.15	20.75
拱顶	2.59	2.60	2.60	2.16	2.60	2.32	2.30	2.37
左拱肩	7.31	7.34	7.34	6.10	7.34	6.56	6.50	6.69
左拱腰	5.03	5.05	5.05	4.20	5.05	4.51	4.47	4.60
左边墙	22.91	23.00	23.00	19.11	23.00	20.55	20.37	20.97
左墙脚	26.19	26.30	26.30	21.85	26.30	23.49	23.28	23.98
围岩初始温度 80℃								
位置	工况 1	工况 2	工况 3	工况 4	工况 5	工况 6	工况 7	工况 8
右墙脚	9.34	9.37	9.37	8.73	9.37	8.88	8.85	9.04
右边墙	14.40	14.44	14.44	13.46	14.44	13.69	13.65	13.94
右拱腰	2.59	2.60	2.60	2.42	2.60	2.46	2.45	2.51
右拱肩	12.90	12.94	12.94	12.06	12.94	12.26	12.23	12.49
拱顶	1.49	1.49	1.49	1.39	1.49	1.41	1.41	1.44
左拱肩	3.89	3.90	3.90	3.64	3.90	3.70	3.69	3.77
左拱腰	4.05	4.07	4.07	3.79	4.07	3.85	3.84	3.93
左边墙	17.14	17.19	17.19	16.02	17.19	16.29	16.25	16.60
左墙脚	22.33	22.39	22.39	20.86	22.39	21.22	21.17	21.62

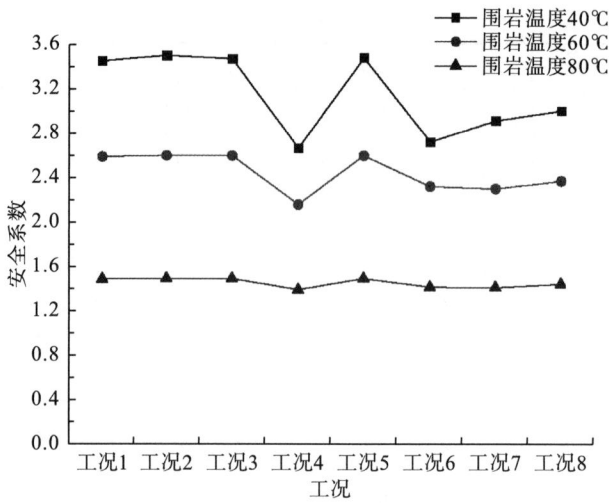

图 5-55 各工况下最小安全系数变化

由图 5-55 和表 5-31 可知，随着温度的升高，同一支护体系类型下的衬砌安全系数会有所降低。各工况下最小安全系数均出现在拱顶位置。当隔热层设置于二次衬砌内侧时，衬砌的最小安全系数会相应降低，因此不建议采用工况 4、工况 6、工况 7 和工况 8。当围岩初始温度小于 40℃时，工况 1、工况 2、工况 3 和工况 5 均能较好满足衬砌的安全性能要求；当围岩温度为 60℃时，工况 1、工况 2、工况 3 和工况 5 下的最小安全系数略小于规范值，可考虑进行拱顶的局部加强；当围岩温度为 80℃时，拱腰和拱顶处的安全系数均小于规范值，可考虑局部加强或施做套衬。

(3) 裂缝宽度分析。

通过数值计算获得各工况下分析点的裂缝宽度，统计见表 5-32，各工况下裂缝宽度变化见图 5-56。

表 5-32 裂缝宽度统计表　　　　　　　　　　　　（单位：mm）

围岩初始温度 40℃								
位置	工况 1	工况 2	工况 3	工况 4	工况 5	工况 6	工况 7	工况 8
右墙脚	0.04	0.04	0.04	0.04	0.04	0.04	0.04	0.04
右边墙	0.02	0.02	0.02	0.02	0.02	0.02	0.02	0.02
右拱腰	0.07	0.07	0.07	0.07	0.07	0.07	0.07	0.07
右拱肩	0.02	0.01	0.01	0.02	0.01	0.02	0.02	0.02
拱顶	0.18	0.18	0.18	0.20	0.18	0.20	0.19	0.19
左拱肩	0.03	0.03	0.03	0.04	0.03	0.04	0.04	0.04
左拱腰	0.12	0.12	0.12	0.13	0.12	0.13	0.13	0.13
左边墙	0.16	0.16	0.16	0.17	0.16	0.17	0.17	0.16
左墙脚	0.05	0.05	0.05	0.06	0.05	0.06	0.06	0.05

续表

围岩初始温度60℃								
位置	工况1	工况2	工况3	工况4	工况5	工况6	工况7	工况8
右墙脚	0.04	0.04	0.04	0.05	0.04	0.05	0.05	0.05
右边墙	0.03	0.03	0.03	0.03	0.03	0.03	0.03	0.03
右拱腰	0.13	0.13	0.13	0.14	0.13	0.14	0.14	0.14
右拱肩	0.02	0.02	0.02	0.02	0.02	0.02	0.02	0.02
拱顶	0.29	0.29	0.29	0.31	0.29	0.30	0.30	0.30
左拱肩	0.04	0.04	0.04	0.05	0.04	0.05	0.05	0.05
左拱腰	0.21	0.21	0.21	0.22	0.21	0.22	0.22	0.22
左边墙	0.23	0.23	0.23	0.24	0.23	0.24	0.24	0.24
左墙脚	0.07	0.07	0.07	0.07	0.07	0.07	0.07	0.07
围岩初始温度80℃								
位置	工况1	工况2	工况3	工况4	工况5	工况6	工况7	工况8
右墙脚	0.05	0.05	0.05	0.05	0.05	0.05	0.05	0.05
右边墙	0.04	0.04	0.04	0.04	0.04	0.04	0.04	0.04
右拱腰	0.33	0.33	0.33	0.34	0.33	0.34	0.34	0.33
右拱肩	0.03	0.03	0.03	0.03	0.03	0.03	0.03	0.03
拱顶	0.41	0.41	0.41	0.42	0.41	0.42	0.42	0.42
左拱肩	0.07	0.07	0.07	0.07	0.07	0.07	0.07	0.07
左拱腰	0.38	0.38	0.38	0.39	0.38	0.38	0.38	0.38
左边墙	0.25	0.25	0.25	0.26	0.25	0.26	0.26	0.26
左墙脚	0.28	0.28	0.28	0.29	0.28	0.29	0.29	0.28

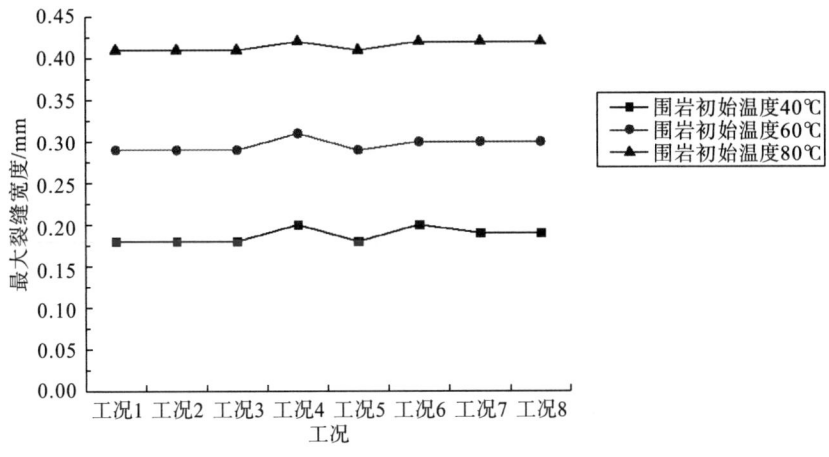

图5-56 各工况下裂缝宽度变化图

由图 5-56 和表 5-32 可知，随着温度的升高，同一支护体系类型下的最大裂缝宽度会变大。各工况下最大裂缝宽度均出现在拱顶位置，同时，随着温度升高，不满足规范要求的裂缝宽度位置在扩大。衬砌结构的弹性模量对裂缝宽度影响较大，温湿度对弹性模量会造成一定的影响，但影响较小，因此各种支护体系下的最大裂缝宽度差距不大。当围岩初始温度小于40℃时，工况1、工况2、工况3和工况5均能较好满足衬砌的裂缝宽度的要求；当围岩温度为60℃时，工况1、工况2、工况3和工况5下的最大裂缝宽度大于规范值，可考虑进行局部加强；当围岩温度为80℃时，拱顶、拱腰和边墙处的最大裂缝宽度均大于规范值，可考虑局部加强或施做套衬。

4. 综合评判

基于以上对各种温度情况下支护结构体系降温效果、初期支护安全性和二次安全性的分析，针对不同热害等级给出相应的支护结构措施，高地温隧道支护结构分级见表 5-33。

表 5-33 高地温隧道支护结构分级

围岩温度/℃	<40	40~60	60~80	>80
支护结构体系	(围岩+)初期支护+二次衬砌	(围岩+)隔热层+初期支护+二次衬砌	(围岩+)隔热层+初期支护+二次衬砌	(围岩+)隔热层+初期支护+二次衬砌
具体参数	采用常规的设计施工参数，但必须加强洞内通风	隔热层采用硬质聚氨酯，厚度5cm，初期支护，同时加强洞内通风降温；初期支护需对拱肩和拱脚进行局部加强，二次衬砌需对拱顶进行局部补强	隔热层采用硬质聚氨酯，厚度10cm，初期支护需对拱肩和拱脚进行局部加强，二次衬砌需对拱顶和拱腰进行局部补强或施做套衬，同时加强洞内通风降温	隔热层采用硬质聚氨酯，厚度10cm，同时加强洞内通风降温，初期支护需对拱肩、拱脚和仰拱进行局部加强，同时施做套衬

第6章 高地温隧道防排水技术

6.1 高温热水对隧道工程的影响

地下水是最活跃的地质因素,其在地壳浅部分布广泛,易于流动,且热容量大,对温度场有重要影响。当大气降水渗入地下,经深循环从地壳内部获得热量,然后沿断裂带或急倾斜的透水地层上涌至浅部或出露于地表。由于地下热水上涌速度较快,在热水上涌通道周围便形成局部的地热区。热水活动受控于地质构造,其上升活动均有一定通道,最常见的通道是由张性断裂-裂隙系统构成。这种断裂系统有良好的开启性,地下热水常沿此断裂径流、排泄。这些热水控制区域的程度、规模都直接取决于断裂、裂隙系统的发育特点和岩层的透水性能。隧道开挖时,围岩内部的地下水以及部分地表水以渗透、涌入等方式进入隧道内部引起局部地热异常,产生热害。高温热水对隧道工程造成的热害和水害影响主要体现在以下几个方面。

(1)影响隧道内机电设备正常运行,降低使用寿命,增加维修费用。

由于洞内高温热水涌出后产生大量的热蒸汽,裹去了一部分氧气,使有高温热水的隧洞内氧气含量下降而导致机械油料燃烧不完全,造成机械出力下降30%左右,使施工机具故障频率增高,影响设备正常运行。同时,隧道出现渗漏水之后,地下水会通过衬砌进入隧道内,严重的时候会导致隧道内积水较多,使得隧道中的很多设备都被锈蚀,很容易引起电路短路,缩短设备的使用寿命,隧道内进行排水的水泵由于长期抽排高温热水而造成水泵的损坏率增高,增加维护、维修费用。洞内施工无法正常进行。

(2)影响施工人员效率和健康。

根据国内外一些高温矿井的调查资料及相关文献资料,人们在长期的高温环境中作业,可能产生一系列生理功能的改变:①包括体温调节发生障碍,主要表现为体温和皮温升高。②盐、水代谢出现紊乱,有机体的机能受到影响。③神经系统、循环系统、消化系统和泌尿系统等均会因高温下机体大量失水,改变正常的功能,甚至引发疾病。

人们长期在地下高温环境中作业,人的中枢神经系统易产生抑制失调,大脑皮层兴奋过程减弱,条件反射潜伏期延长,从而造成人精神恍惚、疲劳、浑身无力、昏昏沉沉,这种状况成为劳动生产率低下的主要原因;同时,由于作业人员注意力不集中,共济协调较慢,反应迟钝,在洞内易导致生产事故发生。调查表明,高温隧道(洞)的劳动效率仅为常温隧道(洞)的30%~40%;高温隧道(洞)的事故发生率为常温隧道(洞)的3~4倍。

(3)增大施工安全风险。

通风散热条件不好时，高温热水导致隧道内高温不易散失，很容易使炸药温度自动升高，进而促成炸药热分解加剧而导致炸药热分解反应转变为燃烧或爆炸，增大施工安全风险。

(4)影响隧道结构安全。

高温热水对隧道结构安全的影响主要体现在以下几方面。

①隧道结构的稳固性极易受到隧道衬砌上水压力的影响，当隧道周围地表水和地下水向隧道周围渗透、汇集，压力增加时，其性能会下降，特别是局部位置出现水荷载过大的问题时，衬砌会发生破裂和拱脚下沉。②衬砌的性能和耐久性易受到影响。隧道渗水中含有对构造物的侵蚀成分，造成混凝土碱化，在渗漏的影响下混凝土会发生裂解、风化等现象；热水中的氯离子等化学物质在干湿交替时对钢筋混凝土结构中的钢筋具有腐蚀性。③长时间渗漏还会影响到衬砌中混凝土的抗拉强度。④长期的水作用会使围岩的结构面软化或泥化，引起围岩变形，围岩滑移错动会导致衬砌变形开裂；对超挖回填不密实或未全部回填者，引起围岩坍塌，导致衬砌结构破坏。⑤漏水还会造成隧底道床积水、翻浆冒泥，危及列车行驶安全。严重的渗漏水还会引起隧道基础的沉陷，会使边墙开裂或者仰拱、路基下沉开裂，进而造成地面和地表建筑物的不均匀沉降和破坏，使地表水和含水层水大量流失，破坏周围生态环境。

6.2 高地温隧道渗漏水析因

在偏高的区域热流供热条件下，丰富的大气降水沿断裂或裂隙下渗和径流过程中，将分散在围岩中的热量"收集"起来，形成热水。在较高热流背景的地质构造环境下，丰富的大气降水沿断裂渗透或裂隙下渗和径流过程中，进行深循环，随地温的增加而升温，并从围岩中吸取热量，形成热水。

隧道的开挖使地下水渗流场发生了改变，隧道周边的地下水集中向隧道方向排泄。高地温隧道多处于地质构造体系的复合部位、次级构造部位和张性部位，这些部位多为断裂带、节理发育、岩石破碎，隧道开挖后，在隧道周围一定范围内形成了围岩松动区。在此范围内，由于地层原始地应力的调整，围岩产生变形，裂缝张开，从而使地下水沿张开裂缝流入隧道。隧道出现渗漏水主要有以下几方面的原因。

(1)开挖过程中的排堵措施采用不当。

在隧道开挖过程中必须要及时做好疏通，要采取相应的排堵措施，使得隧道的积水能够及时排除。当隧道积水较多又不能及时排除时，会由于隧道长期使用产生的裂缝出现渗漏，进而对隧道整体工程产生影响，导致其稳定性和安全性降低。排堵措施采用不当主要体现在以下几个方面。

①裂隙水较发育和有泉眼处，没有进行引排水。衬砌混凝土时，水流冲到混凝土中，改变了混凝土的水灰比，造成混凝土内渗水通道增加，在衬砌没有初凝之前穿透衬砌层，形成渗漏水。

②隧道中水沟因泥砂或冰冻堵死无法排水，隧道产生渗漏。

(2) 外包防水层缺陷或损伤。

在迎水面设置的柔性防水层，是隧道防水的第一步，也是最关键的一步，应具有良好的防水性能、抗拉强度和延展性，在混凝土结构变形范围内，防水层不但能够增强混凝土的抗渗能力，还能防止因混凝土产生裂缝或不密实而遭受有害介质的侵蚀和破坏，并减少初期支护和二次衬砌结构间的相互约束与影响，起到控制墙体裂缝产生的作用。从理论上讲全外包防水可以实现滴水不漏，然而施工过程中往往难以达到。防水板损伤之后，隧道的防水能力下降，隧道的防水板损伤的原因主要包括以下几个方面。

①防水层基面未达到平整度要求，基面凹凸不平，导致二次衬砌混凝土浇筑进行振捣时防水层被刺穿。防水板包括两个部分，一侧是喷射的混凝土，另一侧是二次衬砌混凝土。喷射混凝土的表面一般都比较粗糙，二次衬砌混凝土浇筑时混凝土混合料呈流动态，喷射混凝土和二次衬砌混凝土之间可能会出现相对错动，在高地温隧道中，由于温度变化很快，很有可能会引起混凝土的纵向收缩或者伸长，然后引起衬砌横向受力的变化。这些相对错动情况都会使得防水板承受的剪力增大，达到一定限度时就会使得防水板被损坏，对防水板的完整性和防水性产生严重的影响。

②卷材搭接未达到设计要求或施工过程中黏接及焊接的质量不高，导致接缝不严实，防水层未封闭。如在施工缝、诱导缝等处未增设防水加强层，阴阳角处未按设计要求做成圆弧或折角等。

③材料质量和现场施工条件恶劣等原因，自粘的防水层未与主体结构形成牢固黏结，容易形成窜水。

④防水层施工完毕后未做好保护工作，钢筋绑扎或焊接时易扎破和烧坏防水层。

(3) 结构自防水缺陷。

混凝土结构自防水主要是实现混凝土的抗渗、抗裂性，其关键就是控制好混凝土的细微裂缝。但在实际工程中却存在诸多引起裂缝产生的因素，主要是因混凝土本身存在薄弱环节，包括其质量原因、内外约束条件影响、高地温引起的温度变化影响、浇筑和养护不当等，加之地下环境复杂、混凝土施工质量欠佳、特殊部位处理不当，造成混凝土内部存在局部缺陷，破坏了结构自防水的能力。除此以外，隧道衬砌施工缝、诱导缝、变形缝等节点处理不当是结构自防水失效的重要原因。这些人工缝的设置主要体现防裂抗渗原则，实质上是为了尽量降低由温度、胀缩、不均匀沉降等因素产生的荷载对大体积混凝土开裂的影响。然而这些特殊的结构缝一直是隧道防水的薄弱环节，原因主要包括：

①高地温隧道中温度变化较大，隧道衬砌混凝土会出现收缩，隧道的环接缝就会变宽，此时防水板就处于临空状态，防水板不能承受水的压力而破裂。

②施工缝基面未清理干净，缝内存在积水或建筑垃圾，浇筑前基面未按要求铺设净浆，导致新旧混凝土结合面黏结力下降。

③灌注施工缝附近混凝土时欠振或漏振，止水带和止水条与混凝土不密贴。混凝土和易性差，或施工工序质量控制不严，导致混凝土质地不均匀，捣固不密实或出现漏振，形成疏松层和蜂窝、麻面、孔洞，或留下各种形状的透水缝隙，影响混凝土的密实性和整体性。

④止水带及止水条未按规范安装、固定，不按规定镶入槽内，而是随意粘贴或钉在接头混凝土表面，浇筑混凝土时有卷起现象，导致移位或扭曲，或安装后保护措施不足导致受损，影响止水效果。

⑤遇水膨胀类止水产品提前遇水膨胀，导致失去止水效果。

⑥此外，暗挖法隧道结构断面欠挖，导致二次衬砌混凝土钢筋保护层欠缺；不少部位二次衬砌受力钢筋直接接触防水层，导致拆模后钢筋裸露在外，成为渗水通道，水沿钢筋通过混凝土造成渗漏；混凝土在终凝前被水浸泡，影响防水混凝土的正常硬化，增大了混凝土的水灰比，降低混凝土的强度和抗渗性，这些都是引起隧道渗漏的重要原因。

6.3 高地温隧道防排水设计

高地温隧道渗漏水会对隧道施工、运营带来一系列危害，为此我国交通部、铁道部对隧道防水状况，提出了相应的防排水要求：规定隧道防排水应遵循"防、排、截、堵相结合，因地制宜，综合治理"的原则。"防"是指衬砌抗渗和衬砌外围防水，包括衬砌外围防水层和压浆；"排"是指使衬砌背后空隙及围岩不积水，减少衬砌背后的渗水压力和渗水量；"截"是指在地下采取导坑、泄水洞、井点降水等截水措施，将水从地面截走，减少地面水下渗，减少地下水流向衬砌周围；"堵"是指采用注浆、喷涂、嵌补抹面等方法堵住渗水裂缝、空隙、裂缝，从而保证隧道结构物和运营设备的正常使用和行车安全。一般山岭隧道的防排水体系设计具有圈层构造，可用"一堵两排两防"来概括，即一圈围岩注浆堵水，喷射混凝土与防水层间、防水层与衬砌间两圈排水，防水层与衬砌混凝土两层防水。

6.3.1 围岩注浆

围岩注浆即在隧道围岩的高温热水富水段向地层灌注浆液，封堵地层中的渗水裂隙，减少地下热水流向隧道。围岩注浆堵水既可在隧道开挖前从地表钻孔实施，也可在隧道开挖后通过径向或超前向围岩钻孔注浆来完成。

1. 围岩注浆堵水的作用

(1)围岩注浆充填围岩裂隙，封堵渗水通道，在隧道周围形成隔水保护圈，防止地下水外泄，并减轻隧道结构外水压力。在渗流水量较大或达到一定标准的区段，采用各种注浆方法可使围岩中的裂隙被充填，渗流通道堵塞，最终使地下热水在围岩之外寻求通路并建立新的平衡。注浆可使隧道外形成一个环形保护圈层，大大增强围岩抗渗能力，减少地下热水向隧道区域汇集、渗出，从而减轻隧道外水压力。

(2)围岩通过注浆可使岩层中的裂隙被浆液充填，浆液固化后变成了岩块之间的胶结材料，从而使围岩的力学性质得到改善，抵御地压力的能力增加，减少了作用在衬砌结构上的荷载。

因此，在高地温隧道中的有水区段，尽量采用注浆法对地下热水进行封堵，同时借此加固围岩。对于局部的小出水点，当其对施工无碍时，可考虑将其排出。这样才能真正体现层层设防、综合治理的思想。

2. 注浆方式

注浆机理可分为两种：

(1) 对于破碎岩层、砂卵石层，中、细、粉砂层等有一定渗透性的地层，采用中低压力将浆液压注到地层中的空穴、裂缝、孔隙里，凝固后将岩土或土颗粒胶结为整体，称为"渗透注浆"。

(2) 对于颗粒更细的黏土质不透水(浆)地层，采用高压浆液强行挤压孔周，使黏土层劈裂成缝并充塞凝结于其中，从而对黏土层起到了挤压加固和增加高强夹层加固作用，称为"劈裂注浆"。在软弱黏土层中增加的高强夹层，将黏土分隔包围，使其整体性和强度大大提高。这也相当于在软弱土体中加筋加骨。因此原则上讲，深孔预注浆可适用于所有软弱破碎围岩的加固。

深孔预注浆一般可超前开挖面 30~50m，可以形成有相当厚度的和较长区段的筒状加固区，从而使得堵水的效果更好，也使得注浆作业的次数减少，它更适用于有压地下水及地下水丰富的地层中，也更适用于采用大中型机械化施工。

根据高地温隧道往往位于断裂带、节理发育、岩石破碎的特点，建议注浆方式采用预注浆和后注浆两种相结合的综合注浆手段。其中，预注浆是指在开挖面采取超前钻孔，通过钻孔进行注浆施工；后注浆是指在开挖完成后，对开挖面不能满足工程质量要求时而采取的一种注浆措施。

建议预注浆可采用全断面帷幕超前预注浆、全断面周边超前预注浆及局部断面超前预注浆等方式；后注浆可采用径向注浆、局部注浆和补充注浆等方式。

3. 注浆材料

灌浆材料的凝结时间是影响堵水效果的一个重要因素。初凝慢，有充足的时间来完成拌合、运输、灌注等施工过程，浆体在灌进岩层后有充足的时间填充渗水空隙，但过慢又会影响浆体的成型，造成浆体稀释，降低浆体硬化强度及堵水效果；初凝快，灌浆体能很快形成封堵渗漏的屏障，短时间内堵水成功率可以较高，但初凝过快，施工困难，也不能保证灌浆体的整体结构完整性，并不能达到灌浆材料最佳的堵水性能，短时间内堵水成功可能是出现薄层假象止水的情况，使堵水及隔热功能不能保证。在热害情况下灌浆材料的凝结时间会随温度的变化而变化。因此，注浆材料在很大程度上直接影响到堵水防渗和固结的效果，并关系到压浆工艺、工期及工程费用。一般选择注浆材料时，要考虑下列各点：

(1) 浆液在受压的岩层中具有良好的渗入性。即在一定的压力下，能渗到一定宽度的裂缝或空洞中。

(2) 浆液凝结成结石后，应具有一定强度和黏结力。

(3) 为便于施工和增大浆液的扩散半径，浆液须具有良好的流动性。

(4) 浆液具有良好的稳定性，以免过早地产生沉淀，影响浆液的压注。

然而，针对热害隧道特性，灌浆材料还需满足以下特殊要求，一是灌浆材料的强度，二是要控制其凝结时间，三是体积稳定性。目前常用的注浆浆液有水泥浆液、水泥－水玻璃浆液以及各种化学浆液，在实际高温环境下使用时，仍需要对现场不同种浆液的配比、添加剂等进行研究以满足不同等级下的高温环境堵漏。

(1)水泥浆液。水泥浆液具有结石强度高、工艺简单、浆液配制容易、材料来源丰富、成本低等优点，也存在颗粒较粗、易沉淀析水、稳定性差、浆液凝结时间较长、易被水冲失、早期强度低和结石率低等不足之处。水泥浆液适用范围：①粗砂和裂隙宽度大于 0.15～0.2mm 的岩层；②单位吸水量大于 0.01L/(min·m²)的岩石或透水率＞1lu 的岩层；③地下水流速不大于 80～100m/天，若超过时，可在浆液中掺加速凝剂。

(2)水泥－水玻璃浆液。水泥－水玻璃浆液料源丰富、结石率高、强度高、无毒、不污染环境、可灌性好、易于配制、注浆设备简单，浆液的凝固时间可以准确调节，可控制浆液的扩散范围，条件适应性强，对于 0.2mm 以上裂隙和 1mm 以上粒径的砂层，改变水泥与水玻璃的配合比，均可适用。

(3)化学浆液。化学浆液黏度低，凝胶时间可以控制，凝胶体化学性能稳定、抗渗性好，易结石，结石强度较高，但是化学药品一般都具有一定的毒性，在配制和操作时必须注意安全。

4. 注浆参数

(1)注浆扩散半径。注浆扩散半径即注浆的有效范围，其与浆液稠度、凝固时间、注浆压力、注浆量、围岩裂隙大小等因素有关。注浆扩散半径随围岩渗透系数、注浆压力、注浆时间的增大而增大，随浆液浓度、稠度的增大而减小。根据工程经验，以水玻璃为主的浆液，其实际有效扩散半径为 0.5～2.0m，水泥浆液在不同围岩裂隙中的扩散半径为 2.0～6.0m。

(2)注浆压力。注浆压力对注浆效果有直接的影响，其大小取决于围岩裂隙大小、浆液浓度、预期扩散半径、动静水压力等。当采取适当注浆压力时，其浆液饱满，结石体强度高，稳定性好，但当注浆压力过大时，引起围岩裂隙增大，浆液流失过多，工作面冒浆。在实际应用中，最大注浆压力一般为 0.2～0.4MPa。

5. 浆液浓度

浆液浓度可根据围岩吸水率 q 来确定。吸水率越大，围岩透水性越强，浆液浓度也应随之增大。吸水率 $q[L/(min·m^2)]$ 的计算公式为

$$q = \frac{Q}{H \cdot h} \tag{6-1}$$

式中，Q 为单位时间内钻孔吸水量(L/min)；H 为试验时所使用的压力(m)；h 为试验钻孔长度(m)。

常用水泥浆液浓度为 1.5∶1～0.5∶1，由于水泥浆液的起始浓度较高，尤其在初期压浆阶段，应适当稀释浆液，增大扩散半径，延长注浆时间。

为确保注浆有效扩散范围，从而获得较好的注浆效果，应保证在围岩裂隙中注入足

量的浆液量。浆液注入量 $Q(\mathrm{m}^3)$ 可根据扩散半径及围岩裂隙率进行粗略估算。

$$Q = \pi r^2 H \eta \beta \tag{6-2}$$

式中，r 为浆液扩散半径(m)；H 为压降段长度(m)；η 为围岩裂隙率(%)；β 为浆液在围岩裂隙内的有效充填系数，取 0.3~0.9。

6. 注浆施工工艺

1)注浆孔的布置

注浆孔数目及其布置直接影响注浆效果和成本。布孔时应根据设备能力、地下水情况、浆液有效扩散半径、岩层裂隙状态、偏斜率和注浆孔密度等条件，采用作图与计算相结合的方法，进行反复比较后来确定。

注浆孔宜长短结合呈伞形辐射状，其倾斜角度随注浆段长度而异。具体布置时，应根据涌水方向、渗水及地质情况进行调整。裂隙越密小，孔数应增多，反之可以减少。注浆泵压力低，孔数也应适当增多。

2)注浆方式

注浆法按工艺可分为单液注浆和双液注浆。单液注浆仅需一套压浆系统，通过压力泵加压后，把浆液直接压入漏水缝隙。双液注浆采用两个压力泵加压，使甲、乙溶液通过各自的管路进入混合器，混合均匀后再压入漏水裂缝中。单液注浆工艺简单，而双液注浆具有易于控制凝结时间的优点。对于围岩或衬砌背后注浆，一般只采用无机材料为主的浆液如水泥浆、水泥水玻璃浆等，衬砌背后空洞较大也可以用砂浆，渗漏严重的结构常用水泥水玻璃浆液。对于衬砌混凝土内的孔隙和裂缝，一般使用有机材料进行注浆，常用的有络木素类、丙烯酰胺类、丙烯酸盐类、聚氨酯类、环氧树脂类、尿醛树脂类、呋喃树脂类等。这其实是一种衬砌裂缝补强加固处理的方法。此方法将化学浆液压入衬砌混凝土中，封堵裂缝，密实混凝土，达到治水目的。

6.3.2 喷射混凝土与隧道防排水

一般的喷射混凝土密实度较差，强度低，在围岩变形过程中容易产生大量裂缝，故工程中大多不考虑喷射混凝土的抗渗性。随着工程界对隧道及地下工程防渗漏的重视，一些工程开始尝试在喷射混凝土中掺入抗渗剂，来提高喷射混凝土的抗渗能力。具体做法：在喷射混凝土的过程中，对围岩有少量渗水的部位，在喷水混凝土中掺入 BR-2 型防水剂，掺入量为水泥的 3%~4%。在渗水量较大的部位，先找准出水点，钻 10~20cm 深集水孔，空中插入导水管排水，然后在该渗水区域，围绕导水管，由远及近喷射混凝土，最终将水集中于导水管。待喷射混凝土达到其强度的 70% 左右时，用 BR-1 型防水剂堵水。对于高地温隧道，在喷射混凝土时采取这样的措施，施工难度不大，造价不高，对减少隧道地下水渗漏的机会很有意义。

在喷射混凝土的过程中，结合半管排水的方法，能够起到很好的防渗防漏的效果。所谓的"半管"，就是断面呈"Ω"状的弹簧排水管，弹簧断面弦侧开口，弧侧粘贴有塑料膜。它的强度能够承受喷射混凝土的冲击力而不损坏、不变形，且纵向具有柔软可弯折的特点，这样就可以适应围岩变形及喷射混凝土表面不平整的要求。

在围岩不好的地段，根据围岩量测变形速度和地下水的大小，将设计的喷层厚度分成 2~4 层喷射，每层厚度不小于 5cm。当围岩开挖断面符合要求后，裂隙围岩中的地下水就会顺着裂隙流出，这时立即喷射第一层混凝土封闭围岩。而随着围岩的变形，第一层喷射混凝土产生裂缝渗漏水，这时在漏水处敷设半管，接着向半管喷射混凝土(厚度为 1~2cm)包裹。然后，检查第一层喷射混凝土表面有无渗水现象，在有渗水的地方打眼引水，并设半管，同样在其表面喷射混凝土包裹。再根据围岩变形情况，完成第二层喷射混凝土。待围岩变形稳定，按上述方法在第二层喷射混凝土表面敷设半管。这样直到最后一层喷射混凝土完成后不再出现渗漏水现象为止。因此，可将隧道外围地下水通过大量暗埋式半管引入纵向排水管排出洞外。

6.3.3 衬砌混凝土防水

高地温隧道中，隧道的混凝土衬砌既是外力的承载结构，也是防水的最后一道防线，因此要求衬砌既要具有足够的强度，同时又要具有一定的抗渗性。防水混凝土是通过加入少量的外加剂或者高分子材料并通过调整混凝土的配合比，抑制混凝土孔隙率，改善孔结构，提高自身密实度和抗渗性，达到防水目的。隧道衬砌常用的防水混凝土主要有以下几种。

(1)普通防水混凝土。普通防水混凝土是指以控制水灰比，适当调整含砂率和水泥用量的方法来提高其密实性及抗渗性的一种混凝土。其配比必须经过抗压强度和抗渗性能试验后确定。

(2)外加剂防水混凝土。在混凝土中掺入适量的外加剂，如引气剂、减水剂或密实剂等，使达到防水的要求。这种混凝土施工较为方便，若使用得当，一般能够满足隧道衬砌的要求。一般有引气剂防水混凝土、减水剂防水混凝土、密实剂防水混凝土和膨胀水泥防水混凝土。同时，高地温隧道穿越区域地下热水往往具有腐蚀性，还需要加入防腐剂。防水混凝土的养护比普通混凝土更为严格，必须重视。因为混凝土早期脱水或养护过程缺水，抗渗性大大降低。同时还应注意，防水混凝土不宜过早拆模。拆模时防水混凝土的强度必须超过设计强度的 70%。

6.4 高地温隧道防水材料

6.4.1 常用防水材料特性

目前，我国的建筑防水材料已逐步由高分子防水卷材、改性沥青防水卷材、刚性防水材料、密封材料等所替代，特别是高分子防水卷材、改性沥青防水卷材的使用率越来越高。当前在隧道防水层结构主要涉及的防水材料有防水卷材和密封材料。其中防水卷材以高分子防水卷材为主，较少采用改性沥青防水卷材，而止水带与止水条是主要的密封材料，国内外学者对此也进行了深刻的总结。

1. 高分子防水卷材

这主要是一种以合成橡胶、树脂为主要基础材料，同时混入不同比例的填充料及助剂等，经过塑炼、硫化加工工艺制成的片状可卷曲的防水材料。有时也会将其制成片材与合成纤维等复合形成多层可卷曲的片状防水材料。通常情况下，高分子防水卷材可分为树脂类、橡胶类和橡塑混合类，从构造上看，还可分为自粘防水卷材与防排水隔离板两种。高分子防水卷材耐老化，延伸率大，弹性较好，可在多数的防水工程中使用。

2. 高聚物改性沥青防水卷材

这是一种以聚酯毡、玻纤毡等织物材料为基料，浸涂高分子聚合物改性石油沥青后，再覆以饰面或隔离材料，最终加工制成长条片状可卷曲的防水材料。它主要利用了高聚物改性后的石油沥青作涂盖材料，改善了沥青的感温性，有了良好的耐高低温性能，提高了憎水性、黏结性、延伸性、韧性、耐老化性能和耐腐蚀性，具有优良的防水功能，但在山岭隧道运用较少，而多用于地铁工程中。

3. 止水材料

隧道工程中常用的止水材料有止水条和止水带。止水条以膨胀橡胶止水条为主，止水带则形式多样，品种繁多。

(1) 止水带的种类，如塑料型、钢板型、橡胶型等，多以预埋或可卸的施作方式用于结构物的施工缝、伸缩缝、变形缝等起到防水密封的作用。

(2) 止水条则是一种断面为四方形的条状自粘性遇水膨胀型止水条，依靠自身的黏性直接粘贴在混凝土施工区缝界面。在隧道工程中，止水条多是由高粘树脂、无机材料、橡胶等混炼制成。耐久性较好，遇水膨胀特性可以有效对防水接触部位的缝隙进行封堵填充，从而达到止水作用。

既有隧道工程中的防水卷材与金属材料相比，仍有强度不高、不耐高温、易于老化的缺点。高地温隧道工程中的防水层处于高温环境，因此有必要进一步开展防水材料的高温性能的研究。

高地温隧道防水材料的研究通过室内试验，测试常用防水材料在高温（50℃、55℃）下的力学性能，并依据相关规定的技术要求进行评价；针对高地温隧道特点，选择新型耐特高地温防水材料，通过高温力学试验测试并评价其高温力学性能。

6.4.2 EVA防水板高温性能测试

铁路隧道通常采用EVA防水板作为防水材料，测试其在高温下的物理力学性能，并用现行《(科技基〔2008〕21号)铁路隧道防水材料暂行技术条件(第1部分防水板)》相关规定进行评价，见图6-1～图6-3。

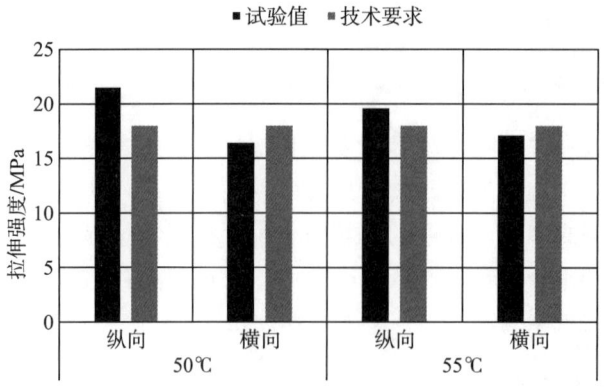

图 6-1 防水板高温下拉伸强度

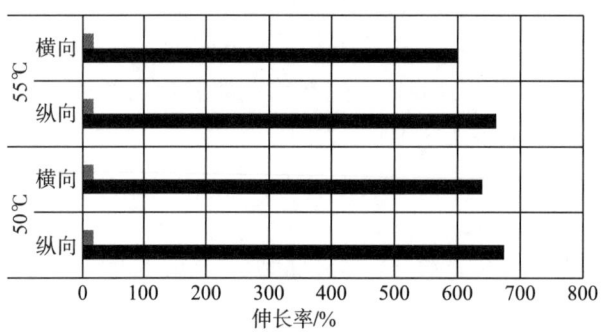

图 6-2 防水板高温下伸长率

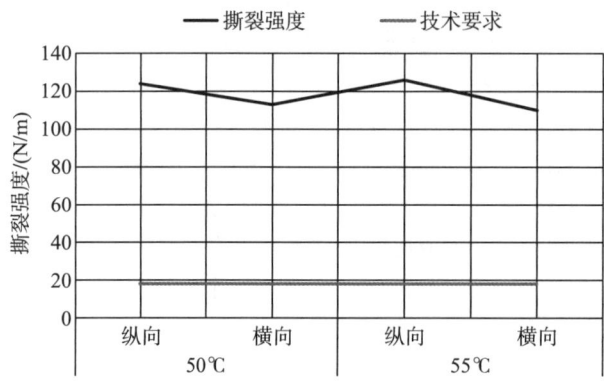

图 6-3 防水板高温下撕裂强度

由图可知：

(1) 在50℃、55℃下，EVA防水板在纵向上的拉伸强度、伸长率均满足相关技术要求，在纵向和横向上的撕裂强度均满足相关技术要求。

(2) 拉伸强度方面，在50℃和55℃条件下，除横向上略低于技术要求标准，且50℃下的拉伸强度相对较高。

(3) 在50℃下，EVA防水板在横向上的拉伸强度、伸长率低于技术要求5%、1.54%；在55℃下，EVA防水板在横向上的拉伸强度、伸长率低于技术要求8.89%、7.69%。

(4)防水板力学性能总体降幅较小。表明高温对 EVA 防水板物理力学性能的影响规律是着重降低其横向上的拉伸强度和伸长率。

6.4.3 橡胶止水带高温性能测试

测试常用橡胶止水带在高温下的物理力学性能,并用现行《(科技基〔2008〕21号)铁路隧道防水材料暂行技术条件(第2部分止水带)》相关规定进行评价,见表6-1。

表 6-1 常用橡胶止水带在 50℃、55℃下的物理力学性能试验

止水带类别	中埋式止水带		背贴式止水带		技术要求
试验温度/℃	50	55	50	55	23 或 27
拉伸强度/MPa	17.9	16.5	20.3	18.1	≥15
撕裂强度/(kN/m)	77	80	59	53	≥30
扯断伸长率/%	472	432	524	447	≥450

由表可知:

(1)在50℃下的拉伸强度、扯断伸长率和撕裂强度均高于在55℃下的指标,但中埋式止水带的撕裂强度在50℃下低于55℃下。

(2)在50℃、55℃下,止水带拉伸强度和撕裂强度满足相关技术要求,中埋式止水带的撕裂强度相对更优,背贴式止水带的拉伸强度相对更优。

(3)在50℃下,止水带扯断伸长率满足技术要求,而在55℃下则略低于(不满足)技术要求,背贴式止水带扯断伸长率较高于中埋式止水带。

(4)高温对橡胶止水带物理力学性能的影响规律是着重提高其硬度,降低其撕裂强度。

第 7 章　高地温隧道施工及综合降温设计方法

7.1　高地温隧道施工与安全防护

7.1.1　施工现状

在深埋长大隧道的修建中，各工程施工时往往遭遇危害程度不同的地热灾害。作者统计并分析国内外 20 余座深埋长大隧道的地质及温度情况，可知这类深埋长大隧道通常会穿过底层中的坚硬岩石，如花岗岩、石英岩、板岩等。此类岩石在长期的高地应力高地热地质环境的演化之下，表现出坚硬、致密、热导率低的特性，造成传热性能较差，在岩石区域聚积大量热能。国内在近五六年来，在拉日铁路、吐库二线、向莆铁路、玉蒙铁路、蒙河铁路、大瑞铁路等项目中相继遭遇隧道施工的高温高湿环境，而这也逐渐成为隧道施工所面临的一大难题。

隧道工程施工热害的主要影响有：①高温的施工环境威胁施工人员安全，降低人员劳动生产率；②施工和建筑材料的选取必须考虑耐高温或阻隔高温的特性；③高温附加于支护结构之上的温度应力可能造成衬砌结构的安全问题和耐久性问题；④高温高湿环境下施工中机械设备故障率增加、机械维护成本升高从而导致工作效率降低；⑤爆破作业的器材、材料选取和安全规程均需满足高温下的安全及可操作性。

在这种环境下，要同时满足工期、保证安全、保持质量，需采取针对性措施。首先通过超前的地质地温预报进行前方地质情况的判别；其次调整爆破方式并选用耐高温的爆破相关器材；最后在整个施工过程中，采用通风、洒水、喷雾、制冰、作业面制冷、热水处理等措施，尽可能做到降温效果与经济性兼顾。

7.1.2　超前地温预报

高地温隧道现场施工中，开挖后的高温环境给支护结构、材料及施工人员机械等会带来不同程度的热害影响，因此为了有效预防高地温隧道施工引发的高温热害问题，需要对掌子面前方围岩采取超前钻孔测温措施。同时，结合地质调查结果，对隧道掌子面前方的水文地质、岩温情况进行综合判定。在岩温超前探测方面，因地温分布及变化不具有明显规律性，所以存在高地温问题的隧道，施工期间应及时开展温度预报工作，对隧道环境温度、岩石表面温度及超前钻孔温度进行实时监测与预报，以指导施工。在掌子面做超前探孔，建议每循环长度为30~50m，探孔可在拱顶下2.0m左右位置打设，必要时于左右侧边墙各打设一处探孔，施工完成后采用便携式智能测温仪进行孔内温度测量。

7.1.3 高温围岩爆破规定

在《爆破安全规程》中规定：在超过60℃的高温矿井爆破时，应采取防自爆措施。高温爆破时，孔底温度超过50℃，必须采取防自爆措施。

爆破专著中多数将在温度高于50℃硫化矿岩中进行的爆破称为高温硫化矿爆破，或将在炮孔周围介质温度高于60℃情况下进行的爆破作业，称为高温爆破。

高温爆破应采取严格的安全措施，防止炸药在炮孔中产生热分解、自燃、自爆或拒爆。炸药自燃、自爆的原因有二：①硝铵类炸药与硫化矿石接触，在一定条件下发生化学放热反应，使炸药升温并产生气体和增加孔压，并转变为爆炸。②热稳定性差的炸药在高温炮孔中产生剧烈的热分解而放热，再转变成燃烧和爆炸。因此在高温环境下进行爆破作业，要根据现场的不同条件选用合适的爆破器材；高温下宜采用水胶炸药等耐高温炸药，使用耐高温高强度型的塑料导爆管。

在高温爆破中，需要严格遵循爆破安全规程的相关规定。高温爆破作业人员应经过专门培训，且形成固定搭配；装药前需测定工作面与孔内温度，掌握温度上升规律，降低炮孔温度，爆破器材隔热防护；装药需先低温到高温，高温孔的装药应当在其余准备工作全部完成后再进行；爆破的整个准备过程应随时监控，预防突发情况，保证安全第一。

7.1.4 施工人员与机械防护

1. 人员防护

1) 采取有效的个体防护

使用可放入不同工作介质的冷却服，如干冰、压缩空气、冷水及自冷却作用等，其中冰块效果最好，但效率低成本高；也可采用插袋式冷却背心，由工人携带5~10kg冰块，自行更换降温。

2) 合理安排高温作业时间

根据实际施工组织，进行循环化、多班次、自动化作业，降低单个工作人员在高温区域的单次持续作业时间，从而提高劳动效率，降低高温对人员的危害。

3) 强化人员健康管控

加强工作区域的局部通风；准备必要的药品及维生素、水分及盐类补充物品；设置具有合适温湿度环境的休息室，为施工人员提供临时休息场所；专车安排接送人员，减少不必要的体力损耗；高海拔地区需要增加制氧机，对于掌子面区域附近进行弥散式供氧，保证人员氧气需求，并设置氧气浓度过低的报警器，及时发出警报提醒。

4)加强人员身心健康检查

定期进行高温环境作业施工人员的全面体检,评估健康状况确定是否适应接下来的工作;禁止高血压、心脏病患者进入高温区作业;禁止人员在睡眠不足、疲劳、饥饿等负面状态下进入高温区作业;每日发放一定量清凉油、风油精、藿香正气水等防治中暑药物;进行施工人员防治中暑知识培训;配备医务人员执勤以应对突发情况。

5)进行高温劳动补贴

根据国家相关规定:如果施工单位不能有效降低工作场所温度,温度高于33℃时必须支付给劳动人员高温补贴费。以此调动工作人员积极性,保证施工作业正常进行。

6)安全管理措施

项目部应专门安排安全员,24h对高地温隧道进行跟班作业协助施工、现场指导。必须聘请专业人员进行爆破工作,爆破应遵循"短循环、小进尺"的原则,对洞内爆破进行统一安排和指挥。

2. 机械防护

1)无轨运输设备防高温措施

采用涡轮增压型的装载机和自卸汽车,随时注意装载机和自卸汽车水温表的指示读数不能超过80℃。对喷射混凝土的喷头进行改进,不间断的对装载机进行喷雾洒水降温。每隔半小时在装载机水箱内加注冷水。驾驶室内采用配合设备的空调系统,也可搁置自制冰块的方式降低驾驶室内温度。自卸汽车进洞前可在汽车水箱内加注冷水,配合空调降温,驾驶员携带冰块,降低汽车驾驶室内温度;加强行车路面的洒水降温工作,防止爆胎。

2)储备机械设备与配件

为应对设备因高温频繁发生故障,按正常施工情况的2倍进行机械配置及维修零件储备。购买维修材料和辅油时,重点考虑相关产品的耐高温性能。

施工期间备用重要设备,避免因设备大修造成停工。为防止进洞施工机械设备在高温作业环境中熄火,应额外增加一套机械设备,使洞内机械设备轮流工作,轮流维修保养。

3)加强保养

充分利用设备施工闲置时段时间进行保养,在施工过程中注重对设备自身排热性能的加强,对易老化的部件增加检查频率,提前配备或更换。

4)加强综合降温系统的检查维修

配备专业的技术人员负责综合降温系统的检查维修。配备1~2名专业技术人员,负责综合降温系统日常管理;配备4~5名运行维修人员,负责综合降温系统安装、维护及运行等工作。重点检查通风设备,对通风系统的通风量、风速、风压以及风机处的噪声进行定期测试并做好记录;对通风设备的供风能力、动力消耗和风管有无损伤等进行经常性的检查,对出现问题的通风机具及时维修;随着隧道掘进,风管须及时接长并调整出口至工作面的距离。为确保通风效果,管理好进洞的设备和洞内道路,避免洞内堆放闲置机具和堆积杂物,影响通风。

7.2 国内隧道温度控制标准

高地温隧道施工过程中，热害直接体现于洞室内气温升高，一方面造成人员直接暴露在高温环境下，施工效率降低；一方面造成洞内机电及机械设备热损耗；因此对于隧道施工中洞室内的温度，应当确立在一个适宜的范围以内。

对于不同行业，均提出了隧洞及地下工程、工矿作业环境下的不同的温度控制标准。调研的温度标准如表 7-1 所示。

表 7-1　各规范隧道温度控制标准

规范名称	规定
《铁路隧道全断面岩石掘进机法技术指南》（铁建设〔2007〕106 号）	隧道内气温不得高于 28℃
《铁路隧道工程施工安全技术规程规范》（TB 10304—2009）	隧道内气温不得高于 28℃
《公路隧道施工技术规范》（JTG F60—2009）	隧道内气温不得大于 28℃
《水利水电工程施工组织设计规范》（SL 303—2004）	洞室内平均温度不应超过 28℃
《水工建筑物地下工程开挖施工技术规范》（LD/T 5099—2011）	洞内平均温度不应超过 28℃

由上表可知，国内对于隧道或地下洞室内温度要求普遍为 28℃。

7.3 围岩传热原理分析

高地温隧道施工过程中，所遭遇热害的热量来源主要有两个方面，一方面是围岩释放进洞室内的热量，一方面是施工活动本身产生的热量。

高地温隧道横断面一维非稳态传热分析基于如下假设：

(1) 隧道断面简化为圆形；

(2) 隧道衬砌、围岩各层介质各向同性，热物性质稳定且不受温度影响；

(3) 隧道内壁周向上各处换热条件一致，洞内空气温度均匀且恒定；

(4) 隧道各层介质间不存在接触热阻；

(5) 隧道沿轴线方向传递的热量远远小于径向，假设隧道只沿径向传热，轴向和周向无热流；

(6) 隧道各层介质内无内热源，隧道衬砌及围岩中的传热方式为热传导，衬砌与隧道内空气的传热方式为对流换热，热辐射传递的热量忽略不计。

7.3.1 围岩传热计算方法

1. 计算原理

根据本书第 2 章 2.1 节内容，可选取合适参数计算围岩内部温度的时空分布，根据围岩温度状态的变化及其热物性参数，可推算出围岩在该变化过程中的热量释放。

2. 计算流程

(1)选取计算参数，计算参数包括：①确定内边界温度，即隧道内空气温度，一般取隧道开挖后洞内空气平均温度作为内边界温度。②传热介质的热物参数，即围岩及衬砌材料的热物参数(导热系数、比热容、密度、对流换热系数)。③确定外边界温度，为消除边界效应带来的影响，外边界点距离隧道洞壁距离一般取 3 倍洞径以上，通过初始地温理论计算方法可确定该点处初始地温，该初始地温即外边界温度。

(2)选取合适的时间步长 $\Delta\tau$ 和空间步长 Δr，时间步长和空间步长选取得越小，所得计算结果越精确，但步长取得过小会导致计算机运算时间大大增加，因此需结合工程精度需求选取合适的时间步长 $\Delta\tau$ 和空间步长 Δr。同时所选取的时间步长 $\Delta\tau$ 和空间步长 Δr 需满足稳定性要求，即计算所得的网格毕渥数 Bi 和网格傅里叶数 Fo 需满足判别式(2-34)、式(2-35)的要求。

(3)根据所推导建立的节点物理量的代数方程进行计算，可采用数学运算软件进行计算。

在本次计算中，采取的各项参数如表 7-2 所示。

表 7-2 围岩传热计算参数选取表

净空半径/m	二衬厚度/m	初支厚度/m	混凝土密度/(kg/m^3)	混凝土比热容/$[J/(kg·K)]$
4.2	0.4	0.2	2200	960
混凝土导热系数/$[W/(m·℃)]$	围岩密度/(kg/m^3)	围岩比热容/$[J/(kg·K)]$	围岩导热系数/$[W/(m·℃)]$	围岩热扩散系数/(m^2/s)
2.944	2600	722.1	3.2	1.704×10^{-6}

拟定隧道开挖后洞内风温 t_f 恒定 28℃，分别取时间步长 0.5h，空间步长 0.1m，采用 40℃/50℃/60℃/70℃/80℃/90℃/100℃ 共 7 组围岩初始温度，选取二次衬砌在初期支护完成 40 天/50 天/60 天后施做的三种工况，分别计算初期支护施做和二次衬砌施做后，支护和围岩的温度变化。

7.3.2 热量释放计算方法

通过数学软件计算已经得到隧道洞周围岩内部各点温度在时间及空间上的分布数据。各点间隔距离为 Δd，时间间隔为 $\Delta\tau$，则可以得到：支护和围岩内部随时间和空间变化各节点的温度分布。

通过分析围岩内部温度场的变化情况，将温度变化相对于初始温度小于 0.1% 时视为温度已稳定不再变化，由此可得知围岩调温圈范围。此时明确围岩、初期支护、二次衬砌的热物参数：导热系数 λ、比热容 c、密度 ρ、对流换热系数 h。通过温度变化值，利用公式 $Q=cm\Delta t$ 即可计算围岩在调温圈范围内的热量释放，这部分热量则全部散入隧道洞室内部。

如图 7-1 所示，在计算结果中，调温圈范围已确定，某时间下各点的温度已知，将初始条件下由隧道边界向外方向各点温度值视为 $t_1, t_2, \cdots, t_i, \cdots, t_n$，热量释放后各点温度值视为 $t_1', t_2', \cdots, t_i', \cdots, t_n'$，对于两温度点之间第 i 环形区域的平均温度则可近似为 $\frac{t_i+t_{i+1}}{2}$ 和 $\frac{t_i'+t_{i+1}'}{2}$，如图 7-1 阴影区域所示。则第 i 环形区域的平均变温 $\Delta t_i = \frac{t_i+t_{i+1}}{2} - \frac{t_i'+t_{i+1}'}{2}$。已知温度点所在空间位置，可计算得到第 i 环形区域面积 S_i。则隧道轴向单位长度上围岩调温圈在该段时间内释放热量为

$$Q_0 = \sum_{i=1}^{n} c\rho S_i \Delta t_i \tag{7-1}$$

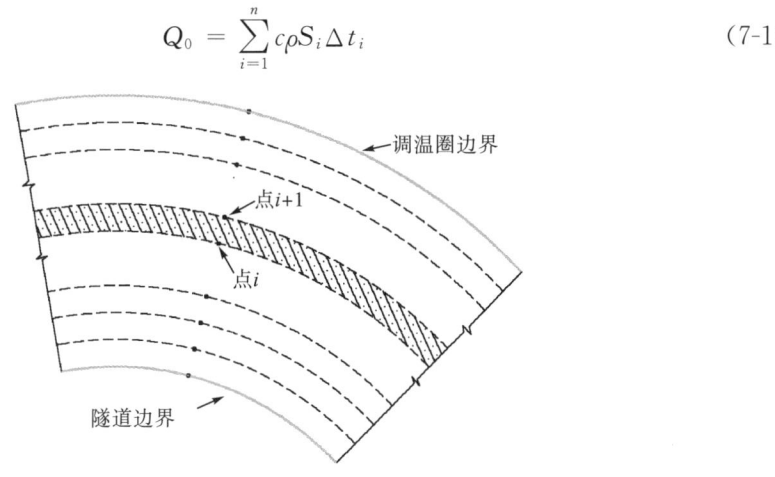

图 7-1 调温圈内温度-热量计算示意

7.4 围岩内部温度分布及热量释放计算

开挖过程中当天围岩向洞室内释放的热量 Q_{wy} 分为两个部分：掌子面前方围岩释放热量 $Q_{掌}$ 和径向围岩释放热量 $Q_{径}$。

7.4.1 径向围岩释放热量

1. 围岩散热基础公式

计算可得各组不同初始围岩温度工况下，在不同时间节点处，从开始到时间节点这一时间段内释放的热量 Q_{0i}，将各个 Q_{0i} 值与时间及围岩初始温度进行拟合，可得出径向上单位厚度的围岩在一段时间内散热总量与围岩初始温度及经历时间的关系式。

$$Q_{初0} = a_1 + a_2 t_0^{a_3} + a_4 D_{初}^{a_5} + a_6 t_0^{a_3} D_{初}^{a_5} \tag{7-2}$$

$$Q_{衬0} = b_1 + b_2 t_0^{b_3} + b_4 D_{衬}^{b_5} + b_6 t_0^{b_3} D_{衬}^{b_5} \tag{7-3}$$

式中，t_0 为围岩初始温度（℃）；$D_{初}$、$D_{衬}$ 为施做初期支护/二次衬砌后的散热天数（天）。

式中各参数取值见表 7-3。

表 7-3 式中各参数取值

参数	取值	参数	取值
a_1	2875192.22339463	b_1	863079.99370197
a_2	−74005.1503803449	b_2	−15153.5525894709
a_3	1.12138858688144	b_3	1.00041221981038
a_4	−2422811.83745745	b_4	−97955.0665550419
a_5	0.26702563358921	b_5	0.846360427310807
a_6	61956.6046257593	b_6	3505.39141820741

2. 施工段径向围岩散热量计算

径向围岩释放热量分为两个部分：开挖后初期支护施做完成段，释放热量 $Q_{初}$；二次衬砌施做完成段，释放热量 $Q_{衬}$；$Q_{径}=Q_{初}+Q_{衬}$，如图 7-2 所示。

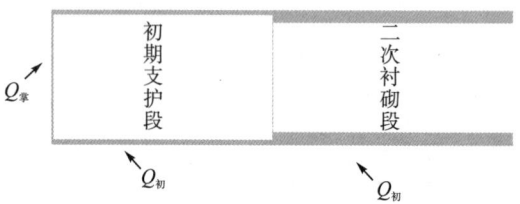

图 7-2 围岩及支护热量释放示意

对于初期支护段，其总长 l_1，可根据每日进尺 l_{01} 将其分为 n 个等分段。最接近掌子面的为第 1 段，其释放热量为施做初期支护后第 0~1 天释放的热量；其次为第 2 段，其释放热量为施做初期支护后第 1~2 天释放的热量；第 i 段，其释放热量为施做初期支护后第 $i-1$~i 天释放的热量；第 n 段，其释放热量为施做初期支护后第 $n-1$~n 天释放的热量，如图 7-3 所示。

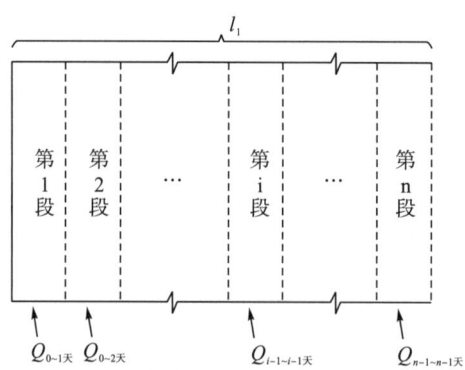

图 7-3 初期支护段释放热量计算示意

则在当日的施工中，初期支护段释放热量：

$$Q_{初} = Q_{0\sim 1天} + Q_{1\sim 2天} + \cdots + Q_{i-1\sim i天} + \cdots + Q_{n-1\sim n天} \tag{7-4}$$

$Q_{初}$ 在数值上等于初期支护第 1 段在 0~n 天释放的热量，即 $Q_{初}=l_{01}Q_{初0}$

同理可得，二次衬砌每日进尺为 l_{02}，其每日释放热量 $Q_衬$ 在数值上等于二次衬砌第 1 段在施做二次衬砌后第 $0\sim n$ 天释放的热量，即 $Q_衬=l_{02}Q_{衬0}$。

即隧道施工每日围岩向洞室内释放的热量计算公式如下：

$$Q_径 = \begin{cases} l_{01}(a_1+a_2t_0^{a_3}+a_4D^{a_5}+a_6t_0^{a_3}D^{a_5}), 0<D\leqslant 50 \\ l_{01}(a_1+a_2t_0^{a_3}+a_4D^{a_5}+a_6t_0^{a_3}D^{a_5})+l_{02}[b_1+b_2t_0^{b_3}+b_4(D-50)^{b_5}+b_6t_0^{b_3}(D-50)^{b_5}], D>50 \end{cases}$$

(7-5)

式中，l_{01} 为初期支护段每日进尺(m)；l_{02} 为二次衬砌段每日进尺(m)；t_0 为围岩初始温度(℃)；D 为施做初期支护后的天数(天)。

7.4.2 掌子面前方围岩释放热量计算

对于掌子面前方围岩的散热，其可以视为一直处于裸露围岩直接向洞内放热的阶段。围岩调温圈的范围内，其温度变化是一个动态循环过程，每日向围岩深处影响的进尺也为开挖进尺 l_{01}。将温度变化相对于初始温度小于 0.1% 时视为温度已稳定不再变化，则不论围岩初始温度处于何种状态，裸露围岩释放热量 1 天后变温范围深度均在 1.5m 以内，与隧道施工的进尺相近，则在循环施工中 1 天释放的热量 $Q_掌$ 即裸露围岩在 1 天之内调温圈范围释放的热量。利用数学方法拟合得掌子面前方每日释放热量为

$$Q_掌 = 33764t_0 - 945391 \tag{7-6}$$

7.4.3 施工过程围岩释放热量计算

已知 $Q_{wy}=Q_掌+Q_径$，则围岩散热功率为 $P_{wy}=\dfrac{Q_{wy}}{24\times 3600}$，单位：kW。

根据前述的热害等级划分，采用各热害等级下最不利温度 40℃/60℃/80℃/100℃ 为四种围岩初始温度，取初期支护段每日进尺 $l_{01}=2$m，二次衬砌段每日进尺 $l_{02}=4$m，散热计算长度取 140m，代入计算得表 7-4。

表 7-4 不同初始温度下围岩释放热量

热害等级	一	二	三	四
初始岩温/℃	40	60	80	100
热量/kW	90.20	199.27	312.24	428.21

7.5 施工活动产生热量计算

隧道内施工活动必然会产生热量，这些热量释放于隧道洞室内，也属于施工降温的范畴。现有隧道施工活动产生的热量主要包括施工人员散热、混凝土水化热、围岩爆破和施工机械产热。

7.5.1 施工人员散热

$$P_{\mathrm{p}} = \frac{q_{\mathrm{p}} n_{\mathrm{p}} t_{\mathrm{p}}}{24} \tag{7-7}$$

式中，q_{p} 为单人散热量(kW)；n_{p} 为施工人数；t_{p} 为每日施工时间(h)。

不同劳动强度下，人员散热见表 7-5。

表 7-5 人员劳动散热量　　　　　　　　　　　　　　（单位：kW）

劳动强度	休息	轻度	中等	重度
q_{p}	0.09~0.115	0.200	0.275	0.470

单个施工人员的散热量与劳动强度和环境温度相关，对于高地温隧道施工环境，视为重度劳动，取单人散热量为 $q_{\mathrm{p}} = 0.47\mathrm{kW}$。

7.5.2 爆破产热量

$$P_{\mathrm{b}} = \frac{q_{\mathrm{b}} m_{\mathrm{b}}}{24 \times 3600} \tag{7-8}$$

式中，q_{b} 为每千克炸药爆炸释放热量(kJ/kg)；m_{b} 为每日炸药消耗量(kg)。

各类型炸药爆破释放热量见表 7-6。

表 7-6 常见炸药爆热值　　　　　　　　　　　　　　（单位：kJ/kg）

炸药名称	爆热	炸药名称	爆热
黑火药	2784	硝酸铵	1440
梯恩梯	4187	雷汞	1733
特屈儿	2562	岩石 2 号炸药	3687
黑索金	6278	铵油炸药	4101
泰安	5895	62%胶质炸药	5482
氮化铅	1536	硝化甘油	6217
萘胺	5860	安萘炸药	3957
铵克炸药	4145	铵梯炸药	4229

7.5.3 机械产热量

隧道施工爆破后需要进行出渣运输等施工措施，工程机械大都为大功率的机械，其产生的热量不容忽视。根据相关资料，机械设备的散热量计算公式如下：

$$P_{\mathrm{m}} = \frac{1}{24 \times 3600} \sum_{i=1}^{n_{\mathrm{m}}} 0.55 \times 0.8 \times 860 \times t_i N_{ci} \tag{7-9}$$

式中，n_m 为工作机械的台数；t_i 为第 i 台机械每日实际运行时间(h)；N_{ci} 为第 i 台机械额定功率(kW)。

7.5.4 水化热

混凝土水化热来自水泥，其中水泥含量见表 7-7。

表 7-7 混凝土水泥配量　　　　　　　　　　　　　　　　（单位：kg/m³）

混凝土型号	C25	C30	C40	C50
水泥配量	385	366	400	448

水泥水化热的影响因素很多，其中有水泥熟料的矿物组成、水灰比、水泥细度、水化温度、混合材料和外加剂等，其中水泥熟料的矿物组成是影响水泥水化热的主要因素。水泥水化热释放周期较长，但约 70% 的热量是在 7 天内释放出来的，28d 龄期水泥释放出热量达到总水化热的 80% 以上。假设 28 天后释放热量忽略不计，则水化热热量计算公式如下：

$$P_c = \frac{\alpha_c w_c q_c}{24 \times 3600} \tag{7-10}$$

式中，w_c 为每日混凝土用量(m³/d)；α_c 为混凝土中水泥含量(kg/m³)；q_c 为 28d 龄期水泥水化热，352.51kg/kJ。

综合式(7-7)~式(7-10)，根据桑珠岭隧道现场施工资料，其施工活动产生热量：

$$P_{施} = P_p + P_b + P_m + P_c = 77.74\text{kW}$$

7.6 高地温隧道施工总热量计算

施工中需要通过降温技术处理的热量包含围岩散热量、施工人员散热量、爆破产热量、机械产热量和水化热，$P_{总} = P_{wy} + P_{施}$，在计算中分为四个热害等级，且围岩释放热量见表 7-4，得表 7-8。

表 7-8 隧道施工总热量

热害等级	一	二	三	四
散热量	172.63	289.52	410.30	534.08

7.7 隧道常规施工通风及风机选型计算

7.7.1 高海拔对于施工通风的影响

海拔 2000m 以上大的隧道称为高原隧道，由于高原环境的改变，空气性质相应改变，空气的物理性质各项指数也在改变，这对于施工通风也造成了较大影响。空气密度主要的影响因素有空气温度、湿度及空气压力。当海拔发生变化时，大气压力也相应发生改变，随着海拔高度的增加，大气压力减小，空气密度也减小。空气密度与海拔高度相关，海拔越高，气压与空气密度越低。根据现场测试，桑珠岭隧道大气压为 73.2kPa，温度取 20℃，该气压下空气密度由下式计算：

$$\rho_{气} = 1.293 \times \frac{p}{101.325} \times \frac{273.15}{t} \tag{7-11}$$

式中，$\rho_{气}$ 为当地海拔高度空气密度（kg/m³）；t 为当地空气温度（K）；p 为实际大气压力（kPa）。

随着海拔高度的增加，气压减小，空气密度降低，导致风机在高海拔地区运行状态发生改变。尤其在高海拔特长隧道中，高海拔地区低气压低氧含量的原因，导致风机效率相比平原地区更差。但由于设计人员在通风设计时忽略了这些因素对风机性能的影响，最终设计得到的在高原地区隧道通风所用风机效率不足，导致洞内环境不满足安全要求。这并不是风机在高原地区发生故障或者型号有误，而是由于高海拔地区空气密度减小后，风机产生的推力会减弱，最终导致风机功率降低。而风机风量的值与海拔高度并无关系，即相同工况条件下的同一风机在不同海拔高度的风机风量不变。

对于隧道通风风管漏风率的确定，我国所有通风系统设计文献只能提供 800mm 以下通风管道的技术性能数据。对于目前国内使用的新型大直径风管，目前还没有准确的测试数据。国内对风管漏风率的研究很少，对于风管在高海拔地区的性能研究更是寥寥无几。根据已有研究资料，给出了高海拔下风管漏风率的修正系数和风机功率的修正系数如下：

$$q_{高} = c_1 q_{平} \tag{7-12}$$
$$c_1 = 6 \times 10^{-5} H + 0.9882 \tag{7-13}$$
$$N_{高} = c_2 N_{平} \tag{7-14}$$
$$c_2 = -8 \times 10^{-5} H + 0.9815 \tag{7-15}$$

式中，$q_{高}$ 为高海拔修正漏风量（m³/s）；$q_{平}$ 为平原地区漏风量（m³/s）；c_1 为风管漏风率修正系数；c_2 为风机高海拔功率修正系数；$N_{高}$ 为风机高海拔修正功率（kW）；$N_{平}$ 为风机功率（kW）。

桑珠岭隧道海拔 3500m 左右，空气密度 0.87kg/m³，c_1=1.2，c_2=0.7。

7.7.2 常规施工通风需风量

施工通风所需风量按洞内同时作业最多人数、洞内允许最小风速、一次性爆破所需要排除的炮烟量、内燃机械设备总功率和通风降温所需风量分别计算，取其中最大值作为控制风量。桑珠岭隧道海拔 3500m 左右，属于高海拔隧道，在通风设计中应考虑到海拔的影响。

1. 洞内最低风速

隧道施工规范规定：风速在全断面开挖时不小于 0.15m/s，坑道内不小于 0.25m/s，但均不应大于 6m/s。

$$Q_{风} = S \cdot v_{\min} \tag{7-16}$$

式中，S 为隧道开挖断面积(m^2)；$v_{\min}$ 为洞内允许最小风速(m/s)。

桑珠岭隧道 $Q_{风}=8.31m^3/s$。

2. 施工人员需风量

$$Q_{人} = q \cdot n_p \tag{7-17}$$

式中，q 为作业面每一作业人员的通风量，取 $3m^3/min$；n_p 为施工人数(人次)；

桑珠岭隧道 $Q_{人}=1.5m^3/s$。

3. 爆破排烟需风量

$$Q_b = \frac{7.8}{t}\sqrt[3]{m(S \cdot L)^2} \tag{7-18}$$

式中，m 为同时爆破炸药量(kg)；t 为通风时间，放炮后通风时间按 30min 计算；L 为通风换气长度(m)；S 为隧道断面积(m^2)。

桑珠岭隧道 $Q_b=23.80m^3/s$。

4. 内燃机械需风量

按内燃机械设备总功率计算：

$$Q_m = H_{机} \cdot q_{机} \tag{7-19}$$

式中，$H_{机}$ 为内燃机械总功(kW)；$q_{机}$ 为内燃机械单位功率供风量$[m^3/(min \cdot kW)]$。

桑珠岭隧道 $Q_m=24m^3/s$。

常温下施工通风需风量为以上四项风量的最大值 $Q_{施}=\max\{Q_{风}, Q_{人}, Q_b, Q_m\}=24m^3/s$。

7.7.3 通风降温需风量

通风降温主要以吹入空气的升温来吸收热量，空气温度变化为 Δt，空气比热容为 $c_{气}$，则有

$$Q_{降} = \frac{P_{总}}{c_{气} \rho_{气} \Delta t} \tag{7-20}$$

计算可得表 7-9。

表 7-9 桑珠岭隧道通风降温需风量

热害等级	一	二	三	四
需风量	56.33	94.47	133.88	174.28

高地温隧道施工中，隧道工作面需风量 $Q_0=\max\{Q_{施}, Q_{降}\}$。

7.7.4 风机选型计算

国内外选择风机的方法有很多，但主要区别还是在于如何计算风机的出口风压和风

量,其基本步骤没有什么区别,本次计算已知隧道工作面需风量为 Q_0。当单组风机的风量不足以达到供风需求时,可采用风机的串联和并联来满足要求。风机并联时,即采用 n 组风管,每根风管提供的风量为 $Q_{0i} = \dfrac{Q_0}{n}$;风机在同一风管中串联时,该管路中的各个风机提供风量相同,并共同承担静压。

对于风机提供风量与掌子面需风量的关系,选择日本青函隧道公式法,需要的风机风量 Q_i 为

$$Q_i = \frac{Q_{0i}}{(1-c_1\beta)^{\frac{L_0}{100}}} \tag{7-21}$$

式中,L_0 为送风长度(m);β 为百米漏风率。

由于隧道断面面积远大于通风管路的断面面积,因此隧道的通风阻力可忽略不计。风机提供的静压包括通风沿程阻力和局部阻力,为简化计算,取局部阻力为沿程阻力的 10%。通风阻力计算:

$$p_{静} = 1.1 \times \frac{400\lambda\rho_{气}}{\pi^2 d^5} \cdot \frac{(1-c_1\beta)^{\frac{2L_0}{100}}-1}{\ln(1-c_1\beta)} \cdot Q_i^2 \tag{7-22}$$

$$p_{动} = \frac{4\rho_{气}}{\pi^2 d^4} \cdot Q_i^2 \tag{7-23}$$

式中,λ 为沿程阻力系数,软风管可取 0.014;d 为风管直径(m);$\rho_{气}$ 为空气密度 (kg/m³)。

当该管路有 m 个串联风机时,不考虑风机进口损失,各个风机全压 H_t 即出口全压,为静压动压之和:

$$H_t = \frac{p_{静}}{m} + p_{动} \tag{7-24}$$

所需风机电动机输入功率:

$$N_m = \frac{Q_i \cdot H_t}{1000 c_2 \cdot \eta_t \cdot \eta_m \cdot \eta_{tr}} \tag{7-25}$$

式中,N_m 为风机电动机输入功率(kW);η_t 为风机的全压效率,取 80%;η_m 为电动机的效率,取 90%;η_{tr} 为传动效率,取 90%。

在风机选型计算中以隧道工作面需风量 Q_0 为基础,考虑海拔对风机的影响,分别计算风机风量、风机全压和风机电动机输入功率,并选用风机即可。对于桑珠岭隧道施工通风,计算参数见表 7-10。

表 7-10 桑珠岭隧道施工通风风机计算参数

空气密度/(kg/m³)	风管直径/m	百米漏风率 β	送风长度 L_0
0.87	1.5	0.01	1000

风管沿程阻力系数 β	风管漏风率修正系数 c_1	风机高海拔功率修正系数 c_2	—
0.014	1.2	0.7	—

在风机选用的过程中，宜尽量减少风管数量，避免占用过多洞室内空间，也可以减少工作量；同时降低对于风机全压和功率的要求，以满足通用风机的性能范围。由计算可知，桑珠岭隧道中，可采用以下风机方案，见表7-11。

表 7-11　各热害等级单纯通风降温风机方案　　　　（单位：Pa，kW）

热害等级	需风量 /(m³/s)	风机方案
一	56.33	单风机全压>1353.51 单风机功率>94.83 2×风管 1×串联风机 总功率 189.65
二	94.47	单风机全压>1692.03 单风机功率>132.54 3×风管 1×串联风机 总功率 397.62
三	133.88	单风机全压>1911.52 单风机功率>159.15 4×风管 1×串联风机 总功率 636.60
四	174.28	单风机全压>1191.83 单风机功率>129.17 4×风管 3×串联风机 总功率 1550.00

7.8　高地温隧道施工阶段综合降温设计方法

7.8.1　通风降温

1. 理论计算

通风降温主要以吹入空气的升温来吸收热量，空气温度变化为 Δt，空气比热容为 $c_{气}$，则有式(7-20)

$$Q_{降} = \frac{P_{总}}{c_{气} \rho_{气} \Delta t}$$

桑珠岭隧道取 $c_{气}=1.00643 \text{kJ}/(\text{kg} \cdot \text{℃})$，$\Delta t=3.5\text{℃}$，$\rho_{气}=0.87\text{kg/m}^3$。空气的各项热物理参数已知，则有

$$\eta_{气} = c_{气} \Delta t \rho_{气} \tag{7-26}$$

式中，$\eta_{气}$ 为空气降温能力(kJ/m^3)。

桑珠岭隧道施工中，空气降温能力为 $\eta_{气}=3.06457935\text{kJ/m}^3$。

对于通风降温的经济性问题，现已知通风降温工作面需风量 Q_0，以及以需风量为基础的风机选型计算方法，基于风机电动机功率与林芝地区工业用电电价的关系，通过计算不同温度下选用风机的总功率，将其与 Q_0 数据进行拟合，得到通风提供风量与费用之

间的关系如下，式中各参数取值见表 7-12：

$$t_{气} = f(Q_0) = p_1 + p_2 Q_0^3 + \frac{p_3}{Q_0} + \frac{p_4}{Q_0^2} \tag{7-27}$$

式中，$t_{气}$ 为通风降温单价(元/m^3)；Q_0 为隧道工作面需风量(m^3/s)。

表 7-12 式中各参数取值

p_1	−0.00223331942450281
p_2	8.23366759822846×10^{-10}
p_3	0.357836646823371
p_4	−10.1168176453109

2. 通风降温模拟

1) 模型建立

计算模型采用直角坐标系，模拟隧道长 140m，隧道高 8.4m，掌子面横坐标 $x=0$m，风管出口距掌子面 30m，高 6.9m，风管直径 1.5m，出口位于 x 轴正向 140m 处。隧道模型及尺寸见图 7-4。模型网格划分，在模型 0~30m 段较密，30~140m 段较疏。

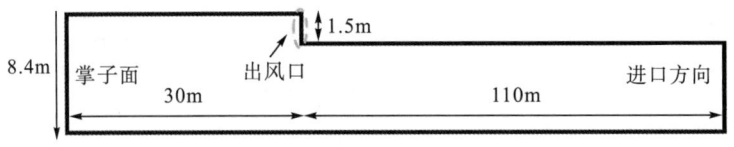

图 7-4 模型尺寸示意图

2) 模拟工况

根据 4 个热害等级对应围岩温度和表中确定的需风量设置 4 个工况，风管出口处风速矢量垂直于风管出口，进风温度为 24.5℃，模拟在高温围岩边界下的单纯采用通风降温效果，单通风数值模拟工况设置见表 7-13。

表 7-13 单通风数值模拟工况设置

工况	围岩温度/℃	风量/(m^3/s)
工况 1	40	56.33
工况 2	60	94.47
工况 3	80	133.88
工况 4	100	174.28

3) 计算结果分析

四个工况下的温度场如图 7-5~图 7-9 所示。

图 7-5　围岩 40℃下通风降温后温度场

图 7-6　围岩 60℃下通风降温后温度场

图 7-7　围岩 80℃下通风降温后温度场

图 7-8　围岩 100℃下通风降温后温度场

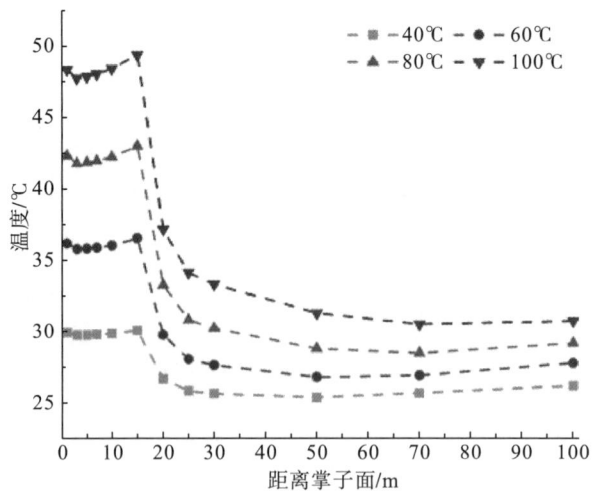

图 7-9　各工况下降温效果空间分布图

从图 7-5～图 7-9 中可以看出，距掌子面 30～140m 区间内，降温效果比较好，40℃ 时降至 26℃左右，60℃时降至 27℃左右，80℃时降至 29℃左右，100℃时降至 31℃左右，而随着远离掌子面方向气温略有升高，这是由于空气降温能力已近饱和，而远处围岩仍处于不断散热的过程导致的。

在距掌子面 0～30m 区间内，降温效果与 30～140m 区间相比更差，从 25m 开始越靠近掌子面气温迅速上升，在掌子面附近 0～15m 左右温度居高不下，在围岩为 60℃/80℃/100℃时处于 36℃/42℃/48℃气温下，远远超过了 28℃的限值。对于 3～15m 气温略有上升，这是因为在该模型的流场中，风管吹入的空气射流不能直接达到掌子面，而是在射出一段距离后开始回流，大部分流向隧道远端的出口，小部分贴地面流向掌子面，然后冲击掌子面再向掌子面远处扩散，因此跟随冷风流而来的降温效果，会导致 3～15m 距离上温度是略微上升趋势。可知单纯的通风降温，在围岩温度越高时，其在掌子面附近的施工区间降温效果越差，其余区间降温可以达到 28℃或略微超过 28℃的情况。

7.8.2　冰块降温

1. 原理

隧道施工中的冰块降温，是指在隧道外建立制冰处，由制冰机产出冰块后运输进隧道内高温区段进行降温的施工措施。冰块降温吸收热量主要来自三个方面，冰的升温吸热、冰熔化吸热、水升温吸热。冰与水的热物理参数见表 7-14。

表 7-14　冰和水的热物理参数比

冷媒	密度 /(kg/m³)	导热系数 /[W/(m·K)]	比热容 /[kJ/(kg·℃)]	熔化热 /(kJ/kg)
水	999.87	0.569	4.2	—
冰	920	2.25	2.1	335

由上表可知，冰的相变潜热所承载的吸热能力远大于冰和水的升温吸热能力，用冰降温制冷就是主要利用其熔化吸热来达到降低空气温度的目的。

2. 冰块降温特点

冰块降温的局部影响较好，这是因为冰的熔化需要时间，而在此之前冰与周围的空气进行对流换热和辐射换热，因此越靠近冰块降温效果越明显，有资料显示，冰块降温影响范围在 1～3m，且冰块下风处温度更低。因此冰块应放置于工作面附近和作业人员较为集中的地方。

另一方面，冰块降温熔化较慢，则无法在其熔化之前进行能量回收。冰的制备无论是初期成本还是运行成本都比较高，且影响范围较小，不适宜作为大范围普遍使用的降温措施。

3. 冰块降温经济性

由冰块的各项热物理性质可知，冰块的降温能力：

$$\eta_{冰} = L_{冰} \rho_{冰} \tag{7-28}$$

式中，$\eta_{冰}$ 为冰块降温能力 (kJ/m^3)。

计算得 $\eta_{冰} = 3.082 \times 10^5 kJ/m^3$。根据调研，普通制冰机制作冰块的耗电量为 $0.06 kW \cdot h/kg$，工业用水单价为 4.1 元$/m^3$，林芝地区工业用电电价为 0.6631 元$/kW \cdot h$，则冰块价格为 $=40.375$ 元$/m^3$。

7.8.3 喷雾降温

1. 原理

喷雾降温指的是在高温环境中，将净化后的水通过雾化装置以细小雾滴的状态分布在高温环境中进行输运和弥散，借助送风装置形成气液两相流动，利用喷雾液滴蒸发吸热实现对周围环境的降温。喷雾降温的关键技术在于制造出超细微水雾粒子。这样做是为了增加液体的表面积，液滴表面积越大，其与周围空气的热交换速率就越快，最终加快液滴的蒸发速度，使喷雾区域的人员头发和地板不被润湿。雾滴在隧道中运行时，雾滴会在隧道中蒸发。雾滴的蒸发速率不仅取决于隧道空气的温度、相对湿度和传质特性，而且与雾滴本身的温度、直径及传质特性相关。对于单个雾滴的传热传质特性，许多文献都有阐述，雾滴在蒸发时分为两个过程，雾滴加热升温过程和雾滴稳态蒸发过程，两个过程的临界温度是隧道空气的湿球温度。

高压喷雾直接蒸发冷却技术应用在降温领域，最早是国外用于农业生产，成熟于美国、西班牙、日本世博会，现已成为国际上较流行的室外降温方法。国内在降温领域的应用从 90 年代开始尝试，积累了较好的应用经验。随着我国隧道工程的发展，越来越多的高地温隧道，因此，喷雾降温作为一种有效且实用的措施，越来越多的用于高地温隧道施工之中。

喷雾降温受环境因素和雾化技术等多种因素的影响。首先是受空气流动的影响，喷雾降温系统主要是靠水的蒸发吸热而降温，因此需要适当的空气流动以避免空气湿度的过度增大而导致蒸发效率降低等负作用。通常空气有微弱的流动能将湿空气逐渐扩散即可，过大的空气流动则会快速地带走水雾和降温后的冷空气，使降温作用减弱。其次受空气湿度的影响，空气越干燥，蒸发降温的潜力越大。第三，受雾化粒径的影响。喷雾降温系统必须要达到一定的雾化粒径，水雾越细，其表面积越大，与空气接触蒸发吸热的效率越高。过粗的雾滴，不但蒸发效率降低，还有可能带来润湿路面及行人着装等负作用。

2. 特点

(1) 喷雾降温技术是以水为原料的纯物理方式，以蒸发吸热原理吸收环境热量，降温过程中不产生有害物质，不会对环境造成二次污染且改善空气质量，降温效果明显，人体舒适度好。相对空调来说，其最大的优点就在于减少了二氧化碳的排放，成本也相对较低，运输过程中基本没有遗漏。

(2) 喷雾降温系统具有明显的降温作用。通过喷雾系统将水雾化成微小的雾滴，并喷射到空气中，与空气接触吸收空气的热量而蒸发，从而导致空气散热而降低温度。

(3) 在高地温隧道施工中，与降温的正面作用相比，增加"湿热"的负作用是次要的，喷雾降温的总体作用使综合舒适度得到了明显改善。

(4) 喷雾降温系统具有净化空气的作用。雾滴可以吸附和促进空气中的颗粒物形成大颗粒而快速沉降，起到除尘的作用。

(5) 由于水的蒸发潜热相对较大，达到了 2282.8kJ/kg，使 40℃ 空气等压降温 5℃，在桑珠岭隧道所在区域，理论上 $1m^3$ 空气仅需 1.92g 水完全蒸发即可达到，因此喷雾降温系统蒸发降温的效率非常高，耗水量非常低。

3. 喷雾降温经济性

在空气中含湿量为 10g/kg 时，蒸发率高达 80% 以上，除了部分雾滴在风流带动下被壁面捕捉以外，其余雾滴全部蒸发。当隧道中含湿量增大到 25g/kg 时，蒸发率只有 35% 左右，大部分雾滴没有蒸发掉，蒸发效果变差。当隧道内含湿量增大到 30g/kg 时，蒸发率减小到 25% 以下，说明隧道内喷雾区域附近空气已经接近饱和，不能使更多的雾滴蒸发掉。桑珠岭隧道内空气湿度为 55% 左右，换算含湿量为 24.85g/kg，取雾滴蒸发率为 35%。

大气压为 73.2kPa 时，水的汽化潜热为 2282.8kJ/kg，则喷雾消耗单位体积水的降温能力为

$$\eta_水 = 0.35 \times \rho_水 L_水 \tag{7-29}$$

式中，$\eta_水$ 为喷雾消耗单位体积水的降温能力(kJ/m^3)；$\rho_水$ 为水的密度(kg/m^3)；$L_水$ 为水的汽化潜热(kJ/kg)。

计算可得 $\eta_水 = 7.9898 \times 10^5 kJ/m^3$。

7.8.4 综合措施降温能力及经济性分析

1. 理论计算

现已知通风、冰块、喷雾三者的降温能力及价格,可据此寻求在降温能力满足要求的情况下,经济性最适合的降温方案。假设冰块消耗量为 $x\mathrm{m^3/d}$,喷雾的耗水量为 $y\mathrm{m^3/d}$,通风风量为 $z\mathrm{m^3/s}$,则三者的降温参数见表 7-15。

表 7-15 通风、冰块、喷雾综合降温相关参数

降温类型	冰块降温	喷雾降温	通风降温
降温能力/(kJ/m³)	3.082×10^5	7.9898×10^5	3.06457935
价格/(元/m³)	40.375	4.1	$f(z)$
采用量	$x(\mathrm{m^3/}$天$)$	$y(\mathrm{m^3/}$天$)$	$z(\mathrm{m^3/s})$

其中,通风量不应小于常规施工通风量 $24\mathrm{m^3/s}$。桑珠岭隧道每日喷雾消耗水量上限为 $6\mathrm{m^3}$,洞外仅一台制冰机,其最大制冰能力为 $4\mathrm{m^3/d}$,且三种降温措施吸收热量总量应大于隧道施工散热总量,则有控制方程:

$$\begin{cases} \dfrac{3.082\times10^5}{24\times3600}x + \dfrac{7.9898\times10^5}{24\times3600}y + 3.06457935Q_0 > P_{1,2,3,4} \\ x < 4 \\ y < 6 \\ Q_0 > 24 \end{cases} \quad (7\text{-}30)$$

$P_{1,2,3,4}$ 指四热害等级下隧道施工总热量,见表 7-8。

有各降温措施组合下费用 R 计算如下:

$$R = \frac{40.375}{24\times3600}x + \frac{4.1}{24\times3600}y + Q_0 f(Q_0) \quad (7\text{-}31)$$

采用非线性规划计算方法,在控制方程下计算 $R_{\min}$,可得各热害等级下满足降温需求的最经济方案,见表 7-16。

表 7-16 各热害等级下降温措施最优组合方案

热害等级	用冰量/(m³/天)	喷雾用水量/(m³/天)	通风量/(m³/s)
一	0	1.91	50.50
二	4.00	6.00	71.71
三	4.00	6.00	111.12
四	4.00	6.00	151.51

则对应通风量下风机选型方案见表 7-17。

表 7-17　各热害等级综合降温风机方案　　　　　　　　（单位：Pa，kW）

热害等级	需风量/(m³/s)	风机方案
一	50.50	单风机全压>1087.82 单风机功率>68.32 2×风管 1×串联风机 总功率 136.65
二	71.71	单风机全压>1153.74 单风机功率>102.90 2×风管 2×串联风机 总功率 411.60
三	111.12	单风机全压>1231.26 单风机功率>113.44 3×风管 2×串联风机 总功率 680.66
四	151.51	单风机全压>1287.57 单风机功率>121.31 4×风管 2×串联风机 总功率 970.51

将表 7-17 中采用综合降温措施下的风机方案，与表 7-11 中单纯采用通风措施进行降温的风机方案进行对比，见表 7-18。

表 7-18　综合降温与单纯通风下风量及风机方案对比

热害等级	单通风需风量/(m³/s)	综合措施需风量/(m³/s)	单纯通风风机方案	综合降温风机方案
一	56.33	50.50	单风机全压>1353.51 单风机功率>94.83 2×风管 1×串联风机 总功率 189.65	单风机全压>1087.82 单风机功率>68.32 2×风管 1×串联风机 总功率 136.65
二	94.47	71.71	单风机全压>1692.03 单风机功率>132.54 3×风管 1×串联风机 总功率 397.62	单风机全压>1153.74 单风机功率>102.90 2×风管 2×串联风机 总功率 411.60
三	133.88	111.12	单风机全压>1911.52 单风机功率>159.15 4×风管 1×串联风机 总功率 636.60	单风机全压>1231.26 单风机功率>113.44 3×风管 2×串联风机 总功率 680.66
四	174.28	151.51	单风机全压>1191.83 单风机功率>129.17 4×风管 3×串联风机 总功率 1550.00	单风机全压>1287.57 单风机功率>121.31 4×风管 2×串联风机 总功率 970.51

由表可知，第一热害等级下，需风量减少了 10.35%；第二热害等级下，需风量减少了 24.10%；第三热害等级下，需风量减少了 17.00%；第四热害等级下，需风量减少了 13.10%。由此可见，在综合降温措施下，冰块降温和喷雾降温有效地分担了吸收隧道内热量的压力，降低了对于施工通风降温的需求，是比单纯通风降温更加经济也是更加易于实现的有效降温措施。

2. 综合降温模拟

1)模型参数及网格建立

计算模型采用直角坐标系，模拟隧道长 140m，隧道高 8.4m，掌子面横坐标 $x=0$m，风管出口距掌子面 30m，高 6.9m，风管直径 1.5m，出口位于 x 轴正向 140m 处。隧道模型及尺寸见图 7-10。模型网格划分，在模型 0~30m 段较密，30~140m 段较疏。

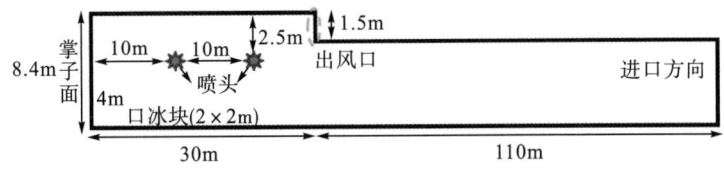

图 7-10 模型尺寸示意图

2)模拟工况

根据 4 个热害等级对应围岩温度和表中确定的需风量设置 4 个工况，风管出口处风速矢量垂直于风管出口，进风温度为 24.5℃，模拟在高温围岩边界下的单纯采用通风降温效果，综合降温数值模拟工况设置见表 7-19。

表 7-19 综合降温数值模拟工况设置

工况	围岩温度 /℃	风量 /(m³/s)	用冰量 /(m³/天)	喷雾用水量 /(m³/天)
工况 1	40	50.50	0	1.91
工况 2	60	71.71	4.00	6.00
工况 3	80	111.12	4.00	6.00
工况 4	100	151.51	4.00	6.00

3)计算结果分析

数值模拟降温后温度场如图 7-11~图 7-15 所示。

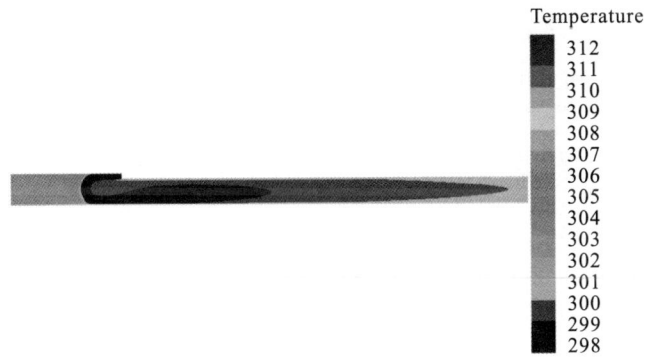

图 7-11 围岩 40℃综合降温后温度场

图 7-12 围岩 60℃综合降温后温度场

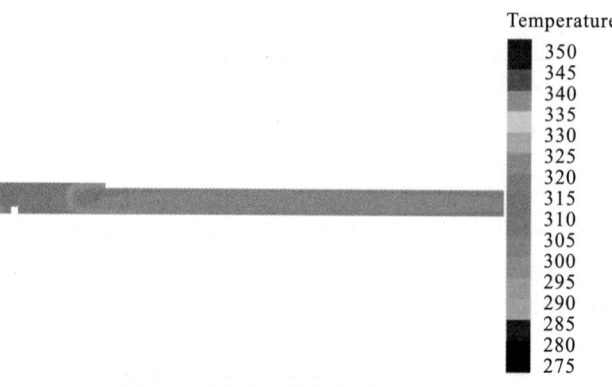

图 7-13 围岩 80℃综合降温后温度场

图 7-14 围岩 100℃综合降温后温度场

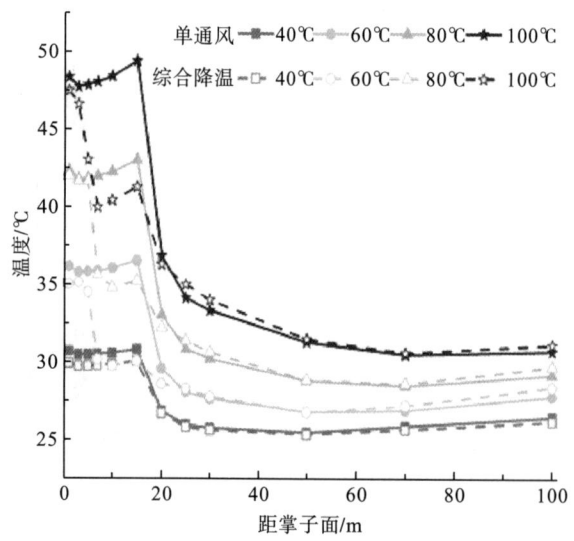

图 7-15 单通风与综合降温效果对比

从图 7-11~图 7-15 可以看出，距掌子面 30~140m 区间内，降温效果较好，综合降温与单通风的降温效果差距不大，甚至因为综合降温的供风量小于单独通风供风量，其气温还要比单通风降温的高 0~1℃；围岩 40℃和 60℃时能降至 28℃以下，围岩 80℃时气温在 29℃左右，围岩 100℃时气温在 31℃~33℃，高温热害不算太严重。

距掌子面 0~30m 区间内，由于设置了冰块和喷雾，综合降温效果明显优于单独通风的降温效果，在 40℃/60℃/80℃/100℃下气温分别有 2~12℃的降温优势，但综合措施的影响范围较小，难以涉及喷嘴 10m 以外的区域，而冰块影响范围则更小；而在掌子面 3m 范围内，围岩温度越高降温措施越难以奏效。

第8章 高地温隧道运营通风及管理

高地温对隧道工程在运营期间的不利影响主要表现在：隧道内的高温高湿将导致运营机械设备的工作条件恶化、故障增多以及洞内温度过高造成的隧道养护维修困难，从而可能导致运营成本大幅提高。

8.1 高地温隧道运营通风计算

1. 围岩与风流间传热量及通风流量的一般计算公式

隧道洞室内的风流与壁面之间的换热是一个复杂的不稳定过程，既有围岩通过衬砌结构向隧道内部传热，又受到隧道内空气流场与温度场的影响，而空气流场与温度场又与当地气候及海拔等因素息息相关。当经历足够长的时间之后，围岩温度场趋于稳定，为简化研究，将各个复杂因素归结到传热系数来讨论，因此，隧道围岩与风流间的传热量可依据由牛顿冷却公式得来的壁面与流体间的对流换热量公式进行研究，见式(8-1)：

$$Q = \alpha F \Delta t \tag{8-1}$$

式中，Q 为对流换热量，等于风流升温热量，即为 $Vc'_{pm}(t_2-t_1)$；α 为对流换热系数[W/(m²·℃)]；F 为流体接触的壁面面积(m²)；Δt 为壁面温度与边界层外流体温度的差值(℃)。

用壁面与风流间的不稳定换热系数 K_τ 替换式(8-1)中的 α，用 UL 替换 F，用 $(t_r - t)$ 替换 Δt，可得出隧道壁面与风流间的传热量为

$$Q = K_\tau UL(t_r - t) \tag{8-2}$$

式中，Q 为井巷围岩传热量，与对流换热量意义相同(kW)；K_τ 为围岩与风流间的不稳定换热系数[kW/(m²·℃)]；U 为断面周长(隧道)(m)；L 为隧道距开挖面长度(m)；t_r 为壁面温度(℃)；t 为距工作面 L 处的平均风温(℃)。

设在长度 L 范围内 t 为变量，长度 $\mathrm{d}l$ 隧道壁面散热量使风流温度升 $\mathrm{d}t$。当长度 $L=0$，$t=t_0$ 时，则：

$$Q = K_\tau U(t_r - t)\mathrm{d}l = Vc'_{pm}\mathrm{d}t \tag{8-3}$$

分离变量得

$$\frac{K_\tau U}{Vc'_{pm}}\mathrm{d}t = \frac{\mathrm{d}t}{t_r - t} \tag{8-4}$$

两边积分并整理，得通风量计算公式：

$$V = \frac{K_\tau UL}{c'_{pm}[\ln(t_r - t_0) - \ln(t_r - t)]} \tag{8-5}$$

式中，V 为通风流量，$\mathrm{m^3/s}$；t_0 为初始风温(℃)，大于风管出口风温 $1\sim3$℃；c'_{pm} 为空气的平均定压比热，$c'_{pm}=1.30\mathrm{kJ/(m^3 \cdot ℃)}$。

2. 壁面不稳定换热系数

壁面与风流间的不稳定传热系数 K_τ，在物理上指隧道围岩深部未被冷却的岩体与空气间温差为 1℃时，单位时间内从每平方米隧道壁面上向空气放出(或吸收)的热量，与围岩的热物理性质、隧道形状尺寸、通风强度及通风时间等有关。不稳定传热系数的解析相当复杂，尚无统一的计算方法，一般参照矿井空调设计中的简化公式或统计公式计算：

$$K_\tau = \frac{\lambda \varphi}{1.77 R_3 \sqrt{F_{03}}} \tag{8-6}$$

其中：$\quad \varphi = \sqrt{1+1.77\sqrt{F_{03}}}, \quad R_3 = \sqrt{R_0 l_3 + R_0^2}$

$$R_0 = 0.564\sqrt{S}, \quad F_{03} = \frac{\alpha t_3}{R_0^2}$$

式中，φ 为岩石的导热系数[$\mathrm{kW/(m \cdot ℃)}$]；α 为岩石的导温系数($\mathrm{m^2/h}$)；t_3 为掘进头通风时间(h)；l_3 为掘进头近区长度(m)。

3. 风管出口风温计算

风流通过通风机后，其出口风温一般可按下式确定：

$$t_1 = t_{01} + K_b \frac{N_e}{M_{bl}} \tag{8-7}$$

式中，K_b 为通风机放热系数，可取 $0.55\sim0.7$；t_{01} 为通风机入口处的风温(℃)；N_e 为通风机额定功率(kW)；M_{bl} 为通风机的吸风量(kg/s)。

风管出口风温依据实测数据，在没有实测数据的情况下进行通风降温计算时，可按式(8-7)计算的通风机出口风温增加 $2\sim4$℃考虑，或参照有关公式进行计算。

8.2 高地温隧道结构养护与安全管理

8.2.1 高地温隧道结构安全检查

1. 安全检查要求

遵循"动态检查为主，动、静态检查相结合，结构检查与几何尺寸检查并重"的原则，周期性地对线路进行动态检查。采用综合检测列车等检测设备进行动态监测；绝对测量系统和相对测量系统相结合做静态检查。采用先进技术，做好基础沉降和构筑物变形检测监控；做好隧道衬砌、边仰坡防护、防排水设施等设备状态检查。检查类别分为周期性检查、临时检查、水文观测、专项检查、检定试验等，各项检查必须建立相应责任制度，保证各项检查工作的落实。高地温铁路隧道检测类别和周期见表 8-1。

表 8-1　高地温铁路隧道检测类别和周期

检测结构	隧道			
检测类别	隧道衬砌裂损及渗漏水劣化	隧道衬砌腐蚀劣化	隧道限界、通风、照明设施劣化	隧道仰坡、洞底及排水设施劣化
典型检测周期	1次/3月	1次/3月	1次/3月	1次/3月

2. 安全检查方法

为确保高地温隧道的服役安全，引入结构健康管理体系以及新型无损检测手段。无损检测技术的进步带动了隧道检测技术的发展，克服了隐蔽工程检测困难的技术难题。现有检测技术能够检测隧道裂缝、空洞、不密实、掉块以及表面缺陷等，基本能够满足高地温隧道检测要求。我国高地温铁路隧道检测技术见表8-2。

表 8-2　我国高地温铁路隧道检测技术

序号	检测方法	检测原理	检测项目
1	声波检测法	用人工方法激发频率在数赫兹至数千赫兹的声波向被测介质传播，观测声波在介质中传播的情况和特性，据此确定介质的物理力学性质	隧底仰拱层与填充层厚度，混凝土裂损状态及混凝土内部缺陷
2	探地雷达法	根据电磁波在不同介质中传播特性不同的原理进行检测	衬砌厚度、裂缝分布、隧道周围2~3m围岩状况、钢筋及钢拱架格栅钢架等分布、隧道围岩超挖和回填情况
3	瞬变电磁法	根据瞬变电磁场随时间变化规律来探测不同导电性介质的垂向分布，根据它的衰减特征，来判断地下地质体的电性、规模、产状等	隧底吊空、不密实、含水、裂损
4	瑞雷波法	通过测量不同频率成分瑞雷波的传播速度来确定一定深度范围内的地层结构情况	衬砌空洞等
5	高密度电法	以岩土体的导电性差异为物理基础，观测地下稳定电流场的分布规律来进行检测	仰拱混凝土垫层、岩石及水囊
6	数码摄像技术	(1)CCD相机摄影法；(2)激光画像法；(3)红外摄像法	衬砌表面缺陷的位置、长度、宽度、范围及状态

8.2.2　高地温隧道结构保养维修

1. 保养维修主要原则

为了保障隧道保养维修的高效稳定，优化整体线路的性能，进而保证维修的效率，应该遵循以下四个主要原则：①坚持独立完成检查工作与异体监督相结合的原则，以达到分工界限严明、监督制度完善的效果；②坚持专业性与集中性维修的原则，铁路桥隧的养护维修是一项严肃、精确的工作，专业技术人员搭配专业职业技能人员才能确保工作落实，从而保证专业维修技术的交流进步和维修的高效；③贯彻落实统筹兼顾、应急预案的原则，该原则贯穿整个铁路养护维修的过程，应急预案制度的制定可以使任何状况都处于工作人员的反应范围之内，将危险伤害值降到最低，有利于提升维修的安全性；

④铁路的保养维修要全面覆盖，综合维修并形成周期制，掌握线路维修的规律和动态，注重线路的整体性、全面性、综合性。

2. 保养维修常见问题分析

(1)养护队伍整体素质不高。就目前状况而言，在铁路隧道的维护之中，养护人员素质有待提高，尤其是专业技术水平不够。这就导致隧道养护过程中对存在问题的检查的疏漏，增加了铁路隧道运营的风险，没有达到养护的目的。另一方面，铁路部门对于此类问题重视程度不够，增长了养护人员的懈怠与不负责的态度。

(2)养护手段与轨道结构差异明显。铁路隧道的养护是一项复杂庞大的工程，在我国多种多样的气候及地质环境中尤为凸显，不同地区铁路隧道各有不同的养护方式和养护重点，而部分地区恶劣的自然条件也增加了养护难度。如高原地区隧道养护需着重监测轨道裂缝，平原地区更偏向于定期的日常维护检查等。

(3)检测的手段较为陈旧，信息的传达不够迅捷。目前的铁路工务养护中，养护结果和监测数据的传递也普遍存在低效与滞后的问题。数据和检查结果传达车间，其后由车间人员整理分析才能确定具体的应对措施，工作交接耗时且低效，这就导致养护工作总是存在不及时的情况，特别是存在危险性和不稳定性较大的隐患时难以尽快处理，与养护的初衷相悖。

3. 保养维修采取措施

(1)保养的检测措施要高效、科学。隧道保养首先就是对隧道的检测，应当选用高效合理的检测手段，科学安排和使用，既保证检测数据的真实性，又满足检测结果的实效性，便于对后期的工作作出及时的指导。

(2)保养施工机械化。保养期间主要采用机械化方式进行处理，提升工作效率，节省时间。确定施工装置时，必须对装置的规格、技术要求等给予重点关注，经过全方位的分析与考虑，最终达到提升保养效率与质量的目的。

(3)全面、及时了解隧道的整体情况。隧道保养管理工作，首先对隧道进行全面、及时、动态的监控和检测，依靠健全的监管机制、科学的检测方法，得出有效结果，并及时作出科学的应对。

(4)构建完善的保养维修系统。充分利用《工务安全生产管理信息系统》，建立设备维修综合电子档案，同步储存相应数据信息。打破过去检查、保养、维修的一体格局，实现对设备技术状态、养修履历的全过程管理，为针对性加强设备维修和整治提供可靠依据。制定车间、班组的设备检查、月作业计划、以及月末验收基本作业流程。建立集信息汇总、分析研判、超前防范、生产指挥、应急处置多功能为一体的生产调度指挥系统。发挥质量监控分析中心职能，对隧道检查数据、添乘数据进行综合性分析对比，形成日简报、周分析、月分析，结合网络进班组，提高安全风险预测、预防能力。

(5)提升施工人员的专业素养。施工人员的专业素养必须与保养维修系统相匹配。进行专业维修人员的培训，从专业角度培训技能知识，锻炼实际操作能力，为实现维修工作的效率和质量不断努力。培训采用先进教学手段，与实际养护维修工作案例结合，学习与实践并行，并对不同学员进行针对性训练，加深培训效果。培训期间要特别注意奖惩和激励制度相结合，提高作业人员的学习积极性、自觉性和主动性，避免培训成为走过场的表面工作。

8.2.3 高地温隧道结构病害处理

1. 衬砌渗漏水整治方法

1）凿槽引排法

凿槽引排法适用于运营隧道边墙部竖向施工缝、变形缝及其他竖向裂缝出现"淌水"等严重渗漏水病害的部位，其根据边墙裂缝渗漏水程度、衬砌背后空洞积水以及围岩富水的具体情况，依次在渗漏水裂缝的拱脚、边墙下部以不同角度钻设集水孔。盲管外裹无纺布，外缠细铁丝固定，管两头以麻筋、破布塞紧，沿渗水裂缝处自上而下开凿倒梯形引水槽，内置半圆形排水管并固定，防水砂浆填充管外槽体。用水泥基渗透结晶型防水涂料封槽，引排水流统一通过引排管进入隧道内侧沟，排出洞外。

2）锚固灌注法

锚固灌注法适用于隧道拱顶、拱腰及边墙渗漏水裂缝。该方法在裂缝两侧倾斜钻孔至结构体厚度的1/2深，孔距20~30cm为宜，钻至最高处后再一次埋设止水针头，止水针头设置完成后，即可去除。若渗水情况依然无法改善，再以单组分水溶性聚氨酯灌浆材料修补即可。灌注完成后去除止水针头。

3）钻孔降压法

钻孔降压法主要适用于隧道内道床板渗水，尤其对高压富水区隧道道床板渗水整治效果十分明显。该方法通过降压孔释放隧道底板下的水压力，可防止水压过大造成隧道底板渗水或湿积，同时也缓解了隧道整体结构承受的水压力，减少隧道结构其余部分渗漏水的可能性。

2. 衬砌裂损整治技术

1）衬砌干裂缝整治技术

（1）普通干裂缝整治技术。导致普通干裂缝产生的应力不大，宜选用环氧类材料进行注胶粘合。

（2）受力型干裂缝掉块整治技术。宜采用"裂缝修补＋自进式注浆锚杆＋粘贴碳纤维布"进行综合措施处理。

2）衬砌掉块整治技术

（1）衬砌小范围掉块采用"聚合物改性水泥基修补砂浆＋挂网修补＋玻璃纤维布"进行综合措施处理。

（2）对于地层压力引起的局部拱顶掉块、剥落等病害采用"内嵌格栅拱架＋锚杆"支护系统进行加固；对于地层压力引起的大范围纵向贯通性裂缝及衬砌背后存在的空洞，采用"内嵌H型钢拱架＋锚杆"支护系统对隧道衬砌病害进行加固。

(3)对于地层压力引起的大范围网状交叉裂缝病害采用"高强波纹板+锚杆"支护结构对隧道衬砌病害进行加固。波纹板是将不同材质的板面压成波纹(正弦、三角、矩形等)后,其抗弯刚度和抗压强度较圆管大幅增加,具有较强的抗震能力,而且能适应较大的沉降与变形,它建成后与隧道衬砌结构形成一种组合结构,共同受力,改善了隧道结构的受力特性。

(4)对于混凝土养护、局部地压引起的小范围剥落病害也可采用"W钢带+钢丝网+平钢带+锚杆"联合支护系统对隧道衬砌病害进行加固。"W钢带+钢丝网+平钢带+锚杆"联合支护系统是将钢带与各种锚杆共同组合成锚杆支架,通过它可以把分散的多根锚杆连接起来,形成一个整体承载结构,可以显著地提高锚杆的整体支护效果,在不完整板岩层中,对处理不稳定围岩效果显著。同时,采用该技术加固隧道衬砌也使得混凝土衬砌与钢带共同受力,从而有效地提高衬砌结构的抗弯、抗剪性能。

3. 衬砌背后空洞整治方法

1)轻型膨胀聚氨酯材料填充技术

轻型膨胀聚氨酯材料是一种低黏度、双组分合成高分子,采用高压灌注进行封堵时,当树脂和催化剂掺在一起时反应或遇水产生膨胀,本身反应或发泡会生成多元网状密弹性体。当它被高压推挤,注入岩层或混凝土裂缝(在高压作用下可以使煤岩层的闭合裂隙张开),可沿岩层或混凝土裂缝延展直到将所有裂隙(包括肉眼难以察觉的裂隙及在高压作用下重新张开的裂隙)充填。在封堵裂隙加固岩层时,岩层不含水时产品膨胀率也相应变小(膨胀倍数为8~10倍),高压推力将材料压入并充满所有缝隙,达到止漏目的,成品抗压25~38MPa;在遇水(掺水)时产生关联反应,发生膨胀,在膨胀压力的作用下产生二次渗压(膨胀倍数为20~25倍),高压推力与二次渗压将材料压入并充满所有缝隙,从而达到填充空洞的目的。该类轻质发泡材料适用于隧道拱顶大面积空洞的填充。

2)泡沫混凝土填充技术

泡沫混凝土指在普通水泥浆液中加入一定比例的发泡剂搅拌均匀,浇筑成型的建筑材料,常用于隧道空洞填充、车站顶板覆盖层以及其他工程项目。泡沫混凝土的密度为200~1600kg/m³,属于轻质产品。根据不同的材料组成用量,产生不同的气泡率,可按工程需要调整密度和强度。泡沫混凝土内部有无数独立的气泡,对于外力作用表现出软垫性,将压力分散至其他部位,提高了抗震以及抗冲击性能。泡沫混凝土强度较好,可随施工要求的强度按配合比进行配置。另外,其抗裂纹性较好,是普通混凝土的8倍,其属于水泥类材料,具有更好的耐久性,同时对环境无污染,且可利用粉煤灰等工业废渣,具有优越的环保特性。该技术适用于隧道衬砌背后存在的较大空洞的填充。

4. 基底下沉及翻浆冒泥整治方法

1)锚注一体化通用整治技术

针对隧道基底下沉及翻浆冒泥等情况,可采用快速高效、不影响行车的隧道基底锚注一体化通用强化技术进行隧道基底维修。该方法采用具有憎水、速凝、高强的高分子胶凝材料将基底地下水排挤、填充空洞、固结虚渣;同时采用集锚固、注胶为一体的新型加固型锚杆将铺底结构、注胶填充层及围岩连成一体，增强隧道基底整体性，提高隧道基底承载能力。该方法施工工艺简单，实际可操作性强。

2)"轻型井点降水+注浆"复合式强化技术

"轻型井点降水+注浆"是一种人工降低地下水水位适用于隧道基底翻浆冒泥整治的方法。该方法将井点管插入基底含水层内，井点管上部与总集水管连接，通过总集水管利用抽水设备将地下水从井点管内不断抽出，使原有地下水位降到基底仰拱或底板以下深度，保证基底干燥无水；同时注浆能填充基底空隙，提高基底的完整性，能有效提高基底承载能力。

井点降水系统的设置需综合考虑病害情况、施工工期、工程造价及现场环境等因素，一般为在隧道两侧降水+注浆加固，即在隧道两侧均设置井点降水系统。

3)"密井暗管降水+注浆"复合式强化技术

"密井暗管降水+注浆"也是一种用于整治既有铁路隧道基底翻浆冒泥和基底下沉的复合式整治技术。暗管排水降低了基底地下水水位，改善隧道疏导排水系统，消除地下水引起的病害。注浆能起到填充基底空洞、提高基底承载能力的作用。基本做法是加深两侧既有水沟至基底结构底部以下，布设排水暗管，间隔一定距离设置检查井，同时对隧道基底脱空区域进行注浆处理。

该方法降低水位效果明显，但会破坏隧道结构的整体性，增加隧道上部结构受力，所以必须对隧道边墙脚进行锁脚处理，防止上部衬砌结构整体沉降。

该方法施工工艺复杂，工程量大，在运营铁路隧道中施工难度大，工期长。特别是在高速铁路隧道病害整治中应慎重选择。

5. 隧道底鼓整治技术

针对隧道底鼓，目前常采用基底换拱、底板锚固及泄压降水等方法进行处理。

1)基底换拱

底鼓区段仰拱应发生结构性破坏，修复的难度较大，采用仰拱拆换，拆换后需加深仰拱，增大仰拱矢跨比，增强仰拱材料设计参数，提高仰拱抵抗底部围岩隆起变形的能力。该方法需中断行车运营，影响较大。

2)底板锚固

该方法将锚杆与注浆孔间隔布置，改善隧道基底结构受力，处理隧道底鼓问题效果较好。

3)泄水降压或注浆堵水

针对地下水造成的底鼓，需与地下水排堵结合，主排辅堵。主要通过钻孔插管或泄水洞从结构外排水泄压，消除源头；堵在结构内各结构层之间进行防止渗水处理；同时对于需进行地下水排放量控制区域，换排水为堵水。部分区域也配合地锚，对基底进行加固。

对于地下水排水采用预埋管的方式，即在隧道侧沟、中心水沟中间隔预埋排水管，对地下水进行排泄。目前中国铁路隧道设计中尚未考虑仰拱底的排水问题。在将来的隧道设计中，提前进行泄水管预埋可以有效地解决地下水对底鼓的影响。如某隧道双侧水沟及中心排水管设置泄水降压管，间距1m/孔；深度至有仰拱地段应到中拱下50cm，无仰拱地段应至水沟底50cm处，采用粒径10~15mm，碎石填充，其双侧水沟泄水降压管设计同单线隧道。

8.3 高地温隧道设备维护

高地温隧道内由于环境温度过高，导致多数设备故障率升高，难以长期持久运转，需增加维养频率以提高耐用性。

8.3.1 机电设施

1. 一般规定

机电设施的养护应包括日常巡查、清洁维护、机电检修与评定、专项工程等内容。

(1)日常巡查是指在巡视车上或步行目测以及其他信息化手段对机电设施外观和运行状态进行的一般巡视检查，并对检查结果及时进行记录。

(2)清洁维护是指对隧道机电设施外观的日常清洁，以保持机电设施外观的干净整洁。

(3)机电检修与评定是指通过检查工作掌握机电设施完好情况，系统掌握和评定机电设施技术状况，确定相应的养护对策或措施。机电检修工作主要内容包括经常检修、定期检修和应急检修。

①经常检修是指通过步行目测或使用简单工具，对设施仪表读数、运转状态或损坏情况进行的检查并对检查结果定性判断，对破损零部件应及时进行维修更换。

②定期检修是指通过检测仪器对机电设施运转状态和性能进行的全面检查、标定和维修。

③应急检修是指公路隧道内或相关机电设施发生异常事件、重大事故或自然灾害后对机电设施进行的检查和维修。

(4)专项工程是指对机电设施进行的集中性、系统性维修，使其满足原有技术标准。专项工程可根据设备运行状态启动。

2. 日常巡查

日常巡查应检查机电设施是否处在正常工作状态和是否存在故障隐患，并应符合下列规定。

(1)供配电设施日常巡查，应观察变压器、高低压配电柜及变配电室内相关设备的外观及运行状态，判断是否有外观破损、声响、发热、气味、放电等异常现象。

(2)照明设施日常巡查，应观察照明设备的外观及运行状态，判断有无异常。

(3)通风设施日常巡查，应观察通风设备的外观及运转状态，判断是否存在隐患。

(4)消防设施日常巡查，应观察各类消防设备的外观，并判断有无异常。

(5)监控与通信设施日常巡查,应巡检隧道内各种监控设备、信息采集和发布设备、监控室各类监视设备的外观和主要功能,并判断有无异常。

3. 清洁维护

机电设施应根据养护等级、交通组成、污垢对机电设施功能影响程度、清洁方式和环境条件等因素进行清洁维护。清洁维护频率不宜低于表 8-3 的规定值。

表 8-3 机电设施清洁维护频率

清洁项目		供配电设施	照明设施	通风设施	消防设施	监控与通信设施
养护等级	一级	1次/月	1次/季度	1次/2年	1次/季度	1次/季度
	二级	1次/季度	1次/半年	1次/3年	1次/半年	1次/半年
	三级	1次/半年	1次/年	1次/4年	1次/年	1次/年

机电设施采用湿法清洁时,应注意保护人员安全和机电设施内部电气元件安全,并应防止液体渗入设施内;采用干法清洁时,应采取必要的降尘措施,对清扫不能去除的污垢,经判别可用湿法清洁时,可用清洁剂进行局部特别处理。机电设施清洁维护应保持设备外观干净、整洁、无污垢,并保证机电设施完好。机电设施清洁应包括表 8-4 规定的设备。

表 8-4 公路隧道机电设施清洁设备

设施名称	设备名称
供配电设施	配变电所内电力设备、箱式变电站、外场配电箱、插座箱、控制箱
照明设施	隧道灯具、洞外路灯
通风设施	轴流风机、射流风机
消防设施	消火栓及水泵接合器、灭火器、火灾报警设施、水喷雾控制阀及喷头、气体灭火设施、电光标志等
监控与通信设施	各类检测仪、闭路电视、有线广播、紧急电话、横通道门、交通控制和诱导设施、控制器(箱)、光端机、交换机等

4. 状况评定

机电设施技术状况评定应根据日常巡查、经常检修和定期检修资料,结合设备完好率统计,确定机电设施的技术状况等级。机电设施技术状况评定宜采用考虑机电设施各项目权重的评定方法。

机电设施技术状况应采用设备完好率进行评定,设备完好率应按式(8-8)计算,各种机电设施可分系统并按对运营安全的重要度建立设备完好率考核指标。

$$设备完好率 = \left(1 - \frac{设备故障台数 \times 故障天数}{设备总台数 \times 日历天数}\right) \times 100\% \qquad (8-8)$$

机电设施各分项技术状况评定值分为 0、1、2、3。机电设施各分项技术状况评定应按表 8-5 执行。

表 8-5 机电设施分项技术状况评定表

分项	状况值			
	0	1	2	3
供配电设施	设备完好率≥98%	93%≤设备完好率<98%	85%≤设备完好率<93%	设备完好率<85%
照明设施	设备完好率≥95%	86%≤设备完好率<95%	74%≤设备完好率<86%	设备完好率<74%
通风设施	设备完好率≥98%	91%≤设备完好率<98%	82%≤设备完好率<91%	设备完好率<82%
消防设施	消防设备完好率100%	95%≤设备完好率<100%	89%≤设备完好率<95%	设备完好率<89%
监控与通信设施	设备完好率≥98%	91%≤设备完好率<98%	81%≤设备完好率<91%	设备完好率<81%

机电设施技术状况评分应按式 8-9 计算。

$$\mathrm{JDCI} = 100 \cdot \left(\frac{\sum_{i=1}^{n} E_i \omega_i}{\sum_{i=1}^{n} \omega_i} \right) \qquad (8-9)$$

式中，E_i 为按表 8-5 对各分项判定的设备完好率，0~100%；ω_i 为各分项权重；$\sum_{i=1}^{n} \omega_i$ 为各分项权重和；JDCI 为机电设施技术状况评分，0~100。

机电设施各分项权重宜按表 8-6 取值。

表 8-6 机电设施各分项权重表

分项	供配电设施	照明设施	通风设施	消防设施	监控与通信设施
分项权重 ω_i	23	18	19	21	19

机电设施技术状况评定分类界限值宜按表 8-7 规定执行。

表 8-7 机电设施技术状况评定分类界限值

技术状况评分	机电设施技术状况评定分类			
	1 类	2 类	3 类	4 类
JDCI	≥97	≥92，<97	≥84，<92	<84

对评定划定的各类机电设施，宜分别采取不同的养护措施。

(1) 1 类机电设施应进行正常养护。

(2) 2 类机电设施或评定状况值为 1 的分项，应进行正常养护，并对损坏设备及时修复。

(3) 3 类机电设施或评定状况值为 2 的分项，宜实施专项工程，并应加强日常巡查。

(4) 4 类机电设施或评定状况值为 3 的分项，应实施专项工程，并应加强日常巡查，并采取交通管制措施。

(5) 当各类机电设施的关键设备出现故障时，均应及时进行修复。

8.3.2 其他工程设施

1. 一般规定

其他工程设施养护应包括日常巡查、清洁维护、检查评定、保养维修等内容。

(1)日常巡查应包括日常巡查中发现、记录、报告或处理明显异常。

(2)清洁维护应包括电缆沟与设备洞室的清理、洞口联络通道内垃圾清扫、洞口限高门架与洞口环保景观设施脏污清除、附属房屋设施的清洁维护。

(3)检查评定应包括发现其他工程设施的异常,掌握并判定其技术状况,确定相应的养护对策或措施。

(4)保养维修应包括其他工程设施的结构破损修复、环保景观设施的恢复及附属房屋的保养。

2. 日常巡查

日常巡查是对其他工程设施使用情况进行的日常巡视检查,应符合下列规定。

(1)巡查其他工程设施有无明显结构变形破坏,电缆沟、设备洞室是否存在明显涌水,洞外联络通道路面有无落物,洞口绿化区有无树木倾倒在行车限界范围内,污水处理设施有无明显淤积。

(2)应对洞外联络通道隔离设施进行日常巡查,保证通道隔离设施完好,通道在正常状态下应处于封闭状态。

3. 清洁维护

其他工程设施的清洁维护频率不应低于表 8-8 的规定值。

表 8-8 其他工程设施清洁维护频率

分项设施	清洁维护频率
电缆沟、设备洞室	1次/季度
洞外联络通道	1次/月
洞口限高门架	1次/1年
洞口绿化	1次/1年
消音设施	1次/季度
减光设施	1次/1年
污水处理设施	1次/1年
洞口雕塑、隧道铭牌	1次/3年
房屋设施	楼地面、墙台面1次/周,吊顶、门窗1次/月,地基基础、屋面1次/年。风机房、变电所、监控房按机电设施的相关规定确定清洁维护频率

4. 检查评定

其他工程设施的检查可分为经常检查和定期检查，设备洞室渗漏水、房屋地基变形、基础沉降等异常情况可根据需要进行应急检查或专项检查。其他工程设施检查的主要内容应按表 8-9 执行。

表 8-9　其他工程设施检查的主要内容

分项设施	经常检查内容	定期检查内容
电缆沟	是否完好，有无涌水	是否完好，有无杂物、积尘、积水
设备洞室	是否完好，有无渗漏水，标志是否齐全	是否完好，有无渗漏水、杂物、积尘，标志是否清晰
洞外联络通道	隔离设施是否完好，标志是否齐全，路面有无落物	隔离设施是否完好，标志是否齐全、清晰，路面是否清洁、有无隆起积水
洞口限高门架	门架有无变形，结构是否完好，标志是否齐全	结构是否完好，标志是否齐全、清晰，门架有无变形，净空误差能否满足限高要求
洞口绿化	树木是否妨碍行车，有无树木枯死	树木是否妨碍行车，有无树木枯死、草皮失养，整体枯死绿化效果是否美观
消音设施	结构是否完好	结构是否完好，是否具备消音功能
减光设施	结构是否完好	结构是否完好，标志是否齐全清晰，减光效果是否正常
污水处理设施	是否渗漏，有无淤积	是否渗漏，有无杂物、泥沙沉积
洞口雕塑、隧道铭牌	是否存在毁损	表面是否脏污，是否存在毁损
房屋设施	承重构件有无变形，非承重墙体有无渗漏，屋面有无渗漏，楼地面、门窗是否完好	承重构件有无变形、裂缝、松动；非承重墙体有无渗漏、破损；屋面排水是否通畅、有无渗漏；楼地面、门窗是否完好；顶棚有无变形；水卫、电照、暖气等设备是否完好，能否正常使用

应根据各分项设施完好程度、损坏发展趋势、设施使用正常程度等检查结果，确定各分项设施状况值。根据各分项设施状况值，按照表 8-10 的分项权重和计算技术状况分值，确定其他工程设施技术状况。多处同类分项设施应逐处评定，以分项状况值 $QTCI_i$ 最高的一处纳入技术状况评分计算公式。

表 8-10　其他工程设施各分项权重

分项设施	权重 ω_i
电缆沟	10
设备洞室	10
洞外联络通道	9
洞口限高门架	14
洞口绿化	3
消音设施	3
减光设施	10
污水处理设施	4
洞口雕塑·隧道铭牌	2
房屋设施	35

注：表列其他工程设施出现增项时，可根据设施的重要性，参照表列分项设施权重和分项技术状况评定标准，确定增项设施的权重和状况值，纳入公式进行计算。

$$\mathrm{QTCI} = 100 \cdot \left[1 - \frac{1}{2} \sum_{i=1}^{n} \left(\mathrm{QTCI}_i \times \frac{\omega_i}{\sum_{i=1}^{n} \omega_i} \right) \right] \tag{8-10}$$

式中，QTCI 为其他工程设施技术状况评分；QTCI_i 为各分项设施状况值，值域为 0~2；ω_i 为各分项设施权重。

其他工程设施技术状况可分 3 类评定，分类判断标准及界限值宜按表 8-11 规定执行。

表 8-11 其他工程设施分类判定标准及界限值

设施技术状况分类	技术状态	QTCI 界限值
1 类	设施完好无异常，或有异常、破损情况但较轻微，能正常使用	≥70
2 类	设施存在破损，部分功能受损，维护后能使用，应准备采取对策措施	40~70
3 类	设施存在严重破损，使用功能大部分或完全丧失，必须停用并采取紧急对策措施	<40

对评定划分的各类设施，应分别采取不同的养护对策。

(1) 设施技术状态为 1 类及状况值评定为 0 的分项设施，正常使用，正常养护。

(2) 设施技术状态为 2 类及状况值评定为 1 的分项设施，观察使用，保养维修。

(3) 设施技术状态为 3 类及评定状况值为 2 的分项设施，停止使用，尽快进行维修。

5. 保养维修

(1) 电缆沟、设备洞室应进行保养，对破损的沟壁、洞室壁应维修恢复，设备洞室的渗漏水应查明原因并进行处治，保持电缆沟、设备洞室的完好和正常使用。电缆沟、设备洞室的结构破损及渗漏水的保养维修可与土建结构的保养维修或病害整治同时进行。

(2) 洞口限高门架与减光设施的结构应进行保养，门架结构破损或变形应进行维修恢复，保证门架满足限高功能要求；减光设施的结构破损、遮光顶棚缺失应进行维修恢复，保持减光效果正常。

(3) 对损坏的洞口雕塑、隧道铭牌应进行维修或拆换；污水处理池和净化池的渗漏应查明原因并处治，保持池壁、池底无渗漏。

(4) 洞外联络通道路面保养维修应按相关规范要求办理。

(5) 附属房屋设施的保养维修应符合下列规定。

① 房屋屋面及墙体渗漏应进行保养维修。

② 房屋墙体粉刷后，起壳、剥落、疏松等损坏部位应凿除并清理干净后重新粉刷。

③ 房屋的木门窗可两年油漆一次，损坏的门窗应进行修理或更换。

④ 房屋的钢构件应定期进行保养维修，清除锈蚀，并按规定涂刷防锈漆和油漆。

⑤ 防雷接地装置的损坏、锈蚀应予以保养维修。

参 考 文 献

蔡安兰, 李顺凯, 严生, 等. 2005. 养护温度对高掺量粉煤灰硅酸盐水泥砂浆干缩性能的影响 [J]. 硅酸盐学报, (01): 100-104.

唱斗. 2011. 高温作业人员的防护措施 [J]. 中国个体防护装备, (01): 14-16.

陈辉. 2016. 隧道渗漏水成因分析及治理措施研究 [J]. 建筑工程技术与设计, (19): 2196.

陈尚桥, 黄润秋. 1995. 深埋隧洞地温场的数值模拟研究 [J]. 地质灾害与环境保护, (02): 30-36.

陈伟, 蒋良文, 杜宇本. 2011. 西南某新建铁路地热水特征浅析 [J]. 铁道工程学报, (9): 1-6.

陈有玉. 2017. 既有高速公路隧道渗漏水病害及整治措施分析 [J]. 交通世界（下旬刊）, (11): 90-91.

程庭. 2018. 福州温泉区地热分布特征及其对地下工程影响分析 [J]. 福建建设科技, (6): 29-32.

崔光耀, 伍修刚, 何兆才. 2018. 强震区高地温隧道橡胶板减震层隔热减震效果分析 [J]. 北方工业大学学报, 30 (02): 90-95.

丁玉乔, 刘鹏. 2017. 某公路隧道山体段渗漏水治理方案探讨 [J]. 中国建筑防水, (1): 26-31.

董从宇. 2017. 高地温隧道喷射混凝土与花岗岩围岩界面剪切特性及本构关系研究 [D]. 成都: 西南交通大学.

窦海霞. 2018. 浅析高速公路隧道工程运营中的常见病害与养护策略 [J]. 建筑工程技术与设计, (31): 1633.

杜翠凤, 徐喆, 唐占信, 等. 2016. 掘进巷道通风降温的数值模拟及影响因素分析 [J]. 金属矿山, (02): 151-155.

付维. 2010. 浅析隧道钻爆法施工在高温地热区的应用及技术分析 [J]. 科技资讯, (35): 69-70.

巩江峰, 朱勇. 2018. 从施工工艺和防排水效果反思铁路隧道的防排水设计 [J]. 铁道标准设计, 62 (4): 145-150.

谷柏森. 2007. 隧道高地温应对措施及通风设计——高黎贡山铁路特长隧道可行性研究 [J]. 现代隧道技术, (02): 66-71.

郭海超, 郝亮. 2018. 高速公路隧道机电设备的维护管理问题的讨论 [J]. 建筑工程技术与设计, (18): 3783.

郭进军. 2003. 高温后新老混凝土黏结的力学性能研究 [D]. 大连: 大连理工大学.

郭进伟, 方焘, 卢祝清. 2010. 高地温隧洞热-结构耦合分析 [J]. 铁道建筑, (06): 77-79.

何青青. 2012. 高壁温铁路隧道独头射流通风及喷雾降温数值计算研究 [D]. 成都: 西南交通大学.

何廷树, 汲江涛, 王艳, 等. 2013. 高地温隧道下矿物掺合料对混凝土力学性能的影响 [J]. 材料导报, 27 (06): 119-122.

侯代平, 刘乃飞, 余春海, 等. 2013. 新疆布仑口高温引水隧洞几个设计与施工问题探讨 [J]. 岩石力学与工程学报, (z2): 3396-3403.

侯豪斌. 2015. 山西省山岭隧道渗漏水机理与处治 [D]. 郑州: 郑州大学.

黄永库, 李建华. 2018. 隧道渗漏水原因及对衬砌结构危害分析 [J]. 商品与质量, (17): 90.

汲江涛. 2013. 高地温隧道衬砌混凝土力学性能的研究 [D]. 西安: 西安建筑科技大学.

姜江. 2017. 浅谈铁路桥隧养护与维修中常见问题及对策 [J]. 建筑工程技术与设计, (16): 2470.

姜婉青, 魏纲, 祝峻. 2017. 隧道渗漏水分布及控制方法研究综述 [J]. 低温建筑技术, 39 (9): 103-107.

焦国锋. 2013. 拉萨-日喀则铁路吉沃西嘎隧道高地温预测 [J]. 铁道建筑, (07): 74-76.

旷远华. 2014. 高地温下隧道施工通风处理技术 [J]. 交通建设与管理, (12): 98-100.

赖远明, 吴紫汪, 朱元林, 等. 1999. 寒区隧道温度场和渗流场耦合问题的非线性分析 [J]. 中国科学（D辑: 地球科学）, (S1): 21-26.

黎明镜. 2010. 深井巷道围岩温度场分布规律研究 [J]. 山西建筑, 36 (12): 89-90.
李福海, 周双, 陈思银. 2015. 热害环境对水泥灌浆料弹性模量的影响 [J]. 混凝土, (05): 10-13.
李国良, 程磊, 王飞. 2016. 高地温隧道修建关键技术研究 [J]. 铁道标准设计, 60 (06): 55-59.
李建国. 2018. 公路隧道防排水存在的问题及对策研究 [J]. 区域治理, (47): 209.
李俊生. 2014. 基于通风方式对高温隧道掌子面温降效果的研究 [D]. 成都: 西南交通大学.
李茹. 2018. 高黎贡山隧道高地温热源分析 [J]. 山西建筑, 44 (02): 190-191.
李显伟. 2007. 隧道水害与地质灾害相互作用及综合防治研究 [D]. 成都: 西南交通大学.
李晓菲. 2016. 公路隧道温度对射流通风系统设计参数及速度场的影响 [D]. 兰州: 兰州交通大学.
李晓玲. 2014. 早期高温水养护对矿物料混凝土力学性能影响的研究 [D]. 徐州: 中国矿业大学.
郦亚军, 李泽龙, 何万阳. 2010. 浅议高温隧道设计应考虑的几个问题 [C] //第七届铁路隧道年会论文集. 中铁二院工程集团有限责任公司, 342-344.
刘洪涛, 李捷. 2018. 模糊综合分析法的公路隧道安全运营综合评价 [J]. 工程与建设, 32 (6): 947-952.
刘坚. 2010. 玉蒙铁路旧寨隧道地热段施工技术研究 [J]. 铁道建筑技术, (2): 19-22, 39.
刘健. 2000. 新老混凝土黏结的力学性能研究 [D]. 大连: 大连理工大学.
刘路路, 刘晓燕, 姜自华. 2016. 寒区隧道工程防排水现状与思考 [J]. 路基工程, (4): 219-222.
刘志勇. 2008. 高温高湿环境中喷射混凝土材料配方试验研究 [J]. 中国西部科技, (05): 1-3.
卢春房. 2017. 高速铁路桥隧工程养修模式与关键技术 [J]. 中国铁路, (7): 1-8.
吕康成, 崔凌秋. 2005. 隧道防排水工程指南 [M]. 北京: 人民交通出版社.
吕石磊, 朱能, 孙丽婧. 2006. 极端热环境热应力研究指标及评价 [J]. 制冷学报, 27 (4): 45-49.
吕玉松. 2017. 压入式通风对高地温隧道衬砌的降温效果分析 [J]. 铁道建筑, 57 (09): 96-99.
罗辑. 2011. 高温湿热隧道的防水材料性能及工艺研究 [D]. 成都: 西南交通大学.
马飞, 宿辉, 马超豪, 等. 2018. 基于ANSYS的高地温支护结构温度应力研究 [J]. 人民黄河, 40 (2): 113-116.
马海龙. 2017. 季节性寒区隧道温度场分布规律与防寒保温技术研究 [D]. 石家庄: 石家庄铁道大学.
聂晓邺. 2015. 基于FLUENT的掘进作业面通风降温数值模拟研究 [J]. 采矿技术, 15 (06): 29-31, 35.
牛光全. 2002. 美国地下防水材料综述 [J]. 中国建筑防水, (5): 27-31.
欧晓英, 杨胜强, 于宝海, 等. 2005. 矿井热环境评价及其应用 [J]. 中国矿业大学学报, 34 (3): 323-326.
欧灶华. 2011. 喷射混凝土在热环境下性能及工艺研究 [D]. 成都: 西南交通大学.
潘海泽, 黄涛, 杨海静, 等. 2009. 运营隧道渗漏水灾害分类和等级评定方法 [J]. 干旱区地理, 32 (1): 145-151.
曲玮, 宋爱华, 张海东, 等. 2009. 矿井热害治理防护措施的研究进展 [J]. 环境与职业医学, 26 (6): 589-592.
任智刚, 刘功智, 何川, 等. 2009. 井下高温作业场所热害评价分级指标研究 [J]. 中国安全生产科学技术, 5 (3).
邵珠山, 乔汝佳, 王新宇. 2013. 高地温隧道温度与热应力场的弹性理论解 [J]. 岩土力学, 34 (S1): 1-8.
邵珠山, 乔汝佳. 2017. 考虑隔热层的高地温隧道温度场和应力场分布规律研究 [J]. 应用力学学报, 34 (05): 869-874, 1011.
沈玲玲. 2007. 高黎贡山地区地热异常特征及对隧道建设影响的初步研究 [D]. 成都: 成都理工大学.
舒磊, 楼文虎, 王连俊. 2003. 羊八井隧道地温分析 [J]. 冰川冻土, 25 (zl): 24-28.
宋凯. 2011. 西藏沃卡温泉形成条件及对隧道工程影响研究 [D]. 成都: 成都理工大学.
宋新杰. 2013. 戴云山隧道高地温地段施工措施 [J]. 科技创新与应用, (12): 152-153.
宋占辉. 2010. 公路隧道防排水技术与工艺研究 [D]. 西安: 长安大学.
宿辉, 李向辉, 汪健, 等. 2016. 高地温隧洞围岩温度场有限元分析 [J]. 水电能源科学, 34 (02): 107-109.
孙其清, 郑宗溪, 谭永杰. 2018. 高地温隧道二次衬砌受力特性分析 [J]. 铁道工程学报, 35 (04): 70-74, 80.
孙其清. 2016. 浅析高地温隧道通风及综合降温技术 [A] //中国铁道学会, 中国铁道学会工程分会, 中国中铁股份有限公司, 中铁二院工程集团有限责任公司. "川藏铁路建设的挑战与对策" 2016学术交流会论文集: 6.
谭文怡. 2015. 盾构隧道管片接头密封垫的高温后性能研究 [D]. 广州: 华南理工大学.

唐兴华, 王明年, 童建军, 等. 2019. 高地温隧道初期支护应力场及安全性研究 [J]. 西南交通大学学报, 54 (01): 32–38.

田洪成. 2005. 新型防水工程施工工艺 [M]. 北京: 化学工业出版社.

铁道部工程设计鉴定中心. 2006. 高速铁路隧道 [M]. 北京: 中国铁道出版社.

王楚骄. 2013. 东缘进藏交通廊道地温分布及隧址区地温分析方法 [D]. 成都: 西南交通大学.

王迪. 2011. 大瑞铁路高黎贡山越岭段热水形成机理及地温场特征分析 [D]. 成都: 成都理工大学.

王莉华. 2019. 浅谈公路隧道运营期间的养护管理 [J]. 山东工业技术, (12): 96.

王明年, 童建军, 刘大刚, 等. 2015. 高地温铁路隧道支护结构体系分级研究 [J]. 土木工程学报, 48 (11): 119–125.

王鹏飞. 2018. 孟合山隧道高温施工技术措施研究 [J]. 太原城市职业技术学院学报, (09): 167–168.

王小兵, 王万金, 夏义兵, 等. 2012. 高原地热隧道混凝土衬砌施工技术研究 [J]. 中国铁路, (12): 52–55.

王欣平. 2006. 作业场所职业危害程度分级现状分析 [J]. 中国安全生产科学技术, 2 (6): 125–128.

王义江, 周国庆, 魏亚志, 等. 2011. 深部巷道非稳态温度场演变规律试验研究 [J]. 中国矿业大学学报, 40 (03): 345–350.

王玉锁, 叶跃忠, 杨超, 等. 2014. 高地热大埋深环境隧道支护结构受力分析 [J]. 西南交通大学学报, (2): 260–267.

王志军. 2006. 高温矿井地温分布规律及其评价系统研究 [D]. 青岛: 山东科技大学.

韦章兴. 2018. 隧道运营期常见病害及防治技术分析 [J]. 西部交通科技, (9): 118–120.

魏连峰. 2006. 隧道渗漏水的原因及整治方法 [J]. 铁道勘察, 32 (6): 57–59.

吴彪. 2019. 桑珠岭隧道高地温施工方案 [J]. 企业技术开发, 38 (02): 36–39.

吴根强. 2016. 高地温铁路隧道温度场及隔热层方案研究 [D]. 成都: 西南交通大学.

吴一匡. 2009. 隧道通风降温计算 [J]. 水电站设计, 25 (04): 46–47.

伍修刚, 左奎现, 何兆才, 等. 2017. 强震区高地温隧道两种隔热材料的隔热减震效果分析 [J]. 国防交通工程与技术, 15 (06): 34–37, 5.

武金明. 2016. 高温隧道钻爆法施工通风方案研究 [J]. 甘肃水利水电技术, 52 (05): 38–40, 47.

武俊杰. 2017. 高原地区隧道渗漏水原因和防治措施分析 [J]. 商品与质量, (48): 278.

肖琳, 杨成奎, 胡增辉, 等. 2010. 地铁隧道围岩内温度分布规律的模型试验及其热导率反算研究 [J]. 岩土力学, 31 (S2): 86–91.

谢君泰, 余云燕. 2013. 高海拔隧道工程热害等级划分 [J]. 铁道工程学报, 30 (12): 69–73.

邢娟娟. 2001. 井下高温作业的矿工生理、生化测定研究 [J]. 中国安全科学学报, 11 (4): 45.

徐波. 2006. 黏结型锚杆锚固理论与试验研究 [D]. 大连: 大连理工大学.

徐长春. 2009. 高地热、高地应力条件下的隧道的力学行为及工程措施研究 [D]. 重庆: 重庆交通大学.

严健, 何川, 汪波, 等. 2019. 高地温对隧道岩爆发生的影响性研究 [J]. 岩土力学, 40 (04): 1543–1550.

杨长顺. 2011. 高地温隧道通风降温计算方法及应用 [A] //中国土木工程学会, 上海土木工程学会, 上海城建隧道股份有限公司. 地下交通工程与工程安全——第五届中国国际隧道工程研讨会文集: 11.

杨长顺. 2010. 高地温隧道综合施工技术研究 [J]. 铁道建筑技术, (10): 39–46.

杨旱雷, 易世群. 2016. 浅析山区公路隧道渗漏水的防治 [J]. 低温建筑技术, 38 (9): 152–154.

杨翔, 陈松, 郦亚军. 2013. 隧道高温地下水处理理念探讨 [J]. 现代隧道技术, 50 (3): 8–16.

姚坚, 朱合华, 闫治国, 等. 2007. 隧道衬砌混凝土高温后力学性能试验研究 [J]. 地下空间与工程学报, (01): 66–72, 82.

姚正中, 杨春平. 2014. 高速公路现役营运隧道渗漏水病害整治措施 [J]. 交通科技, (2): 112–115.

殷怀连, 张民庆. 2006. 铁路隧道工程结构防排水设计理念及施工措施的探讨 [J]. 铁道标准设计, (6): 69–71.

于健. 2009. 高地温对隧道施工作业环境的影响及防治 [J]. 四川建筑, 29 (03): 190–191.

于丽, 王晓亮, 王明年, 等. 2018. TBM施工引水隧洞降温技术研究 [J]. 隧道建设 (中英文), 38 (11): 1778–1784.

袁玮, 高菊茹, 王耀. 2018. 盾构法施工隧道个体降温防噪设备设计研究 [J]. 隧道建设 (中英文), 38 (S2): 358-363.

曾根龙. 2016. 单线铁路高温隧道降温及劳动保护措施 [J]. 门窗, (05): 199-200.

张俊儒, 欧小强. 2016. 适用于高地温隧道中的高性能隔热轻骨料喷射混凝土 [J]. 混凝土, (09): 140-144.

张守治, 田倩, 邱建军, 等. 2012. 养护方式对水泥砂浆力学性能的影响 [J]. 混凝土, (06): 120-122, 130.

张先军. 2005. 青藏铁路昆仑山隧道洞内气温及地温分布特征现场试验研究 [J]. 岩石力学与工程学报, (06): 1086-1089.

张学富, 赖远明, 喻文兵, 等. 2003. 寒区隧道三维温度场数值分析 [J]. 铁道学报, (03): 84-90.

张月, 汤骅. 2017. 高地温隧洞温度场数值模拟研究 [J]. 低温建筑技术, 39 (12): 111-115.

张月. 2018. 高地温条件下引水隧洞温度场及其温度应力研究 [D]. 石河子: 石河子大学.

张忠彬, 孙庆云. 2015. 我国职业危害分类与分级监管法规标准与研究现状 [J]. 中国安全生产科学技术, (6).

赵国斌, 徐学勇, 刘顺萍. 2015. 喀喇-昆仑山区引水发电洞高地温现象及成因探讨 [J]. 工程地质学报, (6): 1196-1201.

赵平, 李东, 陈松. 2008. 玉蒙铁路旧寨隧道高温地热水分析研究 [J]. 铁道工程学报, 25 (4): 56-61.

赵顺义. 2008. 山岭公路隧道的水害研究与处治 [D]. 重庆: 重庆交通大学.

周菊兰, 郑道明. 2011. 地下工程施工中高地温、高温热水治理技术研究 [J]. 四川水力发电, 30 (5): 81-84.

周小涵, 曾艳华, 杨宗贤, 等. 2015. 高地温隧道温度场的数值解 [J]. 铁道科学与工程学报, 12 (06): 1406-1411.

朱庭浩. 2010. 通风时间对巷道围岩温度场影响规律的研究 [J]. 煤矿安全, 41 (02): 10-13.

邹丽, 丛北华, 李贤斌. 2019. 长大隧道细水雾降温技术的仿真研究 [J]. 武汉理工大学学报 (信息与管理工程版), 41 (02): 124-129.

Anders L. 2007. Chloride ingress data from field and laboratory exposure-Influence of salinity and temperature [J]. Cement and Concrete Composites, 29 (2): 88-93.

Bamonte P, Gambarova P G. 2012. A study on the mechanical properties of self-compacting concrete at high temperature and after cooling [J]. Materials and Structures, 45 (9): 1375-1387.

Bamonte P, Gambarova P G. 2010. Thermal and mechanical properties at high temperature of a very high-strength durable concrete [J]. Journal of Materials in Civil Engineering, 22 (6): 545-555.

Bonacina C, Comini G, Fasano A, et al. 1973. Numerical solution of phase-change problems [J]. International Journal of Heat & Mass Transfer, 16: 1825-1832.

Brake D J, Bates G P. 2002. Deep body core temperatures in industrial workers under thermal stress [J]. Joccupenvironmed, 44: 125-135.

Buonocore C, De Vecchi R, Scalco V, et al. Influence of relative air humidity and movement on human thermal perception in classrooms in a hot and humid climate [J]. Building and Environment.

Caner A. 2009. Structural fire safety of circular concrete railroad tunnellinings [J]. Journal of Structural Engineering, 135 (9): 1081-1092.

Carter R, Cheuvront S N, Wray D W, et al. 2015. The influence of hydration status on heart rate variability after exercise heat stress [J]. Journal of Thermal Biology, 30: 495-502.

Chen G, Li T, Zhang G, et al. 2014. Temperature effect of rock burst for hard rock in deep-buried tunnel [J]. Natural Hazards, 72: 915-926.

Cui S, Liu P, Cui E, et al. 2018. Experimental study on mechanical property and pore structure of concrete for shotcrete use in a hot-dry environment of high geothermal tunnels [J]. Construction and Building Materials, 173: 124-135.

Cui S, Liu P, Su J, et al. 2018. Experimental study on mechanical and microstructural properties of cement-based paste for shotcrete use in high-temperature geothermal environment [J]. Construction and Building Materials, 174: 603-612.

Du C, Li B, Yong C, et al. 2018. Influence of human thermal adaptation and its development on human thermal responses to warm environments [J]. Building & Environment, 139.

Eaves S, Gyi D E, Gibb A G F. 2016. Building healthy construction workers: Their views on health, wellbeing and better workplace design [J]. Applied Ergonomics, 54: 10-18.

Fan C, Zhang L, Jiao S, et al. 2018. Smoke spread characteristics inside a tunnel with natural ventilation under a strong environmental wind [J]. Tunnelling and Underground Space Technology, 82: 99-110.

Fan F, Liu Z, Xu G, et al. 2018. Mechanical and thermal properties of fly ash based geopolymers. Construction and Building Materials, 160, 66-81.

Bae G J, Chang S H, Lee S W, et al. 2004. Evaluation of interfacial properties between rock mass and shotcrete, International Journal of Rock Mechanics and Mining Sciences, 41: 106-112.

Galan I, Baldermann A, Kusterle W, et al. 2019. Durability of shotcrete for underground support-Review and update. Construction and Building Materials, 202, 465-493.

Geng J, Qiang S, Zhang W, et al. 2016. Effect of high temperature on mechanical and acoustic emission properties of calcareous-aggregate concrete. Applied Thermal Engineering, 106: 1200-1208.

Hochstein M P, Prebble W M. 2006. Major engineering constructions on top of a high-temperature geothermal system: problems encountered at Tokaanu, New Zealand. Geothermics, 35: 428-447.

Honorio T, Bary B, Benboudjema F. 2014. Evaluation of the contribution of boundary and initial conditions in the chemo-thermal analysis of a massive concrete structure. Engineering Structures, 80, 173-188.

J Xie, X M Liu, T Zhao. 2005. Shear capacity of reinforced concrete columns strengthened with CFRP sheet, Journal of Zhejiang University-Science A (Applied Physics & Engineering), 6 (8): 853-858.

JAIN, Prashant K, SINGH, et al. 2009. Analytical Solution to Transient Asymmetric Heat Conduction in a Multilayer Annulus. Journal of Heat Transfer, 131: 73-92.

Khooshechin M, Tanzadeh J. 2018. Experimental and mechanical performance of shotcrete made with nanomaterials and fiber reinforcement. Construction and Building Materials, 165, 199-205.

Kielblock A J, Van R J P and Van D L A. 1998. The functional performance of formal gold mine and colliery refuge bays with special reference to air supply failure. J Mine Ventil Soc S Afr, 51: 58-69.

Korb S S. 2003. Thermal environment and construction workers' productivity some evidence from Thailand. Building and Environment, 38, 339-345.

Krarti M, Kreider J F. 1996. Analytical model for heat transfer in an underground air tunnel. Energy Conversion & Management, 37: 1561-1574.

Kwon H. 2013. Worker safety and health in labor practices in sustainable residential buildings. Dissertations & Theses-Gradworks.

L H Ooi, J P. 1988. Carter, Static and Cyclic Behaviour of Concrete-Sandstone Interfaces, Australia-new Zealand Conference on Geomechanics.

Lee C-H, Wang T-T, Chen H-J. 2013. Experimental study of shotcrete and concrete strength development in a hot spring environment [J]. Tunnelling and Underground Space Technology Incorporating Trenchless Technology Research, 38: 390-397.

Li B, Lam E S S. 2018. Influence of interfacial characteristics on the shear bond behaviour between concrete and ferrocement [J]. Construction and Building Materials, 176: 462-469.

Li M, Wang C, Zhang J, et al. 2017. Characteristics of gas phase-controlled flame spread over liquid fuels. Applied Thermal Engineering, 123: 403-410.

Li X, Chow K H, Zhu Y, et al. 2016. Evaluating the impacts of high-temperature outdoor working environments on construction labor productivity in China: A case study of rebar workers. Building & Environment, 95: 42-52.

Long TENGT, Zhou K P, Chen Q F, et al. 2008. CFD Ventilation Simulation of Deep Mine with High Temperature Based on Human Thermal Comfort [C] //The 3rd International Symposium on Modern Mining & Safety Technology

Proceedings, 476−480.

M Braun, M P Zappitelli, E I Villa, C. G. 2019. Rocco, Application of a linear elastic model to the study of crack stability in concrete dams, UIS Ing, 18 (1): 203−211.

M. Son. 2013. Adhesion Strength at the Shotcrete-Rock Contact in Rock Tunneling, Rock Mechanics and Rock Engineering, 46 (5): 1237−1246.

Marszalek A, Konarska M and Bugajska J. 2005. Assessment of work ability in a hot environment of workers of different ages. International Congress, 1280: 208−213.

O R Ogirigbo, L Black. 2017. Chloride binding and diffusion in slag blends: Influence of slag composition and temperature, Constr. Build. Mater, 149: 816−825.

O R Ogirigbo, L Black. 2016. Influence of slag composition and temperature on the hydration and microstructure of slag blended cements, Constr. Build. Mater, 126: 496−507.

Oreste P P, Peila D. 1997. Modelling progressive hardening of shotcrete in convergence-confinement to tunnel design [J]. Tunnelling and Underground Space Technology, 12 (3): 425−431.

Oh B H, Jang S Y. 2007. Effects of material and environmental parameters on chloride penetration profiles in concrete structures [J]. Cement and Concrete Research, 37 (1): 47−53.

O'Neal E K, Bishop P. 2010. Effects of work in a hot environment on repeated performances of multiple types of simple mental tasks [J]. International Journal of Industrial Ergonomics, 40 (1): 77−81.

O'Neal EK and Bishop P. 2010. Effects of work in a hot environment on repeated performances of multiple types of simple mental tasks. International Journal of Industrial Ergonomics, 40: 77−81.

P Lura, K van Breugel, I Maruyama. 2001. Effect of curing temperature and type of cement on early-age shrinkage of high-performance concrete, Cement and Concrete Research, 31 (12): 1867−1872.

Prashant K J, Suneet S, Rizwan-uddin. 2009. Analytical Solution to Transient Asymmetric Heat Conduction in a Multilayer Annulus [J]. Journal of Heat Transfer, 131 (1): 1−7.

Q Chen, H Zhu, J Ju, Z Jiang, Z Yan, H Li. 2018. Stochastic micromechanical predictions for the effective properties of concrete considering the interfacial transition zone effects, Int. J. Damage Mech, 27 (8): 1252−1271.

R Carter, S N. Cheuvront, D W Wray, M A Kolka, L A. 2005. Stephenson, M. N. Sawka, The influence of hydration status on heart rate variability after exercise heat stress, Journal of Thermal Biology, 30 (7): 495−502.

Ryms M, Lewandowski WM, Klugmann-Radziemska E, et al. 2015. The use of lightweight aggregate saturated with PCM as a temperature stabilizing material for road surfaces. Applied Thermal Engineering, 81: 313−324.

S Cui, B. Zhu, F Li, Y Ye. 2016. Experimental study on bond performance between shotcrete and rock in a hot and humid tunnel environment, Ksce Journal Of Civil Engineering, 20 (4): 1385−1391.

S Cui, D. Xu, P Liu, Y Ye. 2017. Exploratory Study on Improving Bond Strength of Shotcrete in Hot and Dry Environments of High Geothermal Tunnels, Ksce Journal Of Civil Engineering, 21 (6): 2245−2251.

S Eaves, D E Gyi, A G Gibb. 2016. Building healthy construction workers: Their views on health, wellbeing and better workplace design, Appl Ergon, 54: 10−8.

S Han, Y F Cui, H F Huang, M Z An, Z. R. Yu. 2018. Effect of Curing Conditions on the Shrinkage of Ultra High-Performance Fiber-Reinforced Concrete, Adv. Civ. Eng, 8.

S Korb Srinavin. 2003. Thermal environment and construction workers' productivity _ some evidence from Thailand, Building and Environment, 38 (1): 339−345.

S Mousa, H M Mohamed, B Benmokrane. 2019. Cracking and Crack Control in Circular Concrete Bridge Members Reinforced with Fiber-Reinforced Polymer Bars, J. Bridge Eng, 24 (1): 23.

S V L Barrett, D R Mc Creath. 1995. shotcrete support design in blocky ground-towards a deterministic approach, Tunnelling And Underground Space Technology, 10 (1): 79−89.

Saha R, Dey N C, Samanta A, et al. 2007. A comparative study of physiological strain of underground coal miners in India. Journal of Human Ergology, 36: 1.

Saiang D, Malmgren L, Nordlund E. 2005. Laboratory tests on shotcrete-rock joints in direct shear, tension and compression [J]. Rock Mechanics & Rock Engineering, 38 (4): 275−297.

Schackow A, Effting C, Gomes I R, et al. 2016. Temperature variation in concrete samples due to cement hydration. Applied Thermal Engineering, 103: 1362−1369.

Shamsundar N. 1982. Formulae for freezing outside a circular tube with axial variation of coolant temperature. International Journal of Heat & Mass Transfer, 25: 1614−1616.

Shi X, Zhu N, Zheng G. 2013. The combined effect of temperature, relative humidity and work intensity on human strain in hot and humid environments. Building & Environment, 69: 72−80.

Singh S, Jain P K, Rizwan-uddin. 2008. Analytical solution to transient heat conduction in polar coordinates with multiple layers in radial direction. International Journal of Thermal Sciences, 47: 261−273.

Srinavin K, Mohamed S. 2003. Thermal environment and construction workers' productivity: some evidence from Thailand. Build Environ, 38: 339−345.

State Bureau of Technical Supervision. 1997. Classification on Intensity of Physical Work: GB 3869 − 1997 [S]. Beijing: China Standard Press.

Verbeck G J, Helmuth R H. 1968. Structure and physical properties of cement paste [A] // Proceeding of the 5th International Congress on the Chemistry of Cement, 184−193.

W Yi, Y Zhao, A P C. Chan, E. W. M. Lam. 2017. Optimal cooling intervention for construction workers in a hot and humid environment [J]. Building and Environment, 118: 91−100.

W L Jin, Z Yi. 2007. Fire's effect on chloride ingress related durability of concrete structure [J]. Journal of Zhejiang University-Science A (Applied Physics & Engineering), 8 (5): 675−681.

Webber R C, Franz R. M, etc. 2003. A review of local and international heat stressindices, standards and limits with reference to ultra−deep mining [J]. The Journal of the South African Institute of Mining and Metallurgy, (7): 319−324.

Wu Q, Yu L, Xie W, et al. 2016. Study on the work intensity classification standard for critical construction procedures of high-altitude tunnels [J]. Modern Tunnelling Technology, 53: 44−48, 88.

Yang W L L, An J, et al. 2011. Numerical simulation and analysis of mine ventilation temperature field of integrated mining area in high temperature mine [J]. Coal Geology & Exploration, 39 (5): 55−58.

YE Y H, SHI H S, ZHAO Y L, et al. 2004. Study on physical work intensity grading for construction of qinghai-tibet railway [J]. Railway Energy Saving & Environmental Protection & Occupational Safety and Health, 31 (4): 181−184.

Yu P S, Zhu N. 2013. Study on assessment of high temperature and humidity in working environment on human health [J]. Advanced Materials Research, 610−613: 739−742.

Yuanming L, Xuefu Z, Wenbing Y, et al. 2005. Three-dimensional nonlinear analysis for the coupled problem of the heat transfer of the surrounding rock and the heat convection between the air and the surrounding rock in cold-region tunnel [J]. Tunnelling & Underground Space Technology, 20: 323−332.

Zhang G, Liu S, Xu Z, et al. 2017. The coupling effect of ventilation and groundwater flow on the thermal performance of tunnel lining GHEs [J]. Applied Thermal Engineering, 112: 595−605.

Zhang X, Lai Y, Yu W, et al. 2003. Nonlinear analysis for the three-dimensional temperature fields in cold region tunnels [J]. China Civil Engineering Journal, 35: 207−219.

Zhang X, Lai Y, Yu W, et al. 2002. Non-linear analysis for the freezing-thawing situation of the rock surrounding the tunnel in cold regions under the conditions of different construction seasons, initial temperatures and insulations [J]. Tunnelling & Underground Space Technology, 17: 315−325.

Zhou J, Ye G, Van Breugel K. 2010. Characterization of pore structure in cement-based materials using pressurization-depressurization cycling mercury intrusion porosimetry (PDCMIP) [J]. Cem Concr Res, 40 (7): 1120.

Zhou X, Zeng Y, Lei F. 2016. Temperature field analysis of a cold-region railway tunnel considering mechanical and train-induced ventilation effects [J]. Applied Thermal Engineering, 100: 114−124.